U0552641

本书受国家社科基金重点项目"内外环境变化下我国贸易政策与产业政策的协调机制研究"（18AJY023）的资助

李秉强 ◎ 著

中国贸易政策与产业政策的协调机制

中国社会科学出版社

图书在版编目（CIP）数据

中国贸易政策与产业政策的协调机制 / 李秉强著. -- 北京：中国社会科学出版社，2024.12. -- ISBN 978-7-5227-4782-8

Ⅰ.F720；F269.22

中国国家版本馆 CIP 数据核字第 20258KH963 号

出 版 人	赵剑英	
责任编辑	李斯佳	
责任校对	周晓东	
责任印制	戴　宽	

出　　版	中国社会科学出版社	
社　　址	北京鼓楼西大街甲 158 号	
邮　　编	100720	
网　　址	http://www.csspw.cn	
发 行 部	010-84083685	
门 市 部	010-84029450	
经　　销	新华书店及其他书店	
印　　刷	北京君升印刷有限公司	
装　　订	廊坊市广阳区广增装订厂	
版　　次	2024 年 12 月第 1 版	
印　　次	2024 年 12 月第 1 次印刷	
开　　本	710×1000　1/16	
印　　张	17.25	
字　　数	275 千字	
定　　价	99.00 元	

凡购买中国社会科学出版社图书，如有质量问题请与本社营销中心联系调换
电话：010-84083683
版权所有　侵权必究

前　言

贸易和产业的提质增效是助推世界经济史上"中国奇迹"的重要驱动，但在百年未有之大变局等国内外环境变化的叠加影响下，中国经济发展的机遇与风险并存、不确定性因素明显增加。因此，强化贸易政策和产业政策的协同，促成贸易和产业的协调发展，是中国产业乃至经济实现高质量发展的应景选择。

本书以中国贸易政策与产业政策实现协调推进为主线展开研究，在充分吸收和借鉴国内外研究成果的基础上，从理论解析、实证分析和举措安排三个维度进行分析。

第一，诠释了中国贸易政策与产业政策协同的演化逻辑与成因。中国不同时期的贸易政策与产业政策存在较强的内在联系，也存在相对显性的不协调，主要表现为政策目标有待匹配、管理部门有待协调、参与主体有待融入，这可能与思想认识不统一、体制建设不完善、法规建设不及时等有关。

第二，剖析了贸易政策与产业政策实现协调发展的理论基础与机制。本书认为，幼稚产业保护理论、绝对利益理论、相对利益理论、要素禀赋理论、雁行理论、技术差距理论、产品生命周期理论、战略性贸易理论、内生比较优势理论、产业纵向一体化理论等是理论基础，且从结构优化、利益分配、产业转移、路径依赖等方面解析了影响贸易政策与产业政策协调发展的机制。

第三，以逆全球化、经济全球化、"双循环"新发展格局为例，分析了内外环境变化对贸易政策和产业政策协调发展的影响。三种环境均有其产生的深层次原因，且均会对产业和贸易发展产生显性的冲击；同时，对二者实现协调发展也会产生明显的影响。这就要求在剖析二者协调发展及其机制时，需要充分考虑各种环境变化引致的影响，但不同类型的内外环境变化，其影响层级和视域会产生相应的差别，进而在具体理论或实证分析时需要考虑这种差异。

第四，探讨了贸易政策与产业政策协调发展的互动影响。贸易政策会从技术创新、人力资本积累、转型升级等方面影响产业发展，而产业政策也能从贸易结构、贸易竞争力、贸易市场等方面影响贸易发展，且采取内生比较优势理论、幼稚产业保护理论、战略性贸易理论等分析了贸易政策与产业政策的互动效应。

第五，实证解析了贸易政策对产业发展的影响。从出口退税政策影响外商投资、技术引进政策影响产业创新两个方面进行研究。利用中国2014—2019年的数据，从区域和经济发展水平两个方面实证分析出口退税对外商投资的影响，结果表明，东部地区和发达区域、中部地区和中等发达区域、西部地区和欠发达区域的计量结果分别相似，出口退税对外商投资影响的当前期效应明显，但滞后效应偏弱，且只有西部地区的滞后一期存在显性的影响。采取中国2011—2019年的数据实证剖析技术引进政策对产业创新的影响，发现东部地区和技术密集型产业的引进技术强度与技术创新负相关，其他地区和其他类型产业的引进技术强度与技术创新正相关。

第六，实证分析了产业政策对贸易发展的影响。分别从补贴产业政策影响出口创新、重点产业支持政策影响出口两个方面进行解析。根据2000—2013年827471个出口企业数据分析补贴产业政策影响出口创新的实证结果，补贴产业政策不利于中国企业出口创新能力的提升，且存在地区和产业类型差异。根据2001—2010年的281292个企业数据，实证研究重点产业支持政策影响出口的结果，基本符合研究假设，但也存在相应差异，主要体现为对西部地区的出口影响较弱，对劳动密集型产业基本没有影响。

第七，理论和实证解析了贸易政策和产业政策协调发展如何影响产业发展。动态演化模型的理论解析结果表明，两大政策协调发展是各参与主体的利益诉求。以重点产业支持政策和补贴政策为产业政策，以外贸经营权改变为外贸政策，以重点产业支持政策与外贸经营权改变交互项、补贴政策支持度与外贸经营权改变交互项为衡量两大政策协调发展的指标,采用2001—2010年的550960个企业的面板数据实证分析政策协调发展对产业发展的影响,结果表明,政策协调发展会影响产业发展,挤出效应存在显性的地区和行业差异,集中表现为对东部地区和劳动密集型产业的影响较为明显。

第八,基于中国实际并借鉴美国、日本、德国、韩国贸易政策与产业政策协调发展的经验,提出中国两大政策协调发展的基本目标、基本原则、行动逻辑和具体举措。本书指出,应该遵循着眼发展、动态协调,实事求是、把握具体,统筹兼顾、顾全大局,保持限度、掌握适度等基本原则,以培育新兴产业、产业转型发展、贸易竞争提升为行动逻辑,并从强化响应机制、鼓励创新发展、促进结构优化、凸显载体搭建、加快制度完善等方面提出促进中国贸易政策与产业政策协调发展的举措安排。

目 录

第一章 导论 ·· 1

 第一节 研究背景与意义 ··· 1
 第二节 文献述评 ·· 2
 第三节 研究思路、方法及结构安排 ·· 19
 第四节 创新之处 ··· 21

第二章 核心概念、理论基础与协调机制 ································ 22

 第一节 核心概念 ··· 22
 第二节 理论基础 ··· 31
 第三节 协调机制 ··· 37

第三章 中国贸易政策与产业政策协调发展的演化逻辑与成因 ··· 43

 第一节 中国产业政策演化历程 ··· 43
 第二节 中国贸易政策演化历程 ··· 47
 第三节 中国贸易政策与产业政策演变的逻辑关系 ················· 50
 第四节 中国贸易政策与产业政策不协调的表征 ···················· 54
 第五节 中国贸易政策与产业政策不协调的成因 ···················· 56

第四章 国内外环境变化对中国贸易和产业协调发展的影响 ······ 59

 第一节 逆全球化对贸易和产业协调发展的影响 ···················· 59
 第二节 经济全球化对贸易和产业协调发展的影响 ················· 69

第三节 "双循环"新发展格局对贸易和产业协调
发展的影响 ·· 75

第五章 贸易政策与产业政策的相互影响 ································ 83
第一节 贸易政策对产业发展的影响 ································ 83
第二节 产业政策对贸易发展的影响 ································ 86
第三节 贸易政策与产业政策的相互影响 ···················· 89

第六章 中国贸易政策影响产业发展的实证分析 ···················· 94
第一节 出口退税政策影响投资的实证分析 ···················· 94
第二节 技术进口政策影响创新的实证分析 ················ 107

第七章 中国产业政策影响贸易发展的实证分析 ················ 125
第一节 补贴产业政策影响出口创新的实证分析 ········ 125
第二节 重点产业支持政策影响出口的实证分析 ········ 141

第八章 中国贸易政策与产业政策协调发展影响产业发展 ···· 160
第一节 政策协调影响产业发展的理论解答 ················ 160
第二节 政策协调影响产业发展的实证分析 ················ 169

第九章 促进中国产业政策与贸易政策协调发展的举措安排 ···· 179
第一节 国际借鉴 ·· 179
第二节 发展逻辑 ·· 192
第三节 制度安排 ·· 198

第十章 研究结论 ··· 207

参考文献 ·· 212

致 谢 ··· 268

第一章 导论

贸易和产业实现协调发展是中国实现经济高质量发展、产业有效转型升级的重要层面。本章在指出研究背景和意义的基础上，对国内外相关文献进行梳理，同时就研究的框架和创新等进行阐述。

第一节 研究背景与意义

当前，中国经济社会发展面临复杂的国内外环境。从国内看，区域经济社会发展的非均衡性明显，产业转型升级进入关键期，经济发展由高速增长阶段向高质量发展阶段转变，构建以国内大循环为主体、国内国际双循环相互促进的经济发展新格局等，对于中国实现 2035 年乃至 2050 年经济发展目标，既是压力又是挑战。从国际看，一些国家通过所谓的西方标准和多重标准，影响甚至阻挠中国经济社会发展的进程。

由于英国的工业革命，19 世纪以来西方国家的经济实力长期处于绝对优势，抱团化发展又会进一步强化这种优势，如北美自由贸易区、欧盟等组织与机构的建立。第二次世界大战结束后形成的各种国际组织和国际体系，如联合国、世界银行、国际货币基金组织、国际货币体系（布雷顿森林体系），也基本是由发达国家主导的，且目前还没有改变这种既有的国际政治经济格局。但是，自 20 世纪 70 年代滞胀危机出现以来，发展中国家在全球经济社会中的地位不断增强，特别是以拉美、东亚为代表的地区呈现出显著的快速增长势态，即使 80 年代和 90 年代分别出现了拉美主权债务危机和亚洲金融危机，但总体上并没有影响发展中国家或地区的稳健提升势态，尤其是中国和印度形成的"龙象之争"，更钳制了西方国家在传统经济社会秩序下获取国际发展的红利。事实上，目前全球处于新旧经济社会秩序的角力期（雷达、马骏，2018；舒建中，2021），迫切需要由旧秩序向新秩序转变，以充分彰显由经济实力变化引致的国际秩序与经济、政治话语权的相对和谐。

改革开放以来，中国经济稳健发展，世界经济史上的"中国奇迹"（Chinese Miracle）持续前行。但是，鼓吹"中国威胁论"成为延缓中国经济社会发展进程的重要举措。[①]

贸易和产业的发展是相互依存的，伴随着全球性市场的形成，贸易政策和产业政策之间的相互影响已成为常态，且贸易政策和产业政策的协调发展应该是中国避免陷入"中等收入陷阱"和实现经济社会中长期发展目标的重要着力点。然而，近年来，中国光伏产业、铜版纸产业、通信产业等多个案例表明，中国政府所采取的两大政策在市场上无法取得协调一致的效果，这既有国内因素的钳制，也有国外因素的制约。随着全球化与逆全球化两股力量的较量加剧和国内经济发展新格局的到来，贸易政策与产业政策的协调运作对中国未来产业发展意义重大。

第二节 文献述评

为了较为系统地梳理贸易政策与产业政策协调发展的文献，本节从有关产业政策影响贸易政策的研究、有关贸易政策影响产业政策的研究、有关贸易政策与产业政策协调发展的研究三个方面进行剖析。

一 有关产业政策影响贸易政策的研究

古典国际贸易理论认为，一国出口本国或地区具有优势的产品、进口劣势产品，而这些相对劣势和优势产品的形成会受到相关产业政策的影响，李斯特的幼稚产业保护理论就是通过产业政策来影响贸易发展的典范。从作用机理看，产业政策是通过利益集团的游说来影响贸易政策的（程永林、蒋基路，2019；Costa and Garcia-Cintado，2021），即可能

---

① 《美已将159家中概股列入"预摘牌"名单，专家：要为美资本市场"政治化"做准备》，https://finance.sina.com.cn/chanjing/cyxw/2022-08-01/doc-imizirav6216213.shtml。

会影响政府的贸易政策选择（冯国强、孙瑞、张新然，2022），这在一定程度上可能会促进贸易自由化（Rönnbäck，2015；潘珊、黄莉，2021）。就利益集团对贸易政策的影响而言，尽管其采取的讨价还价方式可能会导致各自的利益受损（Celik，et al.，2013），但选票激励会阻碍政客支持贸易自由化。当利益集团以跨国公司的形式出现时，会促使各国的贸易规则和政策标准发生相应变化（Alviarez，2019）。为此，学术界通常认为产业政策会对贸易政策产生显性与隐性的影响。

（一）关于产业政策影响贸易政策的研究

1. 关于理论考究产业政策影响的研究

关于产业政策会影响贸易政策的说法，学术界普遍认为贸易政策的充分发挥需要产业政策的强力支持。例如，蒋宁、张维和倪玉婷（2010）认为，中国产业政策需要进行动态调整以契合国内外形势变化的需要，同时，需要重点考虑产业核心资源、外部市场建设、关键能力培养等。江飞涛和李晓萍（2018）回顾了中国1979—2018年的产业政策体系转向，认为总体经历了"计划经济+选择性产业政策""选择性产业政策为主、功能性产业政策为辅""功能性产业政策为主+创新性产业政策"三个阶段的转换。马永军（2019）从全要素生产率角度分析了产业政策对中国战略性新兴产业的影响，认为加大产业集聚、加强技术研发、完善政策体系是保障中国战略性新兴产业稳健发展的重要举措。沈伟（2019）认为，产业政策是全球所有国家在不同发展阶段均会采取的一种常规举措，而中国的产业政策在WTO规则下有着一定的合理性与非合理性，要求"中国制造2025"和相关产业政策要依据WTO基本规则进行适度调整与优化。刘志彪（2019）认为，基础产业对于产业链的提升至关重要，实现高级化要充分运用好比较优势和相应的产业政策，同时，企业行为及目标、产业扶持政策及手段、产业扶持政策福利效应是影响政策成效的主要因素。张亚鹏（2019）认为，中国的产业政策要从国家治理视角进行剖析，是满足中国高质量发展、经济社会稳步发展的重要靶向，需要从制度建设、协调机制、组织架构等方面进行改革，以释放更大的产业（政策）红利。梅冠群（2019）指出，中国应该不断完善和改革相应的产业政策，如产业补贴、技术转让、海外并购、人才引进、知识产权等，形成更加透明的政策体系，以应对国际新形势变化。

2. 关于产业政策影响的实证研究

相关的实证研究通常采用来自中国工业企业数据库和海关数据库等的微观数据。例如，胡大立、刘志虹和谌飞龙（2018）构建了5个维度共7个变量的指标体系并运用因子分析法实证分析了中国加工贸易的产业政策效果，结果表明，加工贸易政策的总体效果较好，但呈现出递减的势态，对产业结构升级的政策效果较好，但对价值链升级的成效有待加强，而后期成效有待提升可能会导致中国加工贸易陷入低端锁定困境。康妮和陈林（2018）通过"反事实"建立了生存分析模型（Survival Analysis Technique），以实证分析产业政策的影响，结果表明，中国的补贴政策有助于企业生存，但竞争政策没有发挥出应有的绩效，两种政策形成的显著交互作用导致的竞争强度提升会强化补贴绩效，且这种政策效果存在显性的区域、规模、所有制差异。闫云凤（2018）采取分行业的制造业数据，基于绘制的"全球价值链（GVC）位置—增加值率"曲线图探讨全球价值链"微笑曲线"的存在状况，结果表明，中国各制造行业总体上不存在"微笑曲线"，但部分行业在一定程度上存在"微笑曲线"。王晨愉（2018）利用2000—2010年中国工业企业数据库与海关数据库中的企业—海关匹配数据，指出一般贸易比加工贸易的汇率传递效应更强，企业附加值的高低会显著影响出口价格对汇率变动的敏感程度，且汇率出口的传递效应与国家附加值率正相关。高翔和黄建忠（2019）采取2000—2007年的企业数据进行实证研究，结果表明，政府补贴与企业出口成本加成存在明显的倒"U"形关系，且政府出口补贴可能会导致企业陷入"低加成率陷阱"。洪俊杰和张宸妍（2020）采取异质性模型剖析了政策对企业对外投资影响的微观效应和福利效应，使用2004—2013年的微观数据进行实证分析，发现产业政策的支持不利于提高对外投资的临界生产率与平均生产率，且存在显著的政策类别差异，同时，适度的产业政策支持与社会福利提高呈正相关关系。田素华、王璇、李筱妍（2020）采取《外商投资产业指导目录》与相应的微观数据，实证解析了行业鼓励政策对外商投资流入的影响，发现该政策能显著提高外资企业的资本金注入，比不受鼓励行业的外商投资企业、中外合营企业和外商独资企业分别高17.1%、18.8%和

14.3%。王恕立和吴楚豪（2020）采用 WIOD、中国海关、中国工业企业、联合国商品贸易和 BACI 等数据库的微观数据，剖析了中国制造业服务化与出口国际竞争力的关联性，发现高技术企业的服务化水平能显著提高企业出口竞争力，企业出口竞争力与出口的附加值率、技术复杂度、产品质量不匹配，存续企业持续增加服务投入有助于提升出口竞争力。陈贵富和何喆（2020）基于内生增长模型建立了考察产业政策影响全球价值链的理论模型，并采取 2001—2014 年中国制造业的分行业面板数据进行实证分析，结果表明，减税与政策补贴增加均能提高中国制造业企业在全球价值链中的地位，但也存在一定的政策效果差异，表现为减税的正向效果较显著，而补贴效果会相对减弱。顾振华（2020）基于 2004—2013 年中国制造业企业的出口数据，采取 OLS 方法和固定效应模型分析了贸易政策和产业政策如何协同影响企业反倾销，发现两大政策的协同作用提高了中国出口企业遭遇反倾销的频率，存在显著的企业属性和区域属性差异，而有利于企业低价出口和实施技术创新的既定事实可能是企业遭遇反倾销的重要诱因。吴佳磊（2021）在理论解析中国高新技术产业实施战略性贸易政策的同时进行了实证分析，发现研发补贴、税收强度等产业政策会通过专利申请影响相关产业的发展，且税收强度对出口的 U 形作用明显。

3. 关于重点产业支持政策影响的实证研究

宋凌云和王贤彬（2013）研究了重点产业支持政策和资源重置对产业生产率的影响，指出从政府层面看，提高产业内、企业间的资源重置效率有助于提高企业生产率，进而有助于外向型经济的发展。袁其刚、朱学昌和王玥（2016）采取断点回归法分析了《对外投资国别产业导向目录》对企业"走出去"的影响，指出该政策促进了企业对外投资决策的落实，而采取倾向评分匹配法的实证结果表明，政策驱动型 OFDI 绩效低于非政策驱动型；同时指出，该政策对技术寻求型 OFDI 的影响不显著，但对市场寻求型 OFDI 的影响明显。刘洪铎和陈和（2016）基于中国工业企业数据库与《境外投资企业（机构）名录》的匹配企业数据，采取 Logit 模型实证分析了中国与东道国的双边贸易成本如何影响企业对外投资，发现双边贸易成本的增加降低了中国企业对外投资的概率，进而认为降低双边贸易成本是中国吸引企业投资的重要举措。石卫星（2017）认为，政府的资金投入能提高制成品出口比重、降低初级品出口比重，由此认为财政投入可优化中国的出口贸易结构，同时战略性贸易政策对高新技术产业的外贸结构优化有正向绩效，且存在显著的行业差异。韩超、朱鹏洲和王震（2018）采取1995—2017年的《外商投资产业指导目录》，基于企业微观数据解析了外资准入政策对企业TFP的影响，发现该政策有显著的吸引作用且不存在区域差异，低技术行业受到的冲击显著，行业集中度与吸收效应呈负相关关系。郝亚婷（2019）以《对外投资国别产业导向目录》为切入点，结合《境外投资企业（机构）名录》和中国工业企业数据库，分析了中国OFDI政策的成效，发现《对外投资国别产业导向目录》有助于激发OFDI行为，企业实施对外投资从长期看有助于提升生产率，且政策驱动型政策的效果更好。王传荣和付婷婷（2019）以《文化产品和服务出口指导目录》中指定的产业为切入点，采取2005—2015年的数据，使用双重差分法分析了文化贸易对文化产业发展的影响，发现文化贸易政策可提升以文化技术、产品质量为表征的竞争力，对文化质量提升明显，对文化技术进度影响较小且时滞期长，政策出口的促进效应大于产业竞争力的提升效果。

（二）关于创新政策影响贸易政策的研究

1. 创新政策正向影响的研究

通常的研究观点认为，企业创新对出口会产生正向效应。例如，李平（2002）运用古典和当代国际贸易理论解析了技术创新对比较优势的影响，发现国际贸易与技术创新间存在互动影响且长期增长效应明显，认为无论是以技术创新为基础的国际贸易还是由国际贸易引致的技术进步，都是一个国家经济增长的重要因素。邹蕾和叶华平（2006）利用专利授权数量和进出口额的时间序列数据，通过相关性分析、协整检验和因果检验实证分析了中国技术创新能力与对外贸易的关系，发现中国技术创新能力与贸易之间存在相互促进、互为因果的关系。余官胜（2011）采用联立方程组、系统估计法，发现中国出口贸易和技术创新存在相互促进的关系。Goudarz和Francesco（2017）基于瑞典28个出口企业数据，采取结构方程实证检验了创新的影响绩效，发现技术创新有助于提升出口，组织创新对出口存在直接与间接效应。

Carol等（2017）基于越南2005—2012年的企业数据，认为企业是通过出口来进行学习的，而这种学习能力的强弱在某种程度上归因于企业内部创新，特别是研发。宋丹丹（2018）从出口贸易、技术创新和产业结构升级等相关理论入手，指出出口通过干中学效应、竞争效应和示范效应倒逼技术创新，而技术创新在技术差距、生命周期和R&D投入的多重影响下促进出口。Dragana和Khurshid（2019）采取28个欧盟体国家的微观数据，发现技术创新会对中小企业的出口强度产生积极的影响，而非技术创新与出口强度无关，这对于不同规模的企业均是如此。Saridakis等（2019）根据英国12823个企业的相关数据解析了创新与企业国际化间的关系，发现创新类型和原创程度对企业国际化，特别是出口会产生显性的正向影响，且综合效应明显强于个体效应。Antonelli和Feder（2021）基于13个OECD国家8个制造行业1995—2015年的数据验证了创新对出口的影响，发展二者之间存在熊彼特闭环（Schumpeterian Loop），即创新能促进出口的发展。Wu等（2021）根据中国1998—2017年的制造企业数据，在提出相应假设的基础上构建数理模型，测评了创新对出口的影响，结果显示，创新对出口有正向的影响。

2. 创新政策负向影响的研究

由于采取的模型和方法不同，部分学者认为，创新政策会负向影响贸易政策。例如，邵其辉和钟昌标（2016）基于1997—2013年的省级面板数据的实证研究结果表明，创新投入增加不利于促进出口。郝良峰、邱斌和吴飞飞（2016）在贸易理论分析框架中引入创新因素，采取中国2001—2009年的制造业微观数据，发现创新投入与新产品开发对出口扩展边际存在促进作用，但对出口集约边际显示出负向作用。宋跃刚和郑磊（2020）利用匹配的中国工业企业数据库和海关数据库以及2007—2018年的制造业细分行业相关数据，实证剖析了自主创新对出口的影响，结果发现，自主创新对出口产品质量有直接的提升效应，但对中间品进口的出口产品质量效应存在负向的调节关系。此外，张志强和张玺（2020）采取DEA-BCC模型和RD-Malmquist模型，以中国高新技术的细分行业为例，解析了创新影响贸易效率的静态效应和动态效应，结果表明，创新影响存在显著的行业差异且波动较大，如计算机制造业高达1，而中成药业仅为0.014。

此外，也有学者从国际借鉴视角展开研究。例如，陈建安（2019）评价了日本的产业政策效果，指出日本因经济发展阶段差异而实施了不同的政策及其相关手段。陈志恒和纪希春（2019）从全球价值链视角分析了俄罗斯、巴西、印度等国吸引外商投资的经验、教训，指出有效的税收政策、产业政策、区域政策和规制政策是提高中国在全球价值链中地位的重要举措。Dhingra 和 Meyer（2021）分析了印度产业政策对出口型企业补贴的作用，发现补贴增加在提升企业竞争力的同时带来了出口的大量增加，这给印度相关产业的外向型发展带来了挑战。

二 有关贸易政策影响产业政策的研究

关于贸易政策影响产业政策的研究更多的是从影响产业发展视角展开的。学者对常规的贸易政策展开了大量研究，认为这些政策会显著影响产业发展，如配额（卢灿生，2020）、反倾销（郝亮，2017）、反补贴（宋亦明、张经纬，2020）等。结合研究需要，本书主要从影响产业发展、影响产业创新、影响产业驱动等视角进行文献回顾。

（一）关于贸易政策对中国产业发展的影响的研究

分析某种贸易政策如何影响产业发展的研究较多，这是由贸易政策存在多重维度决定的。本书不关注配额、反倾销、反补贴等常规政策的影响，经相关文献梳理，结合本书主题，侧重于对出口退税、战略性贸易政策、贸易政策不确定性、自由贸易区等方面的文献进行回顾。但是，各类贸易措施对产业发展的效果如何，学术界目前存在争议。

1. 出口退税的影响

出口是优化中国产业结构的重要举措（谢众、李婉晴，2020），而出口退税会通过影响出口进而反作用于产业发展。关于出口退税对出口的影响，学术界对此已达成相对一致的见解，但由于使用方法和数据等方面的差异，在影响方向和成效方面存在一定程度的分歧。例如，陈平和黄健梅（2003）从有效汇率视角，采取协整分析、面板分析等方法实证分析了出口退税对出口盈利和出口规模的影响，指出出口退税会显著影响出口。兰宜生和刘晴（2011）运用 Spearman 方法实证分析了中国出口退税政策的贸易效果，结果表明，出口退税政策的促进效果不显著，且会恶化中国的贸易价格条件。刘志雄（2015）利用 1985—

2013年的数据实证剖析了出口退税政策对中国出口的影响,指出出口退税政策在促进中国出口的同时也会产生一些不利的影响,如把出口退税作为企业利润的首要来源、对出口退税的依赖严重等。

也有学者从动态效应视角分析了出口退税的影响。例如,武敬云（2011）基于VEC模型的实证结果表明,无论长期还是短期,出口退税政策对出口的影响都是显著而有效的。朱尔佳（2012）通过回归分析1985—2009年中国出口退税额与出口总额的数据发现,出口退税额与中国出口总额高度相关。周佩英（2014）采用1985—2012年的数据并运用协整检验,指出出口退税额和出口额正相关,同时认为,一般贸易额和出口退税率同向变动,出口退税率下调时,出口企业更倾向于选择加工贸易中的进料加工。潘文轩（2015）利用VAR模型的脉冲响应和方差分解作为分析工具,发现出口退税对出口增长兼有短期和长期的效应,其中,短期效应的作用更为明显。Tan等（2015）采取扩展的Nocke和Yeaple（2014）的模型,使用中国的微观企业数据分析了出口退税变化对产品多元性公司的影响,发现受出口退税影响较大的产品的出口难度更大。靳玉英和胡贝贝（2017）以企业出口关系持续性作为研究切入点,结合高度细化的出口退税率数据,运用生存分析模型对出口退税政策的实施效果进行评估,发现出口退税率短期和长期变动均会对企业出口的稳定性产生显著的影响。Anwar等（2019）基于中国2001—2013年的企业数据,通过生存分析技术实证分析了出口退税对企业出口的影响,发现出口退税对中国企业出口持续时间的影响较大,即出口退税每增加1个百分点,出口企业的持续时间将增加23.2%。刘信恒（2020）利用2000—2007年的中国工业企业数据库和中国海关数据库的匹配数据,研究了出口退税对企业出口的国内附加值率的影响,发现二者呈正相关关系,进而认为出口退税有助于中国企业加大出口。

学者通常使用倍差法（Difference-in-Difference Technique）研究出口退税与贸易的关系。例如,白重恩、王鑫和钟笑寒（2011）运用倍差法检验了出口退税率下调对出口产品增长率的影响,结果发现,出口退税对不同产品影响的差异明显,对贸易摩擦产品的出口影响显著,而对于资源型产品的出口不存在显著的影响。刘真（2012）结合中国实际,通过构建计量经济模型进行实证分析,表明出口退税以及汇率均会对出口贸易额产生显著的影响。范子英和田彬彬（2014）采用倍差法研究了出口退税政策对不同贸易方式的结构效应，结果表明，如果出口退税率下调4个百分点，出口商品的增长率会被显著抑制，以此得出结构性调整的出口退税政策会导致中国加工贸易占比过高的结论。辛娜和吴磊（2017）运用倍差法研究了出口退税率的调整对出口贸易的影响，发现出口退税率的下调将显著抑制出口商品的增长率，出口退税率调整对进料加工的影响相对较小，而来料加工则基本不受退税率调整的影响。甘行琼和蒋炳蔚（2017）认为，出口退税率的政策边际效应是递减的，建议应当整体降低传统劳动密集型行业的出口退税率，从而"倒逼"生产资源实现相对合理的流动。

2. 战略性贸易政策的影响

李琼和宗刚（2003）对战略性贸易政策的相关研究进行了回顾，指出战略性贸易政策的着力点应该是产业，且与产业政策密切相关。张鹏飞和徐朝阳（2007）认为，以战略性贸易理论为代表的新干预主义论是中国制定产业政策的微观基础，但中国产业政策的有效实施究竟以何种程度进行干预是个重大的难题，且新干预主义在现实中难以进行实证检验（分析）。雷兴长和葛林（2010）基于战略性贸易理论以及对波音和空客之争的实证分析，探讨中国如何通过有效实施组合政策来发展飞机制造业。江兴（2018）提出，要通过实施战略性贸易政策来促进中国人工智能产业的发展，如加强国际交流与合作、动态变化政策、增加研发补贴、放松管制等，这是由人工智能产业具有规模经济、强外部性、范围经济等属性决定的，且中国人工智能产业的发展现状与战略性贸易理论是契合的。张杰和吴书凤（2021）认为，中国民营企业和国有企业等各种微观主体存在一定程度的制度缺陷，致使中国关键核心技术创新短板问题难以通过相应的政策驱动达到预期的效果。

战略性新兴产业应该成为破解核心技术创新难题的重要突破点，部分学者基于该视角展开了研究。例如，逯东和朱丽（2018）采用双重差分模型，实证分析了战略性新兴产业政策对发明创新的影响，发现市场化程度越低的区域，越有必要实施战略性新兴产业政策。张杨勋（2020）基于中国28197个企业和高校2006—2016年的发明专利申请数据，利用双重差分法评估战略性新兴产业政策对新材料产业创新产出的影响，发现其创新效应在新材料产业具有比较优势的省份相对更大，在不具有比较优势的省份相对较小且滞后明显。

3. 贸易政策不确定性的影响

汪亚楠和周梦天（2017）运用 DID 方法和中国工业企业数据库与海关数据库的配位数据，分析了关税政策如何影响企业的出口产品分布，发现贸易政策的不确定性会提高出口产品分布的关税减免变化的弹性，进而提出企业有效利用关税减免以提升国际竞争力的建议。周影（2019）使用 2000—2013 年中国工业企业数据库与海关数据库的匹配数据，实证解析了中国贸易政策的不确定性如何影响企业的生产率。韩慧霞和金泽虎（2019）认为，中美贸易摩擦会导致中国"被动式跟进型"贸易政策存在不确定性，并基于测度 2007—2017 年两国贸易政策的不确定性指数及外贸转型升级指数验证了相关作用机制，结果表明，中国贸易政策不确定性的提高不利于中国外贸转型升级，且影响效果存在显性的区域差异。韩慧霞和金泽虎（2020）基于"门限"视角，采取多个发达国家和新兴市场国家的数据实证分析了贸易政策的不确定性如何影响高新技术产业实现技术创新，发现发达国家对知识产权的保护显著高于新兴市场国家，不考虑知识产权的实证结果显示，贸易政策的不确定性不利于高新技术产业的技术进步，而考虑知识产权影响的结果则显示出明显的国别差异性。赵春明、范雅萌和熊珍琴（2020）认为，降低贸易政策的不确定性有助于促进中国产业结构调整升级，且在美国与中国构建永久正常贸易关系后得到了显著强化，有助于实现区域经济创新发展，特别是对中国内陆地区和没有国家级开发区的区域的升级效应更加显著。

4. 自贸试验区政策的影响

考虑到无论是产业政策还是贸易政策，均聚焦于特定区域内部，因此，相关区域的自贸试验区政策应该作为研究的范畴。例如，张军旗（2019）解析了中国自贸试验区建设中的产业政策如何实现调整以促进区域产业发展。黎绍凯和李露一（2019）采取"反事实"合成控制法评估了上海自贸试验区政策如何影响产业转型升级，发现设立上海自贸试验区与产业结构高度化显著正相关，与加工程度高度化的关联性较弱，平均的处理效应分别为 30.61 和 -1.84，且实证结果均具有较强的稳健性；同时，自贸试验区政策在短期内对其他省份的产业升级的影响不明显或为负向效果。冯锐、陈蕾和刘传明（2020）利用中国 2000—2016 年的省际面板数据和渐进双重差分法，实证解析了自贸试验区对产业结构升级的影响，表明自贸试验区建设显著促进了产业结构的高度化。李晓钟和叶昕（2021）运用 2005—2019 年的面板数据进行实证研究，结果表明，该政策有助于区域产业结构调整与升级，且呈现出较为显著的区域差异性。

（二）基于技术扩散或创新视角分析贸易政策对产业政策的影响的研究

在贸易保护下，国内企业利用适用技术代替先进技术，从而抑制了学习曲线绩效提高和经济增长（王明成，2015）。配额等非关税壁垒会影响国内外的技术扩散速度，而在开放条件下，关税会导致全球技术被更快地采纳与扩散（Ederington and McCalman，2013）。从技术扩散或创新的视角看，通识性的观点认为，贸易政策会显著影响出口，由此可从出口视角对此进行分析。出口对一国或区域的技术创新具有推动作用，即创新—出口纽带（Innovation - Export Nexus）（Dai, et al., 2020）。Ito 和 Pucik（1993）基于日本 54 个行业共 270 个制造企业的样本数据，采取普通最小二乘法（OLS）分析了出口和研发支出的关系，发现二者显著正相关。包群、许和连和赖明勇（2003）认为，国际贸易存在较强的技术外溢效应和扩散效应，出口部门可通过技术溢出效应提升非出口部门的技术创新水平。余官胜（2011）用专利申请量衡量技术创新并采取联立方程组进行了实证分析，认为出口与技术创新是相互促进的。田朔（2011）实证检验了出口对技术创新的影响，同时从大中型工业企业层面分析了相关贸易政策对企业创新投资的影响，发现中国出口增长对技术创新水平的提升作用显著，但远没有达到临界值，需要深度挖掘出口对创新的引致效应。曹玉平（2012）将出口纳入知识生产函数的分析框架，实证分析了出口与技术创新的因果关系，表明二者之间有明显的正向内在关联。Wang 和 Kafouros（2009）依据 2005—2007 年的工业企业数据并采用 Probit 模型进行实证分析，同时对比分析资本密集型和劳动密集型企业，结果表明，出口与创新显著正相关。姬梦雅（2019）基于中国工业企业数据库，采取双重差分模型实证解析了出口对企业技术创新水平的影响，发现出口对企业技术创新的正向影响作用。庄桂诚（2015）在理论解析出口对技术创新影响机制的基础上进行了实证研究，发现中国高新技术产业出口对技术创新有着显著的正向影响。曹虹剑、李虹辰和张慧（2020）关于高新技术产业出口对创新影响的研究也得到了相同的结论。Marco等（2020）采取27个转型国家的微观数据实证解析了出口对创新的影响，结果表明，相对于不出口和间接出口企业而言，直接出口企业实施产品创新的可能性（诉求）更强、更明显。

然而，也有部分学者的研究结果表明，出口对创新会产生一定程度的抑制性。李春顶和尹翔硕（2009）基于中国20个代表性制造行业的实证结果表明，非出口企业的全要素生产率高于出口企业，且这种效应会逐渐增强。张杰、刘志彪和郑江淮（2007）基于问卷调查数据实证研究了影响江苏制造业企业创新的关键因素，发现出口对创新的影响呈现出倒"U"形的关系，即出口超过临界值后会对企业的自主创新产生抑制效应，这可能与中国制造业企业处于全球价值链低端直接关联。Monreal-Pérez等（2012）运用西班牙的企业微观数据实证分析了出口如何影响企业技术创新，发现出口对提升创新能力的干中学效应不显著，可能与企业有效利用出口贸易获得的知识有限有关，根源可能是本土市场与国外市场存在较大的相似性而使其无法更好地应用国际市场。黄先海和卿陶（2020）认为，中国出口贸易成本的上升不利于企业创新，而劳动力成本、资源成本显著增加不利于中国企业实施稳健的创新。

此外，也有学者认为，出口对创新的作用存在不确定性，且这种观点在近年来成为热点。例如，严冰（2015）通过多个数据库匹配，采取2005—2007年的企业相关数据并使用熊彼特范式实证分析了中国贸易自由化和企业产品创新的内在联系，发现企业产品创新与进口间存在倒"U"形关系且处于上升阶段，实证结果符合提出的研究假设，且认为可采取熊彼特增长范式来解析二者之间的关系。黄先海、金泽成和余林徽（2018）对2001—2007年中国工业企业数据进行了实证研究，结果表明，要素密集型差异的产业出口对创新有不同的影响，表现为其对资本密集型制造业有促进作用，而对劳动密集型制造业有抑制作用。刘志东和高洪玮（2019）认为，中国制造业出口从长期看会促进美国制造业企业的创新产出，如专利申请数、专利引用数、行业全要素生产率。陶爱萍、吴文韬和蒯鹏（2020）从收入差距调节视角，采取中国工业企业数据库和海关贸易数据库实证检验了出口与企业创新的关系，结果表明二者之间存在不确定性。吴朝阳和陈雅（2020）采取2000—2011年的中国企业专利申请数据库和中国工业企业数据库，以发明专利、实用新型、外观设计作为自主技术创新的衡量指标，使用匹配—双重差分法实证解析了企业出口的创新效应，发现出口对不同类型的创新数量与质量存在明显差异，即存在相对不确定。He和Huang（2021）构建了企业维度的贸易模型，并从能源效率视角解析了出口对创新的影响，结果表明，贸易自由化（出口）有助于改善企业的生存环境。

（三）关于贸易政策影响产业发展驱动的研究

影响贸易政策、产业政策或产业发展的因素因关注侧重点不同，得出的结论也不相同。例如，Chen和Feng（2000）采取内生政策理论，从产业视角分析了中国开放与贸易政策的关系，指出贸易政策直接影响企业的运营状况。Gourdon等（2016）基于中国2002—2012年的企业出口产品数据，从出口税和出口退税两个方面实证分析了财政鼓励出口的动机，发现中国组合应用了这两种举措，以有效实现产业政策和相应的战略目标。马小钧（2018）采取2000—2010年的中国工业企业数据库和海关数据库的匹配数据，实证研究了不同类型贸易的出口企业的定价行为，发现汇率波动对中国大部分商品的定价无显著影响，汇率波动与一般贸易出口商品定价正相关，但对加工贸易企业出口的影响是不完全的，因此，企业特征会显著影响企业的出口定价，且中国出口产品处于价值链低端导致汇率影响的调控空间有限。何慧冬（2019）基于2004年的企业—海关匹配数据，采取OLS和2OLS方法，从制造企业视角实证解析了出口如何影响中国的人力资本积累，发现加工贸易型的企业出口与人力资本积累负相关，出口有利于东部地区发展，但会抑制中部地区、西部地区的人力资本积累，高收入区域的出口有利于人力资本积累，但对低收入区域的影响则相反。李丹和夏岩磊（2019）从长三角的农产品贸易视角剖析了贸易发展如何契合经济发展，并基于

2000—2016年的数据，采取耦合协调度、灰关联耦合度及空间引力等模型进行了实证分析，发现制度变革、创新要素、经济环境是三个重要的影响因素。相晨曦、陈占明和郑新业（2021）在对市场供需和博弈进行理论解析的基础上，采取1997—2017年的投入—产出数据实证分析了高能耗的产业出口导致的社会福利变化，指出忽视环境外部性的出口会不利于产业的升级调整，且隐含的成本造成了大约3%的福利损失，因此，应将环境因素纳入重点考虑范畴。

也有学者从其他视角展开了研究。例如，魏浩和张二震（2004）对中国既有的外贸政策进行了重新认识与反思，提出了由外向型向内外互补的经济发展模式转变、外贸与产业政策实现协调发展、战略性贸易政策的适度推进等建议。李国学（2019）从全球生产网络视角分析了贸易战产生的理论逻辑，认为美国滥用第二次世界大战后由其霸主地位获得的贸易结构性权力是贸易摩擦形成的重要源头，中国要与其他主权国家协同构建更加契合全球生产、更加有利于建设流通网络稳健发展的国际经济贸易新规则。此外，也有学者从理论和实证角度检验中间投入关税减让对下游企业生产率的影响（Chevassus-Lozza, et al., 2013；徐博、杨来科、常冉，2021），但研究结果通常表明影响绩效的方向具有不确定性（陈平、郭敏平，2020；王秋红、李文文，2021）。

三 关于贸易政策与产业政策协调发展的研究

（一）关于贸易政策与产业政策协调性的研究

产业政策和贸易政策之间存在交集（Wang, 2016），且两大政策实现协调发展对特定国家的发展意义重大。佟家栋和林力（2009）指出，美国次贷危机对中国制定外贸政策与产业政策形成指引，同时需要有效评估其对贸易和产业发展带来的压力与挑战，在产业结构调整的过程中，要采取适度、客观的原则，以利益最大化为目标来制定外向型经济和外贸发展政策。耿楠（2010）认为，贸易政策是中国经济增长奇迹的重要驱动，但美国次贷危机后由于诸多势力（外部因素）的影响，贸易政策的发展空间受到明显制约，要求产业政策实现有效转向。李燕和张波（2012）分析了涉华的制度性贸易摩擦现状，指出中国实现国内产业政策与贸易政策协调发展的紧迫性，并以WTO规则为基准提出了实现协同发展的举措。宋学义（2013）认为，产业政策与贸易政策的冲突与协调是世界经济逐渐开放和一体化的全球性问题，且两大政策协调发展也将为中国推进新型工业化道路提供强有力的支点。钟昌标（2017）认为，逆全球化导致的国际经贸规则重构会给中国经济社会发展带来深远的影响，表现为经济制度变革、国民意识更新、国际角色转换、政策机制升华、经济格局重塑、市场文化改造等，这在影响中国外贸政策的同时必然会倒逼产业政策调整，即贸易政策与产业政策存在内在的关联性。李敏和刘阳（2020）对中国贸易政策与产业政策实现协同发展的路径的相关研究进行了述评。刘美玲（2020）认为，适应国际经贸规则重构、产业政策与贸易政策融合、强化产业转型升级驱动，既是提高中国贸易竞争力的重要举措，也是优化中国产业发展需要重点考虑的议题。李清杨、臧旭恒和曲一申（2022）认为，贸易政策与产业政策协调发展有助于促进中国的制造业结构优化。从国外相关研究看，研究结果也通常认为需要加强两大政策的协调。例如，Odijie（2019）指出，非洲自由贸易区的建设需要加大产业政策在国家之间的协调。Bogatyrev（2021）剖析了政府支持在俄罗斯的产业政策和贸易政策方面的协调作用。Weiss 和 Seric（2021）以埃塞俄比亚为例，提出了问题树方法，以剖析贸易政策与产业政策如何实现协同，进而解决特定行业增长约束的问题。

现有研究通常认为，中国两大政策存在一定程度的非协调发展势态。例如，唐东波（2012）从全球价值链视角解析了贸易政策和中国产业发展的关系，指出"二元"贸易政策是中国"二元"贸易结构形成的重要成因，这种贸易政策格局在促进中国贸易总量提升的同时，在一定程度上抑制了相关产业的转型发展。范文祥和齐杰（2013）认为，中国鼓励产业发展、结构调整、技术提升等政策与 WTO 规则存在一定程度的非协调性，导致贸易摩擦与诉讼增加，指出建立有效的外向型产业政策要兼顾贸易政策与产业政策的协调性。佟家栋和刘程（2017）认为，中国由政府主导设计并实施的产业政策带来的扭曲效应与贸易政策存在明显的不协调性。石奇和谢啸（2014）的研究结果表明，中国公共品供给的产业政策与贸易政策失调。王海燕、滕建州和颜蒙（2014）指出，中国贸易政策与产业政策的断裂发展、贸易与产业发展目标不一致，导致中国产业转型升级无法通过出口优势得到有效体现，这在一定程度上制约了中国经济和产业结构的优化调整。张玉兰、崔日明和郭广珍（2020）以中国的"五年规划"作为政策筛选的标准，从全球价值链维度剖析了产业政策和贸易政策对产业升级的影响，发现贸易政策有助于提升中国产业的全球价值链层级，但产业政策的影响不显著或相反，产业政策会对其他未鼓励的产业产生挤出效应，而贸易政策会促进产业优化调整，特别地，贸易政策会更加有助于上游产业的提档升级。此外，学者对其他国家贸易政策和产业政策协调性的相关研究也得出了相似的结论。例如，Palit（2021）分析了印度希望在全球扮演重要角色与一定程度上闭关锁国政策的关系，发现二者存在较为显著的矛盾，即产业提升需要更大程度地参与国际分工。

（二）对特定产业贸易政策与产业政策协调的研究

对中国相关产业的研究表明，产业政策和贸易政策介入后，部分产业从弱势逐渐变成过剩产能。例如，吴伟（2008）和戚佰阳（2017）以中国铜版纸产业为例，解析了该产业如何由弱势转变为产能过剩进而被实施反倾销，即由出口依赖转向产能过剩，这与产业政策与贸易政策缺乏有效协调直接相关。白雪洁和闫文凯（2017）指出，光伏产业面临的"四重过剩"重叠（资源禀赋造成的结构性过剩、贸易摩擦造成的阶段性过剩、竞争加剧造成的区域性过剩、投资主导产业政策造成的潮涌性过剩）导致过剩产能需要实施相应的贸易保护措施。李宏佳、王宏禹和严展宇（2017）认为，中国对稀土资源采取的各项产业政策并没有转换成有效的贸易优势。同时，姬妍婷和吴丰（2021）指出，破除中国稀土贸易冲突的重要途径是实现产业政策与贸易政策的协调。张秀芳（2018）以玉米为例，分析了贸易政策和产业政策变化对替代物进出口影响的程度与方向，发现中国贸易政策和产业政策调整的有效性符合理论模型提出的假设，认为政策调整应以贸易结构多元化、高质量提升为主要方向。王寅龙（2018）以中国钢铁产业遭受的贸易摩擦为例，解析了产业政策与贸易政策协调发展的必要性与紧迫性。丁鹏（2019）以聚氯乙烯产业为例，指出中国产业政策与贸易政策存在一定程度的背离，即二者的协调发展需要进一步提高。张伟（2021）认为，中国铜材产业"走出去"面临投资国别差异和投资项目集中、海外并购效率低与海外投资风险高等挑战，指出铜材产业要积极构建铜材投资国内国际双循环的新发展格局，进而要求实现产业技术和"走出去"政策的双轮驱动。智晓婷和何怡婷（2022）解析了出版产业的贸易政策演化对该产业发展的影响。

此外，部分学者从国际借鉴视角剖析了两大政策的协调发展。例如，温太璞（2001）以发达国家如何通过产业政策和贸易政策的协同来发展战略性新兴产业为例，提出了中国助推战略性新兴产业发展的举措。李萍（2003）解析了日本1955年"入关"后实施的产业政策与贸易政策，指出以"拖延"政策和强化两大政策配合为表征，以此推动产业结构调整升级。牛勇平（2005）分析了战略性贸易政策和产业政策的国际经验，指出政策协同是支持本国企业参与全球竞争的重要支柱，为中国有效推进战略性新兴产业发展提供了借鉴与参考。田玉红（2008）比较分析了美国和日本的贸易政策与产业政策协调机制，提出了中国实现二者协调发展的举措。

与此同时，也有学者从不完全竞争维度，特别是寡头垄断视角展开了分析。例如，Eaton和Grossman（1986）分析了寡头垄断环境下贸易政策和产业政策的福利效应，解构了政府在各种市场结构和行为假设下的最优干预。Karp和Perloff（1993）认为，国内企业的调整成本本质上是通过税收或补贴的产业政策影响寡头企业在国际市场上的地位的，且这类政策比贸易或投资补贴更能达到政策的预期成效。Neary和Leahy（1998）分析了在动态的寡头市场中如何出台最佳的贸易与产业协调政策。马捷（2002）也进行了相似的研究。杨敏和赵丹妮（2013）探讨了"双寡头"市场结构如何影响产业结构和贸易结构的调整，进而从合作机制策略选择视角剖析了贸易政策与产业政策如何实现协调。

四　研究评价与拓展

国内外就贸易政策与产业政策的互动联系从诸多视角展开了深入解析，如贸易政策如何影响产业政策、产业政策如何影响贸易政策、贸易政策与产业政策如何实现协调发展。在具体的理论和实证研究中，通常采取贸易政策和产业政策的相关维度，如不同贸易政策如何影响区域产业发展及其因素、贸易政策下技术创新或扩散如何影响产业发展、产业政策如何影响贸易政策认知、产业创新政策如何影响贸易政策、特定产业的产业政策与贸易政策协调发展等。通过上述研究发现，贸易政策和产业政策不是孤立的，不能忽视二者之间的互动与影响。国内外已有文献为本书研究奠定了良好的基础，但仍存在进一步扩展研究的空间，主要表现在三个方面。

第一，关于贸易政策和产业政策的协调研究以定性分析为主、定量分析为辅，而且主要从解决国际争端角度展开研究，鲜有从产业发展视角或贸易发展视角进行剖析，缺乏足够的学理体系和经验证据。

第二，中国贸易政策与产业政策有各自的政策目标，而国内外形势的变化会对政策目标的实现产生显性的冲击，已有文献没有清晰作出回答。

第三，现有研究通常一般性讨论如何进行协调，通常基于某一产业探讨如何协调，鲜有采取全国微观数据剖析两大政策实现协调发展的机制与路径安排。

第三节　研究思路、方法及结构安排

一　研究思路

贸易政策和产业政策实现协调发展对于破解中国产业和贸易发展相对难题、避免陷入"中等收入陷阱"具有重要的意义。在解析两大政策协调发展的理论基础及机制、两大政策演化的非协调性及成因、内外环境变化影响两大政策协调发展及两大政策互动影响的基础上，多层级实证分析贸易政策与产业政策的相互影响，并基于理论和实证分析的结果，结合发展逻辑和国际借鉴，提出中国促使两大政策实现协调发展的制度安排。以两大政策实现协调发展为主线，力图从理论解析、实证分析、制度安排三个方面深度解析中国贸易政策和产业政策在协调发展过程中存在的主要问题及其成效，为后续更加完善该方面的研究提供思考的空间和切入点。

二　研究方法

本书主要采取既有的经济学研究范式和方法，即根据研究对象和计量所需的各方面因素，运用多种方法开展理论与实证的分析检验。在理论解析部分以理论推演、数理建模为主，在实证分析部分以计量分析为主,以确保研究的严谨性和科学性。研究方法主要包括三个方面。

一是理论推演法。基于理论解析推演出核心概念的界定,分析贸易政策与产业政策协调发展的理论基础及机制,剖析贸易政策与产业政策的互动影响,解析贸易政策与产业政策协调对产业发展的影响,通过文献归纳法凝练出研究所需要的理论模型等。

二是比较与借鉴法。比较中国贸易政策和产业政策的演化势态,比较内外环境变化对中国贸易政策和产业协调发展的影响,借鉴美国、日本、德国、韩国等国促进贸易政策和产业政策协调发展的经验等。

三是统计与计量分析法。基于《中国统计年鉴》、《中国贸易外经统计年鉴》、《中国税务年鉴》、《中国科技统计年鉴》和中国工业企业数据库等年鉴、资料或数据库,评估特定的贸易政策和产业政策的相关影响及两大政策对产业发展的影响,主要包括出口退税政策影响投资、技术引进政策影响产业创新、产业补贴政策影响出口创新、重点产业支持政策影响出口额、贸易政策与产业政策协调影响产业发展等方面。

三 研究结构

从结构框架看,本书遵循"理论解析—实证分析—制度安排"的总体安排。本书除导论和研究结论,大致可分为三个部分,第一部分包括第二章至第五章,从不同维度、不同视角理论解析内外环境变化下贸易政策与产业政策实现协调发展的影响;第二部分包括第六章至第八章,基于建模实证解析贸易政策和产业政策的影响;第三部分为第九章,基于理论与实证分析的结果,通过国际借鉴,提出中国两大政策实现协调发展的逻辑,并给出具体的制度安排。

第一章为导论。主要包括研究背景和意义及文献综述,并介绍了研究思路、研究方法和研究框架等。

第二章为核心概念、理论基础与协调机制。指出研究涉及的三大核心概念,分别为贸易政策、产业政策、协调机制。从贸易保护理论、传统优势理论、现代贸易理论等方面论述了协调的理论基础,并从不同视角剖析了协调机制。

第三章为中国贸易政策与产业政策协调发展的演化逻辑与成因。从中国的贸易政策和产业政策演化、逻辑关系、不协同的表征及成因等方面进行诠释。

第四章为国内外环境变化对中国贸易和产业协调发展的影响。从逆全球化、经济全球化、"双循环"新发展格局背景展开论述。

第五章为贸易政策与产业政策的相互影响。从贸易政策对产业发展的影响、产业政策对贸易发展的影响、贸易政策与产业政策的互动影响三个方面进行解析。

第六章为中国贸易政策影响产业发展的实证分析。从出口退税政策影响投资、技术进口政策影响创新两个方面构建模型并进行实证研究。

第七章为中国产业政策影响贸易发展的实证分析。从产业补贴政策影响出口创新、重点产业支持政策影响出口额两个方面构建理论模型并进行实证研究。

第八章为中国贸易政策与产业政策协调发展影响产业发展。构建一般性模型解析两大政策协调如何影响产业发展，且对特定的贸易政策和产业政策进行实证研究。

第九章为促进中国产业政策与贸易政策协调发展的举措安排。分析了美国、日本、德国、韩国等国两大政策协调发展的经验，指出了中国两大政策协调发展的基本目标、基本原则和发展逻辑，提出了中国加强两大政策协调的制度安排。

第十章为研究结论。

第四节 创新之处

本书的研究贡献（创新之处）主要体现在四个方面。

第一，对中国贸易政策与产业政策的协调性进行了相应分析，且通过国际借鉴阐述了中国两大政策实现协调发展的应然性。

第二，不同内外环境的冲击对中国贸易与产业发展的影响存在显著差异性，在分析两大政策的协调发展时需要考虑特定的环境变化。

第三，对贸易政策和产业政策的影响因素进行实证解析，为拓宽两大政策协调发展的实证研究可能提供相对较新的切入点与视角。

第四，尝试提出中国两大政策实现协调发展的逻辑与对策，可能为相关政策的出台提供相应的思路。

第二章 核心概念、理论基础与协调机制

第一节 核心概念

鉴于本书主要剖析的是贸易政策与产业政策的协调机制，涉及的核心概念为产业政策、贸易政策、协调机制，且这三个概念存在内在的逻辑关系。因此，本书从核心概念和逻辑关系等维度展开分析。其中，在分析协调机制时，侧重于从贸易政策与产业政策协调发展视角进行解析。

一 产业政策

中国对产业政策的明确提法最早可追溯到20世纪80年代（张焰朝、孙光国、陈思阳，2021），即在1986年第六届全国人民代表大会第四次会议上通过的"七五"计划正式确立了"产业政策"这一概念。中国对产业政策的研究也是始于20世纪80年代中期（李雯轩，2021）。关于中国1949年后产业政策经历了哪些演变，目前没有形成定论，即学者依其关注点不同而将之划分为不同的阶段。例如，魏际刚（2018）将中国改革开放40年的产业政策分为体制转轨期（1978—1991年）、市场经济体制初步确认期（1992—2001年）、国际金融危机前（2002—2008年）、国际金融危机后（2008—2018年）[①] 四个阶段。李雯轩（2021）认为，中国的产业政策可分为中华人民共和国成立后至改革开放前（1949—1977年）、改革开放后至20世纪90年代初期（1978—1992年）、党的十四大后至2002年前（1993—2001年）、2002年后至党的十八大前（2002—

---

① 此处划分方式遵照原文献，不作修改。

2012年)、党的十八大后至2018年(2012—2018年)五个阶段。

对于何为产业政策,目前没有统一的界定。产业政策最早由日本通产省(现为经济产业省)提出,小宫隆太郎和余昺鹏(1988)认为,产业政策是"政府为改变产业间的资源分配和各种产业中私营企业的某种经营活动而采取的政策"。中国学者从不同角度对产业政策进行了诠释。例如,周小川和杨之刚(1992)早在1992年就对产业政策概念进行了诠释。贺俊(2017)认为,产业政策的本质是政府为调整要素价格与弥补市场失灵等而采取的具有干预效果的一系列措施的总和,具有显性的干预和协调等属性。陈玮和耿曙(2017)认为,产业政策是国家通过集中的、有限的资源扶持特定的产业,促使该产业在短期内实现稳健快速发展以达到带动整体经济和社会发展目标的手段。魏际刚(2019)认为,产业政策是特定政府出于达成某种目标,如经济增长、竞争力提升、结构优化、资源配置效率优化、可持续发展等,而对产业、企业、要素等实施的干预行为(如引导、支持、鼓励、协调、促进抑或限制等)。从上述定义可看出,国内学者都强调政府在产业政策中所起的重要作用。此外,百度百科也对产业政策进行了相应的定义,即政府为实现特定的经济与社会目标而对特定产业发展进行干预的各项政策、举措的总和,如产业结构计划、产业扶持计划、国民经济计划,以此实现资源配置优化、保护幼稚产业等。

也有学者从广义和狭义的角度来定义产业政策。从广义上看,韩乾和洪永淼(2014)认为,产业政策是相关政府为实现特定目标(含经济层面与社会层面)而对产业发展进行干预的各种政策、举措的汇总,这与百度百科给出的定义较为接近。关于产业政策的广义和狭义之争以张维迎和林毅夫的学术争论为代表,即"林张之争"(马良华,2014;白杨、郇昌店,2018)。张维迎(2017)主张狭义的产业政策,认为产业政策是政府出于经济发展或其他目的,对私人产品生产领域实施的选择性干预与歧视性对待。林毅夫(2017)则更加认同广义的产业政策,认为是中央政府或地方政府为促进特定产业在该国或区域的发展而有意识、主动采取的一系列政策与措施,包括选择性和功能性两大类产业政策。无论是从狭义还是广义看,其界定的出发点均体现在对市场与政府关系理解的差异上,即侧重点为政府主导还是市场在产业政策中发挥关键性作用。基于前述关于产业政策概念的诠释，本书认为，产业政策是政府为实现产业发展而采取的各种显性与隐性的政策、举措的总和。

关于产业政策适用哪些理论，学术界存在争议，通常认为可采取新结构主义、演化发展经济学的相关理论进行解析，但上述理论对经济发展所处阶段的要求存在相应的差异。例如，杨阔和郭克莎（2020）认为，新结构主义适用于后发经济追赶前期，演化发展经济学适用于快速追赶后期，当经济发展水平足够高（如位于世界前列，此处特指从人均 GDP 视角看）时，产业政策的属性就应该由以干预性为主让位于以竞争性为主。无论经济处于何种发展水平，产业政策的着力点均应该落脚到特定产业或普适产业，其核心在于处理好政府与市场的关系。只有政府（"有形之手"）与市场（"无形之手"）实现协调，才能更加有效地发挥产业政策的作用，纠正其在执行过程中出现的偏差。

随着中国进入中国特色社会主义新时代，在新工业革命和经济发展新常态的背景下，中国目前暂不具备实施功能性产业政策的前提条件，由此迫切需要加快产业政策的转型调整（江飞涛、李晓萍，2015；狄振鹏、王为东，2020；盛朝迅，2022）。进而，如何由选择性产业政策向功能性产业政策转变（吴敬琏，2017），是中国实现 2035 年乃至 2050 年经济社会发展目标的重中之重。事实上，中国产业政策正在由选择性逐渐向功能性转变，即总体表现为市场机制在中国产业政策中的作用越来越大（江飞涛、李晓萍，2018；李成明、李亚飞、董志勇，2022），而这在助力产业实现稳健转型升级的同时，将促使中国有效避免陷入"中等收入陷阱"。

二 贸易政策

学术界对于何为贸易政策没有统一的界定，学者从不同角度给出了不同的定义。例如，佟家栋和王艳（2002）提出，贸易政策是指在特定时期内一个主体国家颁布的对外贸易的政策，在形成政策的总体构想和框架体系时要充分根据外部环境和自身状况作出动态的调整。郭克莎（2003）认为，贸易政策是区域政府或主权政府基于相应的理论支撑，以国内市场为基础、国际市场为导向，用来保护和扶持特定的产业，以刺激进出口和提高国际份额为目标的手段。林媛媛和车璐（2021）认为，贸易政策是一种国家开展各类国际经济贸易合作的制度安排与规则设计。徐绍元和史春林（2021）提出，贸易政策是由一国的生产力发展水平及该国的国际分工地位决定的，代表了经济发展程度与统治阶级的利益和要求，为实现国家经济和利益最大化而对贸易活动进行规范管理的行动指南。此外，智库百科将贸易政策定义为政府为达成某种目的而制定的、管理外贸活动的方针与原则，百度百科将对外贸易政策定义为政府为实现本国经济和发展而制定的在特定时期管理外贸活动与行为的准则。与产业政策相比，学者对贸易政策包括的范畴基本达成一致，即以外向型经济发展为基本导向。此外，它包含哪些内容及类型分类也基本明确。例如，将外贸政策总体分为进口替代型和出口导向型两种，通常采取幼稚产业保护理论、战略性贸易理论、国家安全理论等作为基本理论分析贸易行为或举措。基于上述解析，本书将贸易政策定义为：主体国家在特定时期综合考虑国内外环境及自身实际，明晰对外贸易政策的方针与原则，通过制定系统的外贸管理体系对贸易主体和贸易活动进行协调规范管理，以达到保证经济市场正常运行、有效应对国际贸易摩擦等目标的政策、措施的总和。随后，对贸易政策的诠释，从中国发展实际切入。

自1949年以来，中国出台了诸多政策法案及举措对贸易政策进行不断改进和完善。例如，1949年9月《中国人民政治协商会议共同纲领》确定了中国贸易政策由国家宏观调控；1956年年底基本完成对私营工商业的改造，建立了由外贸部统一领导、统一发布指令性计划的高度集中的对外贸易体制；1958年8月中共中央颁布的《关于对外贸易必须统一对外的决定》和《关于贸易外汇体制的决定》等，进一步完善了中国对外贸易政策体系；1978年12月召开的党的十一届三中全会，标志着中国步入改革开放阶段，外贸体制改革逐渐由相对管制向相对自由化转变；从1985年起，改由国家主管部门下达外贸总额的指导性计划和列明管理的主要商品数量的进出口指令性计划；1993年11月党的十四届三中全会通过的《中共中央关于建立社会主义市场经济体制若干问题的决定》确定了新时期对外贸易体制改革的方向，是中国深化改革开放的纲领性文件；1996年1月《中华人民共和国外汇管理条例》的实施进一步扩大了中国对外贸易的范围，并在2008年8月进行了修订；2004年7月新颁布的《中华人民共和国对外贸易法》是对1994年《中华人民共和国对外贸易法》的系统性修改，标志着中国进入对外贸易自由化的新阶段，且在2016年进行了第二次修订。

对于中国贸易政策经历了哪些发展阶段，学者持有不同的意见。例如，彭波和韩亚品（2020）将之分为积极"一边倒"（1949—1957年）、独立自主与自力更生（1958—1978年）、逐步扩大与不断深入（1978—2011年）、深刻变革与全面创新开放（2011年至今）四个阶段。李强（2020）将之分为进口替代（1949—2001年）、出口导向（2001—2018年）、进出口平衡（2018年至今）三个阶段。殷晓鹏、肖艺璇和王锋锋（2021）将之分为中华人民共和国成立前期政治根基奠定（1921—1949年）、计划经济体制下对国际贸易政策进行宏观调控（1949—1977年）、贸易政策逐渐完善与法律法规更健全（1978—2001年）、加入世贸组织以及深度参与并重构全球贸易体系（2001年至今）四个阶段。由上述阶段划分可知，在考究中国贸易政策时，有几个时间点不可忽略，如1978年和2001年应该重点加以考虑，分别为中国启动对外开放的元年与中国加入世贸组织的元年。

贸易政策是中国助推开放经济最重要的手段，而内外环境变化明显加快也要求贸易政策加快优化，因此，贸易政策的调整方向成为学者关注的重要议题。例如，盛斌和魏方（2019）认为，中国对外贸易处于高质量发展阶段和对外开放处于高水平格局阶段，贸易政策应向支持关键技术发展、适应乃至引领新业态发展、协调贸易政策与产业政策发展等方向调整。汤志伟、李昱璇和张龙鹏（2021）也持有相同的观点。王本强（2020）认为，中国处于WTO规则变革、欧美持续施压、国际经贸规则重构加速、贸易保护主义抬头、国际市场低迷等国际背景下，贸易政策调整应更加注重贸易结构的平衡性、贸易质量的提升、与国际规则更加接轨，以提升中国在全球价值链和全球产业链中的地位，为此需要不断地强化与塑造中国外经、外贸的综合优势。

三　协调机制

"协调"是指和谐一致，配合得当（宋志刚，2016）。协调的基本含义是两个及两个以上的事物或系统运转、操作等和谐有序，以此达到更高的效率，进而通过帕累托改善以实现帕累托最优。"协调"这一理念由来已久，包含哲学和思辨的成分，在中国可追溯到"天人感应""无为而治""中庸"等思想，在西方则是"以人为本"等，这些精辟的论断成为中华人民共和国成立后区域协调、可持续发展等理念的思想基础。哈肯（Haken）于1971年提出的协同理论使协调视域正式成为一门理论，着重探讨各种系统从无序变为有序的相似性（吴丽君，2015）。哈肯认为，尽管我们处在一个复杂的、不断变化的环境中，且存在千差万别的系统或子系统，但它们之间存在各种相互的影响与协作，并遵循着某种规律进行动态演化。随着协调理论的成熟与发展，该理论被广泛应用于社会科学以及工程科学等领域中，并且通过融合吸收这些理论的最新研究成果，形成较为成熟的理论体系。

中华人民共和国成立，尤其是改革开放以来，中国在经济和社会发展方面取得了卓越的经济和社会成就（经济成就被称为"中国奇迹"），离不开中国共产党在革命、建设和改革时期提出的协调发展理论的指导，而这从毛泽东思想、中国特色社会主义理论体系中可窥见一斑。毛泽东在《论十大关系》中提出，必须兼顾国家、集体和个人三个方面，协调多方的利益。邓小平总结中华人民共和国发展社会主义的经验和教训，在实践中形成统筹协调理念。在经济领域，他认为统筹计划经济与市场经济是有着内在关系的对立统一体，这就要求用"两点论"的方法看问题，二者的统一是中国制度的创新，也是符合中国发展前景的。"对内改革"与"对外开放"是中国经济社会发展的双驱动，中国的发展离不开世界，必须与世界形成良好的互动发展格局，但也要在中国实行稳健的内部改革，使经济推进跟得上世界发展的节奏。协调发展也是"三个代表"重要思想的组成部分。党的十四届五中全会提出"区域协调发展，逐步缩小地区差距"，党的十六大报告指出要"物质文明、精神文明、政治文明"实现协调发展。而针对人口、资源和环境的问题，提出了统筹实现社会可持续发展。党的十七大报告阐述了科学发展观的含义，"第一要义是发展，核心是以人为本，基本要求是全面协调可持续，根本方法是统筹兼顾"。科学发展观是在总结社会主义革命、建设和改革经验基础上形成的科学理论，沿袭了可持续发展观中的协调思想，具有全面性、系统性、可持续性等属性。在党的十八届五中全会上，习近平总书记强调"创新、协调、绿色、开放、共享"

的新发展理念，把协调上升为发展理念，从事物的发展规律视角揭示了经济社会发展的一般规律。

"机制"原指机器的构造与运行原理，现已被广泛运用于自然现象和社会现象中，是指其内部组织和运行的变化规律（中国百科大辞典编委会，1990）。生物学和医学通过类比，在借用此词研究生物的功能时常说分析其机制，了解它的内在工作方式与原理，意味着对其认识有了从现象到本质的说明（韩明谟，2002）。对于协调机制，纽伯格（Neuberger）和达菲（Duffy）将之定义为"为保证在决策结构中分享某种决策权的所有当事人决策的一致性而提供必要的信息的机制"（刘小龙，2019），其实就是在资源配置过程中对相互联系与协调的事物进行调解与控制的制度安排。刘吉瑞和陈漭（1988）从协调机制的主体入手，将协调机制划分为道德协调、市场协调和行政协调三种。在道德协调阶段，社会生产力低下、人口流动性较差（朱海就，2017）。原始经济社会基本由道德机制协调，在该时期尚未形成有效的工业化，传统的观念就是权威，而秩序的维持、规则的遵守均需要依靠人们（大众）对传统观念的道德遵从。随着社会的向前发展，单纯的道德协调显然不能适应相应的时代背景下的经济基础，于是出现了市场协调和行政协调。市场协调则以生产和交换为基础，企业为了某些共同的目标而采取相互协调的市场行为。行政协调是政府在一定程度上介入经济调控的协调机制，在政府组织有序运转、互相配合、履行职能中发挥重要的作用（卢剑峰，2020）。在现实的国民经济运行中，仅仅依靠某一种协调机制的情形较少出现，一般为三种协调机制以不同组合的方式显现，以共同助推或影响社会经济发展。也有学者对协调机制的方式进行划分，例如，田云清（1992）将之分为沟通机制、流动机制、控制机制与保障机制。对于所需研究的经济协调领域，由于其高度复杂性，协调机制也必须与之相适应。经济政策具有明显的外溢性，如果处理不当会使国家甚至世界的发展受到不同程度的影响。这就意味着必须将国家的整体情况和世界的发展现状纳入其中进行考虑（发展历史、发展现状、未来预期），选择最优或次优的政策工具，制定相对全面、系统的政策。也就是说，协调机制必须超越个人利益、行业利益、群体利益，为实现整体或全域的资源配置最优化而让步。为此，协调就成为实现这一目标的关键因素（罗振兴，2017）。

贸易政策和产业政策有着不同的侧重点，贸易政策注重的是与全球经济一体化趋势保持相对一致，而产业政策的重心则是国内产业的发展。尽管有着不同的侧重点，但有着共同的目标，即以促进国家发展与提高国际竞争力为总体导向。各国发展情况不尽相同，必须使贸易政策与产业政策相适应、相协调，才能使各类资源实现优化配置，达到各项政策的预期目标（李敏、刘阳，2020）。为此，将两大政策的协调机制视为以服务产业发展和贸易提升为目标，实现贸易与产业发展协同推进的制度安排。然而，国际社会特别是欧美实施的显性与隐性的制约、国际国内政策目标出现偏差、管理部门不一致、行业龙头企业总体偏弱、小企业参与意愿相对偏低等使中国贸易政策与产业政策难以实现稳健的协同，因此，有必要引导中国两大政策协调发展，促使中国经济以更稳健的步伐推进。

四 逻辑关系

从世界经济发展脉络和演变历史看，政策从来都是随着国家的出现而出现的，即政策本身就是国家存在的代名词。在原始社会，由于经济发展水平总体很低，无论是哪个民族或区域的居民，都是为了基本的生存而奋斗的，但在该时期并没有形成国家，也不存在贸易政策或产业政策。自奴隶社会开始，同区域和不同区域的人或群体被人为地划分为不同阶层、不同国家，为了维持既有的和潜在的利益展开各种形式的竞争，进而产生各类手段，如政治、经济、社会、文化等方面的各种举措，而这些举措就是广泛意义上的政策。因此，可认为政策是经济社会发展到一定阶段的产物。事实上，从百度百科词条解释看，政策是国家机关、社会政治集团、政党组织为实现各自所代表的利益与意志，通过权威或强制形式在特定时期内采取的一般步骤、特定举措，具有阶级性、正误性、时效性、表达性等特征。

经济基础决定上层建筑，上层建筑反作用于经济基础，这是马克思主义的本质与理论基础。如将之置于本书的研究范畴，即产业政策与贸易政策的协调机制视域，则可将产业和贸易视为经济基础，而将政策视为上层建筑。原因在于产业和贸易的发展将带来内向型和外向型经济的提升，而政策会显著影响经济基础的发展。在经济发展水平较低和相对封闭发展的区域内，由于产品的国际竞争力相对不强且以满足自身（本国或本区域）消费需要为主，如封建社会初始阶段的小农经济，此时贸易不存在发展的空间，进而不可能形成贸易政策。因此，可认为当经济没有走出国门或区域的事实或潜力，贸易政策没有存在的必要。然而，自国家产生以来，无论是哪种类型或属性的国家，其发展都不可能是完全故步自封的，即在一定程度上均会产生与其他国家的交流与沟通，因此需要对外政策的支持，如贸易政策、外交政策。从中国古代看，最典型的通商例子是郑和下西洋。1405—1433年，即永乐三年至宣德八年，郑和率队远航至印度洋和西太平洋，与30多个国家与地区进行了商贸交流，是"国际大航海"的前奏（范金民，2005；邹振环，2020；李新烽，2022），在开启中国"丝绸之路"的同时，带动了海上贸易、水运和国际航海探险，"地理大发现"更是激活了国际贸易中最主要的运输方式，即水路运输。事实上，即使在当前，水路运输还是最主要的国际贸易货物运输方式。

经济发展水平决定了一个国家或区域的发展高度，而产业是其最核心的组成部分。在产业从无到有再到发展壮大的过程中，在逐渐满足国内市场需求的同时将向其他区域扩张，均需要相应的显性或隐性的政策佐以推进。学者在产业发展或产业调整需要政策支持方面基本达成共识，如战略性新兴产业（王昶等，2020；郝晓燕、臧麟山、翟羽佳，2022）、幼稚产业（王弟海、龚六堂，2006；严鹏，2019）、环保产业（崔广慧、姜英兵，2020）、农业（蔡昉，1994；杨子潞、张光慧，2019）、服务业（李丽等，2020）、产业结构优化（王鹏、吴思霖、李彦，2019；周佰成、王晗、王姝，2020）。以幼稚产业保护理论为例，通常认为幼稚产业如果没有得到一定程度的保护将无法发展壮大，原因在于将未成长起来的产业（或企业）与成熟产业（或企业）进行同台竞技违背了公平竞争原则，即认为对幼稚产业实施鼓励与保护政策是非常有必要的，也是必需的，且这种观点已得到国际社会的普遍认同，如WTO明确规定可对幼稚产业实施适度保护。

产业发展存在内向驱动和外向驱动，内向驱动通常可认为是国内市场使然，外向驱动则可认为是由外部市场或内部对外来商品或服务的需求所引致，而外向驱动的直接结果就是形成贸易。事实上，贸易是经济发展到一定阶段的产物，特别是各国都把"工业立国"作为国家发展和壮大的准则，如即使在南北战争时期，美国最终的结果也是以工业经济取代农业经济，即种植园经济。而在经济全球化和逆全球化背景下，全球价值链、全球产业链、全球供应链日益成型，一个国家的经济发展会受到国际市场的冲击或影响，为此必然会出台各类涉外政策以助推本国经济发展。无论是产业发展还是贸易推进，各国或区域为维持彼此的利益或话语权，都会采取各种举措来平抑或促进发展，因此出现了贸易政策与产业政策发展的协同性问题。从贸易政策与产业政策的协调机制看，是不同属性的政策或政策体系（如贸易政策、产业政策）在时间、空间、预期目标上达成相对一致，这是由不同属性政策的目标导向、管理主体等存在显性差异引致的。例如，中国的贸易政策主要由商务部及相关职能部门制定，而产业政策主要由经信（委）、财税等相关职能部门制定，管理部门的非一致性必然会在一定程度上出现行为偏差，这就要求通过相应举措实现两大政策协调发展。

国家的存在要求以经济发展作为先导，而为扶持经济发展就必然会采取各种类型的产业政策。当产业发展到一定程度后，向外扩张即走外向型道路就是企业谋求生存和提升竞争力的重要路径，此时国家可能会采取种种举措以协助企业发展。[1] 从逻辑关系看，先有产业萌芽和发展引致的产业政策，后有为产业服务拓展外部市场和满足内在需求的贸易政策，当特定产业发展到一定程度时，国家或相关职能部门就会制定相应的产业政策和贸易政策来助推经济发展，但两大政策在诸多方面的差异又会要求二者实现协调发展，因此，产业政策、贸易政策、协调机制三者之间存在明显的逻辑关系。

第二节 理论基础

国际贸易的相关理论，总体上可分为支持保护贸易与支持自由贸易两大类，而贸易政策与产业政策的协调发展，均可从这两大类的相关理

---

[1] 《鸦片战争爆发的真正原因是什么？英国想扩大贸易需求，清却拒绝》，https://baijiahao.baidu.com/s?id=1679261274310736739&wfr=spider&for=pc。

论中得到相应的溯源，且自由贸易理论还存在传统优势贸易理论和现代国际贸易理论等类别。因此，本章从贸易保护理论、传统优势理论、现代贸易理论三个方面诠释贸易政策和产业政策实现协调发展的理论基础。

一 贸易保护理论

贸易保护的根本目的是通过实施相应的贸易制度安排促进本国相关产业的发展，但在贸易保护过程中产生的实际成效（无论是从本国还是全球经济的福利考量来看）存在显著的不确定性。贸易保护存在诸多的手段，尤其体现在非关税壁垒层面，如 SA8000、劳工标准、福利标准、"两反一补"等，而从理论本身看，较为成型的理论主要为幼稚产业保护理论（Infant Industry Theory）。

幼稚产业保护理论于 1791 年由汉密尔顿（美国独立后的第一任财政部部长）最早提出，并以美国的相关产业进行保护性实践，且通常认为李斯特（List）为批判古典经济学派而出版的《政治经济学的国民体系》(*The National System of Political Economy*) 是该理论的奠基之作，即将李斯特视为该理论的提出者（或集大成者）。自幼稚产业保护理论提出后，学者对其内涵进行了诸多完善与改进（Sercovich and Teubal，2013），且也有较强的生命力和解释能力，特别是相对欠发达国家或区域需要将相对贸易保护政策作为促进产业发展的重要理论支撑（刘闯，2019；Ravikumar, et al., 2022）。对于幼稚产业需要通过保护以促成其发展壮大，无论是学术界还是政界，均达成一致的观点，但该理论操作的难点在于如何评判或评估特定产业是否处于幼稚发展期。虽然形成了判断幼稚产业的三个标准，即穆勒标准（Mill's Test）、巴斯塔布尔标准（Bastable's Test）、肯普标准（Kemp's Test），但是在现实操作中均存在上述标准难以量化这一共性难题，由此致使某一个国家或区域选择哪类或哪个产业（或特定产业的哪个发展阶段）进行幼稚保护有着较大的主观性和随意性，即如何选择（确定）国际认可（至少区域内认可）的幼稚产业是该理论的痛点。从理论本身看，实施幼稚产业保护的目的是实现产业在相同或相似发展阶段的公平、公允、公正发展（这是 WTO 规则所允许的），而被保护产业可能出现相对无效生产的既定事实，这对如何选择与扶持幼稚产业也是重要的思考层面。例如，进行幼稚产业保护时，要避免出现"李斯特陷阱"（覃成林、李超，2013）。

二　传统优势理论

贸易政策与产业政策的协调，要求以开放型经济发展到一定程度为前置条件，为此国际贸易的传统优势理论可视为两大政策协调的基本理论。传统优势理论通常从劳动生产率优势和资源禀赋优势两个方面展开，包括绝对优势理论、相对优势理论、要素禀赋理论。

亚当·斯密提出的绝对优势理论（Absolute Advantage Theory）认为，如果不同国家的特定产业在国际分工中具有绝对优势，则可按照这种优势形成国家之间的商贸往来或"互通有无"，强调的是如果没有绝对优势，则形成不了贸易。若将该理论放大到解释不同发展层级的国家或区域之间的国际贸易，如发达国家与发展中国家之间、发达区域与欠发达区域之间，可认为绝对优势论是国际贸易中的普遍规律（赵俏姿、孙文涛，2002）。此外，由于技术垄断等，部分产品或产业产生了超绝对优势，进而基于此形成了超绝对优势理论，即只有国际经济贸易中的一方能进行特定产品的生产，这是垄断性形成的重要来源（李翀，2004）。诚然，绝对优势理论与超绝对优势理论之间既存在差异又存在一定程度的联系（李翀，2005），即超绝对优势是绝对优势在特定条件下得到强化的结果。特别是由杨小凯等提出的超边际分析理论，更是"角点解"这种绝对优势的集中体现。

大卫·李嘉图提出的相对优势理论（Comparative Advantage Theory）放宽了绝对优势或绝对国际分工带来的潜在利益，认为只要不同国家之间存在相对优势或相对利益，就能形成国际贸易，即认为贸易形成的根本成因为"两利取其重、两害取其轻"，这是各国指导国内经济和国际贸易发展的常用理论（李怀印，2019；Stelliana and Danna-Buitrago，2022）。该理论认为，国际贸易或国际分工甚至区域的产业选择是不同行为主体（如政府、企业）对自身条件进行充分审视的结果，通过积极融入国内市场与国际市场，基于劳动生产率差异能充分发挥各自的比较优势，以实现资源的优化配置。但是，在采取比较优势理论指导国际贸易时，要避免可能产生的比较优势陷阱（陆善勇、叶颖，2019；石军伟，2020）和后发优势陷阱（沈剑光、许世建，2020）。在现行的国际贸易理论中，通常用相对优势理论取代绝对优势理论，且竞争优势理论往往与相对优势理论联系在一起，然而这两种理论有着各自的逻辑体系，不存在谁取代谁的问题（刘常青，2005）。

赫克歇尔和俄林提出的要素禀赋理论（Factor Endowment Theory, H-O 理论），从要素丰裕程度视角剖析了国际贸易产生的根源，认为一个国家或区域会出口要素丰裕程度高的产品，而进口要素较为稀缺的产品，且随着国际贸易的逐渐推进会导致各个国家相同生产要素的价格趋同，同时指出，要素相对丰裕度是最核心的概念。萨缪尔森对 H-O 理论的价格趋同进行了进一步的研究，形成了 H-O-S 定理，即认为国际贸易会促使同质（无差异）的生产要素在不同国家（区域）之间实现相对和绝对的趋同。换句话说，要素禀赋理论指出，国际贸易的形成与产品的要素密集度直接相关，与生产函数中的成本优势（如绝对优势、相对优势）无关，即不考虑产品（商品）的相对劳动率差异，而将国际贸易形成的原因归于各国所能使用的要素禀赋的不同（罗军，2007）。对要素禀赋理论进行的多重验证产生了里昂惕夫之谜（Leontief Paradox），而对该谜形成的各种解释产生了现代国际贸易理论，即学者对国际贸易产生缘由的研究突破了比较优势和禀赋优势的视角，从其他维度对国际贸易的形成进行了相应的诠释。

三 现代贸易理论

对于何为现代贸易理论及其包含哪些理论，存在较为显性的争议。鉴于需要考究的是与产业发展相关的贸易理论，梯度国际分工、技术差距、产品生命周期、战略性贸易、内生比较优势、纵向一体化等均会在贸易与产业之间产生内在联系，即不以里昂惕夫之谜作为划分现代国际贸易理论的时间节点。因此，拟解析雁行理论、技术差距理论、产品生命周期理论、战略性贸易理论、内生比较优势理论、产业纵向一体化理论等，从现代贸易视角分析贸易与产业协调发展的理论基础。

赤松要（Akamatsu）在 1935 年提出了雁行理论（Flying-geese Model），其立论点为发展中国家或欠发达地区为实现经济赶超而采取的在特定区域实现协同发展的模式（刘鹊、施曼、韦倩青，2014），相关产业在不同国家间因国际分工引致产业调整而出现梯度转移，进而导致产业发展呈现出兴盛、衰退演化过程，即该理论与产业转移理论和梯度推移理论之间存在较为密切的联系。发展中国家或欠发达地区的产业结构优化通常会经历三个阶段，分别为进口阶段、国内生产阶段、出口阶段，其中应该会涉及进口替代和出口导向的转换。而雁行理论更多地用于分析出口导向引致的经济效果（也包括产业内贸易），即需要以经济开放作为基本要件，通过借助大市场效应形成的知识外溢、技术外溢、技能外溢、数字外溢等正外部性，在优化本国产业结构的同时促进贸易发展（孙金秀、杨文兵，2011；李旭轩，2013）。该理论通常用于解释产业转移、经济赶超等现象，如对 20 世纪 80 年代的拉美主权债务危机、90 年代的亚洲金融危机有着较好的解释力。事实上，从世界经济发展史和国际分工看，无论是发达国家还是发展中国家，其经济发展均会在一定程度上呈现出雁行发展的势态，进而演化成新雁行模式并逐渐成为促进区域经济发展的重要驱动（曲凤杰，2016）。

波斯纳（Posner）在 1961 年提出了技术差距理论（Technology Gap Theory，又被称为创新与模仿理论），把技术视为劳动与资本之外的第三种生产要素，从技术差距视角对里昂惕夫之谜进行诠释，可认为是对要素禀赋理论（H-O 理论）的动态调整（将技术差距视为要素禀赋的一种表现形式）。该理论认为，技术水平较高的国家会首先研发出高技术的产品，在满足国内消费的同时进行适度出口，随后向技术存在落差的国家逐渐转移（技术由高技术国家—次高技术国家—技术欠发达国家依次推进），而技术欠发达国家会通过技术模仿和相应创新，实现国内技术水平的提档升级。此时，模仿时滞（Imitation Lag）是创新国（Innovation Country）获取技术垄断利润的关键因素（Glass and Saggi，1998；吉亚辉、祝凤文，2011）。该理论以技术差距作为促进（引致）技术进步和技术扩散的重要切入点，以技术差距存在收敛还是发散趋势作为判断准则，形成赶超、累积、新累积三种相应的理论以及"结构—测度—因素"的实证范式（周密，2009）。

Vernon（1966）提出了产品生命周期理论（Product Life Cycle Theory），认为产品会经历导入（进入）、成长、成熟（饱和）、衰退（衰落）四个发展时期，侧重于从技术创新、技术外溢、技术改进等视角解析国际贸易是如何产生的，以显示产品的出口优势在国家之间是如何实现传导的。进一步地，在产品生命周期的不同阶段，为在较长时间内产生相应的收益或利润，与不同发展水平的国家或区域进行生产或贸易。从理论的构建实际看，产品生命周期理论蕴含着李嘉图的比较优势理论和赫克歇尔与俄林的要素禀赋理论（张军，2008）。随着现代科学技术和产业发展等的不断推进，该理论已逐渐由产品视域向其他视角演化，即形成标准的产品生命周期理论（李保红、吕廷杰，2005），并与产业生命周期理论一起演化或协同推进（张会恒，2004），用于解释生产、流通、销售等经济活动的各个环节，无论是对中国还是世界的经济发展，均有着较强的解释能力。

战略性贸易理论（Strategic Trade Theory）形成于20世纪80年代，主要由Brander等提出并完善，以非完全竞争与规模经济为理论基础，强调垄断竞争市场格局下公共政府对产业发展的重要性（Jing, 2017），凸显了政府的适度干预对产业发展壮大以获取国际分工贸易利得的作用，通常认为可采取生产补贴、税收优惠等举措，以扶持或支持特定产业或特定企业的发展，最典型的例子为"波音空客补贴之争"（张兆华，2021）。由于现实经济中普遍存在规模经济，政府运用适当的贸易政策能扩大相关产业或企业的规模，即以规模经济之名获取其他国家相同或相似企业的既有（或潜在）市场机会与相对超额的利润，而这在一定程度上能改变国际市场运行的结果与方向。为此，结合自身的要素禀赋和竞争优势，政府制定显性或隐性的战略性贸易保护政策，有助于实现产业结构优化、经济结构调整（谢申祥、刘培德、王孝松，2018）。从战略性贸易理论的思想源头看，政府对贸易利得、贸易成因、贸易模式的相对干预导致自由贸易和保护贸易。此外，需要指出的是，战略性贸易理论与战略性产业的贸易理论存在明显差别，但二者在一定程度上均可以满足指导战略性产业发展的需要。

自20世纪80年代以来，学者相继放松了传统优势理论的框架体系与分析条件，从新兴古典贸易理论与新兴古典增长模型两个方面创立了新兴古典经济学，并在2002年形成了内生比较优势理论。从比较优势视域看，李嘉图模型分析的是外生技术比较优势，要素禀赋理论探究的为外生资源比较优势，而内生比较优势理论侧重于剖析内生专业化比较优势，且主要通过专业化劳动分工、技术创新、经验积累等方式得以彰显（杨小凯、张永生，2001）。该理论是一种典型的超边际分析，即采取非线性数学和其他数学方法,将古典经济学中的分工与专业化的关系拓展成决策与均衡模型,是新古典经济学的第三代模型,且以专业化分工产生的规模报酬递增属性更有助于解释经济实际,特别是现代产业集群的形成(张国臣,2014)。在中国逐渐注重经济内生增长和"双循环"经济发展新格局的背景下,该理论对"中国奇迹"的持续形成具有较强的解释力(邓光娅,2011;刘新争,2016)。

产业纵向一体化是指企业(产业)向上游或下游延伸而形成的供、产、销相对一体化(链条一体化),在世界经济处于相对开放的格局下,是全球价值链、供应链、产业链的重要表现形式,有助于企业充分利用国际资源和优势进行组织运作(陈煜明、杨锐,2014),通常可将之分为前向一体化和后向一体化两种类别,且 Williamson(1979)从资产专用性、交易频率和不确定性等维度解析了其成因。从严格意义上讲,产业纵向一体化理论指的是解释产业纵向分工的相关理论,但并没有特定的某一个理论与之对接,如全球价值链相关理论、全球产业链相关理论、全球供应链相关理论等。特别地,跨国公司在全球经济中的地位日益重要,而这会加快全球产业链和价值链的整合(徐康宁、陈健,2008;张彦、刘德学,2022),有助于产业一体化向纵深推进。部分学者结合产业组织理论,从纵向一体化视角剖析了国际贸易的形成与发展。例如,钟慧中(2013)认为,集聚的贸易平台对降低交易成本、扩大交易规模的优势显著;王文瑜和胡求光(2015)发现,水产行业纵向一体化水平的提高有助于拉动中国水产品出口;师博和王勤(2016)认为,凸显能源产业链一体化是提升"中国制造"水平、转移过剩或落后产能的重要举措;陈惠中和赵景峰(2022)发现,现代化产业链提升有助于从规模效应、成本效应、技术创新效应等方面提高中国贸易的附加值。

第三节　协调机制

产业政策和贸易政策均是国家经济发展的重要战略政策,存在显性的交互性和重叠性,进而会派生出不同政策的协调问题(黄兆银,2001;张玉兰、崔日明、郭广珍,2020)。产业政策与贸易政策的协调机制存在多重复合性，基于不同视角有着不同的分析维度。无论是贸易政策还是产业政策，均存在优化调整和福利提升等问题，且国际分工向纵深推进也要求实现梯度调整，同时，在调整过程中会存在相应的路径依赖和路径锁定。因此，本节拟从结构优化视角、利益分配视角、产业转移视角、路径依赖视角四个维度剖析贸易政策与产业政策实现协调发展的机制。

一　基于结构优化视角

中国经济社会发展的多元性明显，这既与中国由农业国逐渐向工业国转变（目前处于工业化后期阶段）有关，也与中国在1949年以后实施的相对倾斜的发展战略直接关联，如沿海区域优先发展战略、中部崛起战略、西部大开发战略、东北振兴战略、粤港澳大湾区战略、长江经济带战略。事实上，中国经济发展总体格局为东部转型、中西部提速、东北调整，其归根到底是产业结构差异引致经济发展的相应落差。从贸易结构和产业结构的关系看，通常认为贸易结构影响产业结构（袁欣，2010），且产业结构对贸易结构起着决定性的作用（吴鹏、夏楚瑜、何冲冲，2020；Zhao，et al.，2022），同时，贸易结构的变化也会对产业结构的发展与演化起反作用（孙金秀、杨文兵，2011），即二者存在相互依存、相互影响的关系。如从马克思主义政治经济学视角看，二者的内在联系类似于经济基础和上层建筑的关系。

关于贸易结构变化对产业结构的影响，基于研究采取的不同方法、数据、模型，会得出不同的结论，如正向影响（Wang，et al.，2020）、负向影响（唐东波，2012）、不确定性影响（王莹、成艳萍，2018），且会存在资本累积效应、需求结构效应、技术溢出效应等影响路径（陈晋玲，2015）。因此，无论是贸易政策还是产业政策，均需要深度剖析结构变化（含贸易结构、产业结构、贸易结构与产业结构的配位性等）对贸易政策与产业政策及其两大政策协调发展的影响。事实上，前述提及的各种贸易理论基础的重要着力点就是结构变化。例如，幼稚产业保护理论隐含了相关产业在该阶段的发展水平明显偏低，需要采取保护性的贸易政策和关联的产业政策；内生比较优势理论认为，无论是产业政策还是贸易政策，均需要充分挖掘内生驱动，进而通过结构优化实现贸易和产业的协同；产业纵向一体化理论强调了产业链的前后延伸，基于产业链的整合和优化，在提升产业（链）发展水平的同时提高国际竞争力。

二 基于利益分配视角

社会是由各个微观单元组成的，按照西方经济学的经典观点，经济活动的顺利推进必然会产生相应（潜在）的收益或利益，进而要求这些收益或利益通过相对合理的方式在不同群体或个体之间进行分配，由此在经济社会的各个层面产生显性的利益分配问题。而如果从西方经济学的基本假设看，理性经济人其实已经影射了利益冲突与重新分配。从中国视角看，市场分割（银温泉、才婉茹，2001；俞立平等，2022）、辖区竞争（殷强、冯辉，2019；沈坤荣、周力，2020）等的形成，均是特定区域或政府为获取既有或潜在的经济或政治利益而采取的相对保护或封锁举措。进一步地，国家级部门实施的相关政策，如贸易政策、产业政策，就必然要求打破既有的利益（收益）分配格局，这会遭到既得利益集团或群体的抗争或反对（陈子烨、李滨，2020），同时也会存在委托—代理难题（张楠迪扬，2022）。例如，无论是贸易自由政策还是贸易保护举措，在国内或者国际上均会受到不同阶层、不同群体相当程度的抵制。

从利益分配视域看，产业政策实际上是将相对固定数量的资源（资源数量不变）在不同产业之间进行配置，贸易政策则为相对固定的收益在全球不同参与主体之间重新调整（假如某个国家实施的贸易政策是零和博弈，即不存在正外部性或负外部性），进而特定国家或区域的产业政策会带来辖区竞争问题。如中国大部分省份将汽车产业、信息技术产业作为主导产业进行扶持，这可能与汽车产业有着较大的就业拉动效应有关，且信息技术产业是中国向"智造"与"数字化"转型及创新稳健提升的核心驱动力（郑江淮、冉征，2021）。贸易实质上是利益如何在贸易国双方甚至多方重新分配的问题（从博弈论视角看，可能出现正和、零和、负和收益三种情况），而贸易政策必然会使贸易利得在国家间进行重新调整，进而贸易政策和产业政策在利益分配上存在同样的诉求，这在前述提及的相关理论基础上也会有所体现。例如，幼稚产业保护理论兼顾产业政策和贸易政策的协调，会产生显性的利益重新分配；战略性贸易理论以发展特定产业为基础，进而拓展到国际竞争的相关领域，这同样会带来利益的重新配置；传统贸易理论，如绝对利益说、相对利益说，其分析的关键点就是贸易利得，即贸易能突破既有的生产可能性曲线，从而带来国内福利和全球福祉的增加。

三 基于产业转移视角

若政府对经济活动没有干预或干预程度较小，效率优先的原则在经济活动中会普遍存在，而产业转移的本质是企业基于市场机制将产品生产的部分或全部由原产地向其他区域转移的现象，并形成区域经济发展梯度转移理论。[①] 但就目前而言，关于产业转移的形式、动机、内涵等（戴宏伟，2008），无论是政界还是学术界都没有达成一致的观点，特别是科技快速发展催生了产业发展新业态、新形态、新模式、新渠道，更增加了有效界定的难度。事实上，中国各区域呈现出明显的非均衡发展属性，导致发达区域的相对过剩产业（产能）总体上逐步向中西部地区转移（张倩肖、李佳霖，2021；孙佳文、赵海东，2021），这构成了提速中国中西部地区产业发展的重要举措，即承接发达区域（如东部地区）产业转移本身就是中国欠发达区域的产业支持政策的重要组成部分。此外，如从第五次国际产业转移带来的机遇与挑战看，如何助推产业实现"腾笼换鸟"（吴波、肖迪，2011）、调整优化，是中国各级政府需要面对的重要经济发展问题，而且在中国可能陷入"中等收入陷阱"的背景下，对提振国际贸易质量、促成贸易强国显得尤为重要。因此，无论是从国内产业发展还是国际贸易看，产业转移都是显而易见的。

产业迁移在中国各区域普遍存在（杨本建、毛艳华，2014；李雪慧，2016；李雯轩、李晓华，2021），这是产业转移的基本表征。从中国的产业政策看，主要包括自主产业开发和进行产业转移（如承接产业转移、产业向外转移）两种，因此，产业转移是产业政策的重要着力点；部分贸易政策，如"高精尖"设备进口关税减免、高端产品进口替代优惠举措（赵坚，2021），也可采取产业转移的相关理论进行诠释，即通过进口来实现国外相对高端产业的引入，进而产业转移被视为贸易政策与产业政策实现协调发展的一个重要抓手，这在前述提及的多

---

① 该理论认为，经济发展存在梯度性，即高梯度区域会通过技术创新并逐渐扩散到中低梯度区域，中低梯度区域通过承接技术转移而获得跨越式发展。

种贸易理论中均有所体现。例如，按照产品（产业）生命周期理论的基本观点，特定产品从开始形成到终结，会经历生产、销售区位（区域）逐渐让渡的过程；雁行理论要求在特定区域形成从相对低端向相对高端较为完善的产业链，并基于较大程度的国际（区域）重叠需求（Overlapped Demand）形成耦合的区域经济发展格局；技术差距理论也彰显出一项（或特定）技术会通过在不同发展水平区域的逐步扩散而实现产能的逐渐释放，即将产品视为技术的载体，通过产业转移促成产业与贸易的协同。

四 基于路径依赖视角

路径依赖和路径锁定，指的是经济或社会在发展过程中形成的惯性路径，且这种惯性会使相应的路径不断强化，进而产生显性的依赖性或锁定性。路径依赖与路径锁定在中国的产业发展过程中普遍存在，如技术标准（冯科、曾德明，2016）、产业升级（刘晓静等，2017）、产业区域发展模式（仇焕广、蔡亚庆、白军飞，2011）、区域主导产业（张春勋、赖景生，2008），且往往呈现出低端锁定的困境（谭志雄、罗佳惠、韩经纬，2022），即固有的产业发展模式或路径难以在短期内实现有效突破。从中国贸易发展现实看，也存在较为明显的路径依赖。例如，聂文星和朱丽霞（2013）认为，出口决策导致的自增强效应使中国企业出现了显著的"生产率悖论"；贺灿飞、董瑶和周沂（2016）发现，中国在2001—2007年出口产品的路径依赖显著，但在2008—2013年呈现出较为显性的路径突破；刘林青等（2021）发现，国际贸易依赖网络存在典型的"中心—外围"极化现象；陈紫若和刘林青（2022）的研究结果表明，企业跳跃距离凸显了对路径依赖的重要程度。

无论是产业政策还是贸易政策，即使从1949年开始计算，在较长变迁过程中也应该会形成相当程度的惰性或刚性，进而使路径依赖（或锁定）困局较为明显。然而，破解路径的关键在于找出受哪些路径的刚性制约，而诸多的研究结果表明，不同类型（产业或贸易）政策的锁定因素差异明显。例如，周艳和王子龙（2012）指出，中国风电产业制度变迁路径依赖受内外制度变化的影响；张庆彩、卢丹和张先锋（2013）认为，中国的贸易政策总体上是为了破解"高碳锁定"；牛蓉琴（2019）认为，云南省的文化产业政策存在统计指标、外部市场、竖井管理等路径锁定；陶冶和刘思彤（2020）发现，中国的动漫产业政策陷入了制度与技术的双重锁定。进一步地，为促进贸易政策与产业政策的协同推进，需要精准识别特定情景的锁定路径。从前述提及的相关贸易理论基础看，部分理论也隐含了路径锁定。例如，技术差距理论彰显了技术模仿存在的路径依赖和技术升级可能存在的路径钳制，产业纵向一体化理论影射了全球产业链、价值链、供应链的黏性与刚性，雁行理论要求的产业梯度推进也会因资产专有属性等造成转型升级受阻。

第三章　中国贸易政策与产业政策协调发展的演化逻辑与成因

2021年，中国GDP达到114.4万亿元，人均GDP连续三年突破10000美元，在逆全球化、可能陷入"中等收入陷阱"等背景下，中国经济和社会的稳步推进要求国内产业和国际经济达成同向驱动，因此，有必要实现产业政策与贸易政策的协调发展，而党的十八大报告也明确指出，要"强化贸易政策和产业政策协调"。但是，产业政策与贸易政策出现的显性非配位不利于中国经济的稳健提升与发展，进而有必要剖析两大政策演化的逻辑及影响协调发展的原因。

第一节　中国产业政策演化历程

关于中国产业政策的演变，基于不同视角会得出不同的发展阶段。如谭正航（2016）基于产业空间布局背景，以法律制度为研究对象，将中国产业政策划分为区域均衡发展期、区域非均衡发展期、区域经济协调发展期及产业发展转型期。也有学者基于重点产业变化（卜伟、谢臻、赵坚，2017）、经济体制转变（闫磊、朱文，2014）、产业结构演化（《我国产业结构政策研究》课题组，2003）等，大致将中华人民共和国成立前后、改革开放前后、新时代或常态化等作为中国产业政策演化的阶段节点。为此，本章根据经济体制变化及经济发展阶段不同，以1978年、1992年、2003年、2012年为节点，对中国产业政策的演化进行剖析。

一 计划经济体制下的产业政策（1949—1977年）

中华人民共和国成立至改革开放前，产业政策的主要任务是解决历史遗留问题及稳定社会环境，完成从农业社会向工业社会的过渡。在产业布局政策方面，由于旧中国遗留的产业布局不合理，全国70%以上的工业聚集在面积不到12%的东部沿海地区（何添锦，2010）。为平衡沿海与内陆产业布局，政府通过行政指令将沿海的部分产业转移至内陆，这是中华人民共和国成立后实施的首次产业转移（基于行政力量），力图促成均衡的产业布局（岳利萍、严汉平、李冀，2011）。中央政府以苏联模式作为经济发展的模板，明确提出以重工业建设为重点的产业政策。1949—1977年，三大产业占国民经济的比重由68∶13∶19调整为29∶47∶24，工业赶超农业成为国民经济的主导产业，形成以钢铁、电力、煤炭、石油等重工业优先发展的经济发展模式。在产业组织政策方面，集中力量建设重大工程项目，实行工业经济改组，调整工业组织结构、企业规模，促使地方工业自成体系，以提高工业生产的技术水平和经济效益。总体上，该阶段建立了相对独立的工业体系，各类工业从无到有，但是对重工业发展的过分倾斜，导致农业、轻工业、重工业的比例严重失衡，不利于经济结构的进一步稳健提升。

二 市场经济体制下的产业政策

（一）经济机制改革初期（1978—1991年）

邓小平在1978年明确提出应允许先富带动后富，破除平均主义。1982年党的十二大报告提出"计划经济为主、市场调节为辅"的方针，经济体制逐步由计划经济向市场经济转变。1989年发布的《国务院关于当前产业政策要点的决定》及相关政策、措施的落地，是中国正式以"产业政策"的名义进行经济调控的初步尝试，但计划经济仍是该阶段进行资源配置的主要手段，且市场经济功能体现相对不明显。在产业布局政策方面，为集中力量发展区域经济，充分发挥区域资源及各种要素禀赋，通过行政计划手段恢复且加大了对东部沿海地区产业的政策倾斜与扶持力度。同时，建立经济特区并开放沿海港口城市，承接世界产业转移，以促进东部沿海地区崛起，形成某种程度的非均衡产业布局。在产业结构政策方面，为解决中华人民共和国成立初期重工业所占比重过高及其与一般产业结构演变规律背离的现实困境（邓宏图、徐宝亮、邹洋，2018），重点发展轻工业、农业与第三产业，以适度调控重工业的发展。1978—1991年，三大产业占国民经济比重由27.7∶47.7∶24.6调整为24.0∶41.5∶34.5，且工业结构形成了以轻纺工业与耐用消费品为主的轻工业与重工业相对平衡发展的态势，基本解决了上一时期遗留的产业结构失衡问题，但同时出现了新的问题，即基础工业供应不足与加工工业产能过剩之间的矛盾。

（二）市场经济体制初步确立（1992—2002年）

1992年邓小平南方谈话、党的十四大成功召开，标志着中国市场经济体制的初步确立，相对缩小了政府对经济的直接干预范围，扩大了市场机制对经济发展的指导作用。但是，产业政策多以选择性的形式存在，较少发挥产业政策功能性的效用。20世纪90年代制定各项产业政策的总依据《90年代国家产业政策纲要》明确指出，须继续巩固和加强农业和工业发展，保证机电、石油化工、汽车制造等行业的国民经济的支柱产业地位。在具体的产业政策实施过程中，通常采取幼稚产业保护理论等举措并通过适当优惠保护政策来加速支柱产业的发展。其间，在产业结构政策方面，基本保持与上一时期相同的优化产业结构的主要举措，即积极发展第三产业且稳定第二产业的国民经济主导地位，旨在实现产业结构的基本合理化。在产业布局政策方面，为统筹区域发展和有效调整经济发展落差可能带来的潜在问题，中央先后实施了西部大开发、东北振兴、中部崛起、东部率先发展等重大战略举措，形成了整套有机结合的区域整体发展战略。[①] 在该阶段的产业政策助推下，高新技术产业逐渐兴起，工业层次得以提高，基础工业与加工产业的矛盾有所缓解，但产业升级仍处于起步阶段，工业层次仍明显偏低、第三产业发展水平有待提高等矛盾依然存在。

（三）市场经济体制逐步完善（2003—2011年）

2003年，《中共中央关于完善社会主义市场经济体制若干问题的决定》明确强调要深化经济体制改革，为经济格局的进一步开放做好战略部署，以构建更为完善的社会主义市场经济体制。为缓解2008年国

[①] 《我国产业政策演变》，https://wenku.baidu.com/view/033119fef705cc17552709e4.html。

际金融危机对中国经济的冲击，中国各级政府积极出台各种组合式的产业政策体系以推动经济复苏。由于市场调节相对失灵，市场经济机制成效相对较弱，政府选择性地加大对经济的干预力度，以期有效发挥市场经济与政府职能的协同作用。在产业结构政策方面，由于消费需求发生了逆转，由易消耗的"衣食"类转向耐消耗的"住行"类，中国的产业政策逐渐聚焦于发展战略性新兴产业和先进（高端）制造业，同时激发了重工业的二次重启，且赋予了工业新的特征诉求，即"信息化"，这就要求以信息化带动新型工业化，进而加速产业实现技术的升级提档。在产业布局政策方面，在中部地区和西部地区积极发展新的增长极，如成渝经济区、武汉城市圈、西安都市圈、兰州经济圈；打破传统以行政区为主体的布局模式，提出优化、重点、限制、禁止开发四类主体功能分区的产业布局模式（许开鹏等，2015）。2010年，中国成为全球制造业第一大国，但制造业大而不强的属性以及产能过剩、产能落后的负面效应日益彰显（刘航、孙早，2014；董琴，2022），需求升级与供给低端的结构性矛盾较为明显，因此，产业政策的扶持方向逐渐向"腾笼换鸟"、绿地经济、节地经济、节能经济等有助于提高经济发展质量的方式或路径转变（钱娟，2020；谌仁俊、周双双，2022）。

三 新时代的产业政策（2012年至今）

2013年发布的《中共中央关于全面深化改革若干重大问题的决定》强调，在全面深化改革阶段，须正确处理好政府和市场的关系。而产业政策作为政府和市场关系博弈的一种重要手段，包含的内容也会随之发生改变。中国经济进入新常态和"双循环"新发展格局会长期存在，依靠生产资源及要素的粗放型模式无法破解发展难题，在创新、协调、绿色、开放、共享的新发展理念的指导下（王军、李萍，2017），该阶段产业政策的主要目标是继续推进产业结构的转型及产业的高质量发展。在产业结构政策方面，与上一阶段基本一致，并在高新技术领域持续加大政府投资与政策帮扶力度。从发展成效看，近期中国产业结构升级已取得显性进展，凸显出创新和"智造"的双轮驱动势态，[1] 初步实

---

[1] 《〈夯实基础 创新驱动 加快智能制造高质量发展〉——国家"十四五"智能制造发展规划深度解读》，https：//baijiahao.baidu.com/s？id=1721187047226859090&wfr=spider&for=pc。

现农业现代化、工业信息化、服务业高级化的协同发展格局。总体上，该阶段产业政策的主要导向为促进经济的高质量发展（张红霞、王悦，2020），但其政策效果还有待提升。究其原因，一是外部因素，如全球经济在逆全球化影响下呈现出下行的趋势，这会对中国经济发展产生深远的影响；二是内部因素，如企业的自主创新研发力度不足、高技能人才的紧缺与流失、政策实施的滞后性等，均是中国经济实现持续高质量发展的潜在阻碍。与此同时，节能减排成为中国提升经济高质量发展的重要路径（陈明艺、李娜，2020），且2020年9月中国提出了碳达峰碳中和的发展目标。

第二节 中国贸易政策演化历程

自中华人民共和国成立后，中国贸易政策的演化有其明显的时间界限，如改革开放、邓小平南方谈话、加入WTO等。因此，本节以1978年、1992年、2001年、2008年为节点，分析中国对外贸易政策的演变历程。

一 国家管制的内向型贸易保护政策（1949—1977年）

中华人民共和国成立到改革开放前，基于中共中央"打扫干净屋子再请客"的外交策略，中国制定的对外贸易政策是"实行对外贸易的管制，并采用保护贸易政策"，目的是捍卫政治与经济独立、振兴民族经济并提高生产力，保护国内市场免受西方发达国家的钳制。该时期中国采取相对完全的"进口替代"贸易政策，其实质是保护国内企业（产业）的发展。在保护产业的选择上，首选重工业作为进口替代产业，其次选择部分基础工业，采取征收关税、进出口管制等贸易措施（刘似臣，2004），且贸易对象主要为苏联及其他民主主义国家，如20世纪50年代初，中国对苏联贸易额占全部贸易额的一半以上。在高度集中的计划经济体制下，选择国营企业进行外贸垄断经营，形成政企不分、统负盈亏的外贸管理体制。诚然，内向型的贸易保护在一定程度上可以保护本国弱势行业（产业）的发展，但一定程度上阻碍了国内市场与国际市场的有机联系，通过替代效应在逐步建立中国工业体系的同时，不利于充分发挥中国劳动力和自然资源的比较优势。

二 体制改革下的初步开放式的贸易保护政策（1978—1991年）

1978年党的十一届三中全会确定了改革开放的总方针，进而实施了一系列的改革措施。该时期中国的贸易政策从内向型向初步开放型转换，逐步扩大了市场的开放程度，奠定了贸易自由化的基础。对外贸易政策的实施方式从"单纯保护"转变为"奖出限入"（刘义圣、詹琦璐，2013），即采取出口替代和进口限制并举的策略，前者通过减免税收、合理分配物资等鼓励措施扶持出口型（外贸型）企业，后者通过关税、外汇许可证等贸易措施对贸易进口进行管制。与此同时，积极变革外贸管理体制，相对减少行政指令，逐渐形成市场经济，通过实施出口承包经营责任制打破原有由国家统负盈亏的财务制度，逐步促使外贸企业实现平等竞争、自负盈亏。在一定程度上，对外开放有利于国民经济的提升和对外贸易的自由化进程。但是，由于经济体制尚在转型中，相应的法律体系、实施举措、运作手段等均有待完善。因此，此阶段仍是初步开放式的贸易保护政策。在该时期，中国的贸易额保持高速增长，年均增长率达24.0%。

三 外贸新体制下的贸易自由化趋向的贸易保护政策（1992—2000年）

1992年党的十四大明确了中国经济体制改革的目标是建立社会主义市场经济体制，此后中国对外经济贸易体制与政策进入新一轮的调整阶段。该时期的对外贸易政策可认为具有贸易自由化的趋向，其目标是促进进出口商品的结构优化（杨曼曼，2012）、改善产业结构和促进产业升级。具体而言，通过采取减少非关税、完善涉外法律体系、降低进口关税等措施在贸易进口限制方面进行改革，通过建立各类行业协会、采取浮动汇率制度、发展出口援助等举措在出口方面进行改革（刘似臣，2004）。该阶段中国的贸易顺差持续扩大，但"三来一补"的加工贸易在中国外贸中的地位不断提升，而这种贸易方式是以廉价的劳动力和较低的资源价格为基础的（丁蕾，2011；袁梦成，2016），即贸易量的提升是以充分挖掘中国的要素禀赋为基础的。在该时期，中国贸易年均增长率为17.6%。

四 WTO框架下的开放型贸易政策（2001—2007年）

该阶段中国的对外贸易政策进行了重大调整，与WTO所要求的贸易体制更加契合。为有效融入世界市场及多边贸易体制，中国的贸易政策遵循"以国际规则为标准、以贸易自由化为目标"的原则展开，力争促成公平与保护并存。其基本目标是：面向国际市场，将对外贸易的重心由"促进出口"转向商品价值链和出口商品结构的提升；面向国内市场，适度保护幼稚产业以提升市场竞争力，强化支柱产业的地位。具体而言，一是通过废除大量与多边贸易体制相悖的法律，同时修改与完善中国的对外法律体系，在更大程度上促成与国际贸易规则和惯例的协同，如2004年7月1日起施行的《中华人民共和国对外贸易法》（第一次修订）；二是继续通过降低关税、削减及规范非关税措施、改革出口退税制度、降低外资企业准入门槛等调整进出口商品结构。通过这些改革措施，在不断调整与规范中，中国的对外贸易制度逐渐与WTO的要求相适应。在该时期，中国贸易年均增长率为21.7%。

五 国际金融危机冲击下的开放型贸易政策（2008年至今）

在2008年国际金融危机的冲击下，全球市场需求迅速下降，中国出口面临较大的发展困境，如2009年贸易增长率为-13.9%，即前期的"以量取胜"的贸易模式无法持续或复制（盛斌、魏方，2019；张文学、王思敏，2021），且"刘易斯拐点"在该时期前后更加明显（孙自铎，2008；佟家栋、周燕，2011；薛继亮，2016）。为解决国际金融危机对经济发展的影响，各国通常以制造业为突破口提出相应的应对举措，如"再工业化"与"美国优先"（美国）、"工业4.0计划"（德国）、"工业2050战略"（英国）、"三支箭"与"继承安倍"（日本）、"未来工业计划"（法国）。为有效促进国内经济与对外贸易发展，中国对贸易政策进行了适度的调整。一是以扩大内需与稳定外需为目标，通过完善出口信用保险制度、税收制度、出口制度、外贸企业融资等举措加快转变外贸发展方式；二是立足工业化的全球趋势，对贸易结构进行优化与调整，以提升先进（高端）制造业的国际竞争力；三是通过长期战略的提出，如"中国制造2025""碳达峰碳中和"等，推动中国由贸易大国向贸易强国转变。此外，第二次修订的《中华人民共和国对外贸易法》于2016年11月7日正式实施。随着经济发展进入新常态，中国对外贸易发展的重点已从规模扩张向高质量发展转变，同时，在全面深化改革与对外开放的推动下，开放新格局为经济稳健转型提供了强有力的外部驱动。2008—2020年，中国贸易年均增长率仅为4.6%。

第三节　中国贸易政策与产业政策演变的逻辑关系

产业与贸易是相互依存的，因此，中国的产业政策与贸易政策之间也存在内在的逻辑关系。基于上述对贸易政策、产业政策历史演进的梳理及中国经济体制的改革进程，本节以1978年、1992年、2001年为节点，分阶段对其演进逻辑进行分析并通过特定行业（产业）研究内在的逻辑关系。

一　1949—1978年

为解决中华人民共和国成立初期经济瘫痪、产业结构失衡、国防力量薄弱等问题（惠宁、刘鑫鑫，2019），实施以恢复国内生产、重建重工业体系为目的的产业政策，是完全的行政性指令，即在计划经济的单一公有制下通过行政来支持重工业的发展。通过实施以国内重工业体系为主的产业政策来恢复国民经济发展，且采取以"进口替代"为主的贸易保护政策以扶持相对较弱的民族企业（工业），对重工业及部分工业进行严格的进口限制，其贸易政策的实施方式是政府对贸易进行完全干预。总体上，在"互通有无、调剂余缺"的贸易方针下，贸易仅作为国内生产的延伸，总体表现为发展较慢、相对封闭、产业约束性强。但是，较为严格的贸易政策是以国内产业的发展需求为依据制定的，贸易政策与产业政策基本相适应，以期达到"里应外合"的目标，共同推进中国相对独立的工业体系的建立。

钢铁是重工业之基，也是具有战略性意义的物资，故本节以该行业为例剖析该时期产业政策与贸易政策的关联性。1949年，中国钢铁产量仅为15.8万吨，占当年世界总产量的比重不足0.1%。中华人民共和国成立后，中国坚持"以钢为纲"的发展方针，对私营及中小型钢铁企业进行社会主义改造及重组，采取追求量产的粗放型方式集中力量发展钢铁行业（单丹，2008；谢聪敏，2021）。在"独立自主，集中统一"的外贸总原则下，贸易政策不仅服务于国内钢铁行业的发展，也对相关产品进口进行严格限制，以避免外来质量高且低于国内均价的钢材原材料与制成品延缓乃至中断国内钢铁体系的建立。与此同时，通过进口苏联的制钢技术，在苏联技术人员的援助下，中国兴建了鞍山、武汉、包头三大钢铁基地及其他若干个大中型钢铁企业，形成"三大、五中、十八小"的产业格局（单丹，2008）。在产业政策与贸易政策的双效治理下，1978 年中国的钢铁产量达 3178 万吨，为 1949 年的 201 倍，占世界钢铁总产量的比重达到 4.4%。

二 1979—1992 年

在经济体制初步转型期，市场经济体制尚未完全建立，主要通过政府的行政指令调控经济和社会发展。为解决农业、轻工业、重工业比例失衡，消费品供应普遍短缺的现象，政府将重点发展产业从重工业向轻工业、第一产业（侧重于农业）、第三产业倾斜，保障能源、交通运输和原材料等基础产业的发展，实施以选择性产业占主导的产业政策模式。随着自由化进程的推进，适度推行"出口导向"政策，以出口退税、外汇留成等方式扶持出口型企业，且为促进国内产业持续发展，继续坚持"进口替代"保护政策。与此同时，加大对原材料进口、制成品出口的鼓励，以提高出口产品的加工程度，并基于劳动力优势鼓励加工贸易以获取贸易顺差。该时期的贸易政策随产业政策变化的演变逻辑与上一时期（1949—1978 年）基本一致，即贸易政策的制定以产业政策为基础、产业政策根据贸易成效而进行适度改革，且二者的配合更加紧密。

自 20 世纪 60 年代"石油会战"后，中国开始自主生产大量石油，致使其成为中国 20 世纪 60 年代至 80 年代的第一大出口产品。1986 年，纺织服装产品取代石油成为第一大出口产品，标志着中国已摆脱以资源为主导的出口结构，进入以劳动密集型产品为主导的时期。[1] 随着沿海城市、经济特区开放产业格局的建立和国内市场的逐步放开，作为开放先导产业的纺织业率先进行了外贸体制改革。在国家对轻纺工业实施"六个优先"的原则下，以代工生产大宗商品的形式引致的出口增加快速发展，倒逼国内纺织企业进行体制改革，助力国内相关产业调整发展战略。例如，早在 1978 年 8 月，中国在珠海就创立了第一个加工贸易

---

[1]《为什么中国是贸易大国，而不是贸易强国？》，https://wenda.so.com/q/1392013298067576。

企业——珠海海鲜宪州毛纺厂，致使纺织品出口呈现出持续攀升的势态，1987年出口达81.17亿美元，占全国出口的23.5%，且出口连续多年位居全国首位。这与中国产业政策与贸易政策的转变有关，政府对重点产业的选择转变、出口导向战略的实施均有利于提升国民经济发展的质量和水平，进而使中国逐渐摆脱了商品短缺的发展阶段。

三 1993—2001年

该阶段中国的产业政策发生了明显变化，聚焦于从产业结构调整向产业结构升级倾斜，重视基础产业、支柱产业和高新技术产业的发展，同时将上一阶段（1979—1992年）集中力量发展沿海地区的政策调整为东、中、西部地区协调发展。在制定相关产业政策时，不仅考量国内的经济形势、产业结构，也将贸易政策纳入研究中，并为加入WTO做准备。随着中国贸易自由化的不断推进，该阶段贸易政策的主线任务是优化进出口商品结构，在相对自由化的对外贸易制度安排下积极"简政放权"，促使从事对外贸易的企业不断增多、市场规模不断扩大、企业活力日益增强。贸易政策放开的步伐不断加大，"中国制造"在国际市场上的声誉不断增强，进而在一定程度上反哺国内产业的发展。

在1991年发布的《中华人民共和国国民经济和社会发展十年规划和第八个五年计划纲要》、1993年颁布的《中华人民共和国科学技术进步法》及1994年发布的《90年代国家产业政策纲要》中，均表明要进一步推动机械电子、高新技术产业的发展，通过技术升级带动传统产业结构升级、产业组织更新。在该阶段，机械电子工业遵从"一创三节两保证"的基本原则，即创汇、节汇、节能、节材、保证国家重点和关键需要，[①] 在保障市场有效供给的基本准则下，加快技术改造和升级，促使产业竞争力得到较大程度的提升，特别是在产业结构调整方面的成效较为明显。例如，1995年，机电产品出口额占全国比重达29.5%，超过纺织服装业，成为中国最大的出口产品。机械电子产业的发展优化了中国的外贸进口商品结构，大量中国建设急需的高新技术产品和国内供应不足的短缺商品，如集成电路及微电子组件通信等设备进

---

① 《机电部关于机械工业十年规划和第八个五年计划纲要》，https://www.66law.cn/tiaoli/140855.aspx。

口，补充了国内资源的不足，有助于国内相关产业的技术与产品升级。

四 2002 年至今

中国自 2001 年加入 WTO 后，积极调整贸易政策以适应全球国际经贸准则。鉴于影响全球贸易的外源因素较多，对贸易政策做出的调整更倾向于某种强制性的改变，对国内产业的内生因素考虑得可能相对较少，即加入 WTO 要求国内开放进程显著加快，进而导致产业政策相对滞后于贸易政策的制定。事实上，2001 年中国加入 WTO，"狼来了"是政府和企业关注的重要议题（徐滇庆，2002；张晓晶，2012）。在该时期，从产业领域看，在积极承接国外高新技术产业转移的同时，扶持国内支柱产业（如汽车机械等）和以 IT 产业为代表的高新技术产业的发展；从贸易领域看，加快实施科技兴贸战略，逐渐形成以高新技术产品和机电产品拉动外贸额增长的新格局。① 党的十八大报告明确指出，要凸显贸易政策和产业政策协调，以实现产业技术升级、提高企业创新能力、提升国际竞争力的目标，克服"以量取胜"，完成"以质取胜"的目标（李钢，2013；任志成、刘梦、戴翔，2017）。

信息产业是中国高新技术产业的重要领域，也是 21 世纪拉动中国外贸增长的主要来源之一。但在信息产业发展的过程中，发生了诸多贸易摩擦事件，加入 WTO 后，要求中国对信息产业的调控应该更多地基于市场行为而非政府规制。在关税方面，自加入《信息技术协定》后，高新技术产品要实现零关税，即依赖关税及其他税费的条件将自动消除；在进口补贴方面，应该取消与"SCMA 协定"相悖的相关补贴。随着关税壁垒的逐步打破，同时贸易政策的改革超前于产业政策制定的既定事实，贸易自由化与产业政策中制定的限制性条款存在相应的偏差，进而使信息产业的两大政策呈现出明显的不协调性。事实上，欧美国家也屡屡以信息产业作为制约中国高新技术产业发展的突破口，这诚然与中国信息产业快速发展有关，但也从侧面反映了中国信息产业的产业政策和贸易政策需要加快协调的步伐。

---

① 《我国产业结构和对外贸易之间的矛盾有哪些》，https://wenda.so.com/q/1463836220724353。

第四节 中国贸易政策与产业政策不协调的表征

产业政策和贸易政策的同向驱动,是中国经济实现高质量发展的重要路径。特别地,国际社会经常以贸易为手段,对中国进行显性与隐性的制约,如 2019 年 5 月美国对中国出口的床垫征收 1731% 的额外关税率。事实上,中国自 1995 年、2006 年分别成为全球反倾销和反补贴被调查最多的国家以来,截至 2021 年,分别连续 26 年和 15 年位列全球首位。对中国实施限制政策的主体,不仅包括英国、美国等发达国家,还包括墨西哥、阿根廷、印度等发展中国家。特别是印度,近年来已超越各发达国家,成为对中国实施调查最多的国家。究其原因,除"中国威胁论"被持续当作武器外,还应该与中国产业政策与贸易政策非协调发展直接关联,进而有必要对其存在的主要问题进行解析。事实上,不同政策的目标导向直接制约着政策协调的绩效,而政策制定者的统一与否会造成管理权限的差异,且各参与主体的主观能动性也会对实施效果产生直接影响。因此,本节从政策目标匹配性、管理部门协调性、参与主体融入性等方面解析中国两大政策协调发展存在的主要问题。

一 政策目标匹配性

按照 WTO 准则,贸易政策要与经济全球化发展趋势保持一致,而产业政策关注的焦点为国内产业的发展,即二者出现了国内和国际经济协调的目标差异,因此,特定国家的产业政策与贸易政策的协调发展是动态的不稳定均衡。另外,为促使本国产业发展而实施的产业政策相配套的贸易政策必然会随着产业政策调整而发生相应改变,这与一个国家或地区更加关注自身利益密切相关,进而不同参与主体的"委托—代理"难题的博弈凸显出来。从中国两大政策的关系看,基于 WTO 规则许可视角,应该重点解析在国家主权范围之内,补贴政策、汇率政策、知识产权保护政策、环境资源保障政策等方面与中国产业政策之间的适配性(刘淑满,2019)。事实上,WTO 准则中涉及的贸易政策在农业、汽车产业(中国属于幼稚产业)、高新技术产业、环保产业等诸多方面与中国产业发展所属的阶段存在明显的差异(范文祥、齐杰,2013),从而导致中国的贸易救济与产业政策的协调性有待提高。由此可知,中国两大政策的目标存在显性相悖。

二 管理部门协调性

中国的产业政策主要由发改委、经信委、财政部门、税务部门等联合发布，而贸易政策的管理机构为商务部及其相关部门。对于产业政策而言，通常由发改委和经信委牵头，其他职能部门在政策保障上给予配合，即构成一个相对完善的循环系统，但这些部门与商务部及其相关职能部门不存在行政上的辖制关系。因此，政策决策部门的不一致必然会带来行为上的非协同，表现为管理产业政策和贸易政策的部门之间难以形成有效的协调机制。一是无论是产业政策还是贸易政策的管理部门，均会以维护本部门的权力边界（界限）作为行政（行动）指南，在协同两大政策过程中容易出现执行不到位的情况；二是不同职能部门的工作人员在专业知识、专业能力、企业信息掌握程度上存在显性的差别，特别是商务部及其相关职能部门对于企业信息的把握可能相对不够，造成事前科学甄别、事中监管纠错、事后绩效评测和风险监管等环节难以进行有效的预警和评判。事实上，辖区竞争在中国经济社会中普遍存在（李秉强，2008；申亮，2011），而产业政策和贸易政策出自不同部门（"政出多头"），制约了两大政策作为一体化或有效协同出现的可能。因此，必然会导致管理部门协调程度较低。

三 参与主体融入性

产业政策与贸易政策实现协调发展，一方面，需要政府部门加大对区域经济的了解与掌握程度；另一方面，也需要企业等微观主体和行业商会等中观主体积极加强与职能部门的对接。中国经济处于劳动和资源密集型向技术与资本密集型转变的过程中，但企业总体规模偏小的属性在短期内难以得到根本性转变（王孝松、张瑜，2021）。事实上，中国诸多行业的龙头企业相当不明显，即难以有效筛选出行业的代表性企业，一旦遭遇外国或区域性组织实施不公平贸易政策（举措）时，企业不愿或无力上诉（行业组织能力有待加强）就成为中国外贸发展中的痛点，[①] 这在棘轮效应和示范效应的驱动下会导致同类企业在国际市

---

① 《中国自行车欧洲被"轧" 我国企业应诉缺乏积极性》，http://news.sohu.com/20120511/n342931282.shtml。

场发展受阻。在欧美国家，行业协会或商会的议价能力总体较强，特别是在国际贸易领域，可以积极应对"不公平贸易"（刘建民，2012），但中国在该方面的相对缺失导致企业难以有效对抗不公平的贸易争端，且政府部门也难以有效掌握相关行业（产业）的发展动态。与此同时，中国各类政策存在的显性的体内循环属性（Li and Wang，2015；卢馨、丁艳平、唐玲，2016），在一定程度上阻断了民众对产业政策和贸易政策进行反馈的渠道，这必然不利于二者实现协同推进。换言之，各参与主体融入明显不足已成为中国两大政策实现协调发展的重要钳制。

第五节　中国贸易政策与产业政策不协调的成因

产业政策与贸易政策协调发展的着力点应体现为产业与贸易的互动反哺，但中国产业升级无法有效转化成出口优势的既定事实，与两大政策的长期割裂直接相关（王海燕、滕建州、颜蒙，2014）。这既与对产业政策与贸易政策的认识不统一有关，也与体制机制建设相对较弱有关，还与中国涉外法律法规有待完善密切关联，因此，本节从思想认识、体制建设、法律安排三个方面剖析引致产业政策和贸易发展不协调的成因。

一　思想认识有待统一

思想认识的分歧之一为产业政策。产业政策作为二者协调的重要层面，学界对其认识未能达成一致，其中，受到关注最多的是"林张之辩"，即林毅夫和张维迎的产业政策之争（寇宗来，2017）。张维迎拒绝产业政策的存在，主张政府在自由贸易中应以"有限政府"或"最小政府"出现，减少甚至泯灭其存在感，完全激发企业活力；林毅夫持相反的观点，认为产业政策的存在是有必要的，同时指出"有为政府"必须存在（朱富强，2017）。关于是否需要产业政策的争论，其实质是在自由竞争下如何看待政府与市场的博弈。思想认识的分歧之二为开放政策。关于中国开放政策的选择，学界也存在两种意见。主张持续开放的观点认为，中国不仅应完成加入WTO时的相关承诺及义务，更应该以大国身份承担相应的责任与担当，包括且不限于以"一带一路"

倡议的形式带动共建国家的贸易与经济发展。[①] 主张开放须适可而止的观点认为，全球经济在短期内会呈现出明显的下行势态，由此中国须以夯实自身产业发展基础、稳定国内经济为政策的主要导向，无须在此期间继续扩大和深化开放（李钢，2013）。而无论上述哪种观点，均认为提升中国的经济实力是实施开放政策的基础，特别是在逆全球化相当明显的现实背景下。厘清产业政策中政府的适用范围及程度、对外开放的程度，可从根源上缓解产业政策与贸易政策呈现出的不协调格局。

二 体制建设有待完善

体制机制的相对不完善，是中国产业政策与贸易政策呈现非协调性的又一重要成因，本节从行政机构分离、行业协会游离、政策体制错位三个方面进行阐述。第一，制定中国贸易政策与产业政策的所属部门不同且呈现明显分离的现象。制定两类政策的相关机构虽不同，但同属国务院直接管辖，如产业政策的制定部门主要为发改委、经信委，而贸易政策的主管部门为商务部。然而，各部门之间的沟通程度和效率需要加强，即便是以某几个部门名义共同下发的文件，其具体操作成效也有待考究，这就导致某项政策在实施时可能会出现相对明显的滞后现象，致使对该政策的响应速度相对较慢。第二，行业协会往往没有参与或较少参与制定贸易政策与产业政策，其原因是该类协会属于非政府组织，在中国制定相关政策时参与的内容比较局限、途径较少、机制也不完善（潘旦，2011），导致参与政策制定的意愿偏低。事实上，行业协会是各行业的直接利益代表者，是了解各行业的问题与需求的关键一环，有差别地对症下药才能做到有的放矢。第三，外贸体制改革中体制政策的错位。中国自加入WTO以来，外贸体制随着贸易政策的改革而变化，外贸主体对国际经贸规则认识相对不足引发的"羊群效应"在促成制度性贸易摩擦抬头的同时，产业政策的效果相对弱化，进而在一定程度上引致产业政策与贸易政策的不协调（范文祥、齐杰，2013）。

三 法规建设有待加快

在扩大开放的进程中，中国不断遭受"两反"（反补贴、反倾

---

① 《黄益平：以持续的开放政策支持形成"双循环"格局》，https：//baijiahao.baidu.com/s？id=1685548030919668515&wfr=spider&for=pc。

销）调查，且与其他国家产生诸多贸易摩擦，一方面是因为外部主体以所谓的"中国威胁论"为由采取各种措施，以妄图削弱或中断中国的强国战略；另一方面是因为中国的外贸主体对 WTO 相关规则的了解还有待加强。中国的涉外法律法规在持续调整与深化，以便更加适应多边贸易体系法律框架。而由于官方协调机构和法律体系的有待改进，难以有较强的主动权进行先发制人（先行者优势），进而导致在应对这类摩擦时更多的是以被动的姿态出现。诚然，中国各参与主体对规则的了解程度在逐步提高，且已经建立了相对完善的对外法律法规体系，但在实施过程中，两类政策在应对摩擦时出现明显的滞后性，进而不协调的情形时有出现。以中国贸易救济政策与产业安全政策的协调为例，在遭受反倾销调查时，对外而言，中国的贸易救济无法通过更加有效的法律武器及时采取相应的举措进行制约和救济；对内而言，中国的产业政策对产业调整的及时性和有效性还有待提升。同时，中国的对外法律法规体系呈现出高度原则化、操作性偏弱等属性，即对具体行业或产业的指导性有待加强。

第四章　国内外环境变化对中国贸易和产业协调发展的影响

影响贸易和产业的国内外环境众多，但世界经济一体化会带来全球化和逆全球化，而2020年开启的国内国际双循环新发展格局会显著影响中国开放型经济和国内产业的发展。因此，本章从逆全球化、经济全球化、"双循环"新发展格局三个方面剖析内外环境变化对贸易和产业协调发展的影响。

第一节　逆全球化对贸易和产业协调发展的影响

产业和贸易是相辅相成的，贸易是产业和国际市场的纽带，其高质量发展需要以产业作为支撑，且协调发展应该是产业和贸易发展的内在要求。内外环境存在多重维度，但逆全球化均为其重要的组成部分。自2017年逆全球化在政府工作报告中被着重提及后，如何应对逆全球化对中国经济和社会发展的挑战是各级政府需要重点考虑的议题，这也是中国突围转型升级关键期和"中等收入陷阱"需要面对的外部难题。事实上，以美国、欧洲为代表的西方国家企图以逆全球化抑制中国发展的势态明显，因此，有必要在分析逆全球化成因的基础上，探讨逆全球化对中国产业和贸易实现协调发展的影响。

一　逆全球化的成因

逆全球化在2008年国际金融危机后较为明显，是指在经济全球化进展到一定阶段后出现的不同程度和不同形式的市场再分割现象（佟家栋等，2017）。逆全球化现象的出现，不仅有深层次的经济原因和政治原因，还与新技术革命带来的极化现象密切相关，同时，要素流特别是难民问题也激发了欧美国家对全球化的负向反馈。因此，本节从国际格局、经济问题政治化、技术革命与数字化、欧洲移（难）民问题几个方面进行简要剖析。

（一）国际格局发生转变

随着国际市场逐渐一体化，世界经济全球化已呈现出不可逆转的趋势，进而产业特别是制造业会在全球范围内进行成本与收益配位，由此引起多次国际产业转移。纵观五次国际产业转移，其转移的产业主要为劳动密集型和资源密集型，特别是劳动密集型，并且呈现出梯度推进的势态，即逐渐在经济中心、经济次中心、经济亚中心之间依次让渡。例如，第五次产业转移的低端制造业主要转向马来西亚、越南等低劳动力成本国家，但同时高端制造业却在向美国、日本等发达国家回流。产业在国家间的转移，必然会带来经济发展格局的重调，如 2008 年国际金融危机后，传统发达国家的经济实力在产业转移的影响下，呈现出明显的下滑趋势（郭强，2013），这种影响在新冠疫情冲击下表现得更加明显。例如，2001—2018 年，美国、德国、日本占世界 GDP 比重分别由 31.66%、5.82%、12.87%下降到 23.77%、4.57%、5.74%，而中国和印度则分别由 4.01%、1.45%增加到 16.09%、3.14%，表现为发达国家占世界 GDP 比重明显下降而发展中国家较快上升。进一步地，发达国家与发展中国家间的经济力量的转化，使发达国家由全球化中心转变成逆全球化中心（李俊江、焦国伟、黄浩政，2018）。

（二）经济问题政治化

国际经济和国际政治从来都是相互依存的，即经济问题的背后往往有政治因素，特别是对以资本积累为动力的全球经济而言（杨乔乔，2020）。政治化通常以幼稚产业、国家安全等为缘由挑起国际争端，这在国际经济格局发生显性变化的现实背景下更为凸显，具体表现在三个方面。第一，从国际地位变化看，全球化进程使以中国为代表的新兴经济体获得了稳健发展，其快速发展态势打破了固有的世界经济力量平衡，冲击着欧美的世界霸主地位。因此，欧美国家为了能够维持自身的国际地位，不惜通过出台一系列贸易保护政策来约束甚至打压新兴经济体的发展。第二，从国家结构与政策看，逆全球化往往会首先出现在发达国家，而发达国家在全球化过程中虽然是既得利益者，但也会面临国内出现财富分配不均、贸易赤字、制造业空心化等问题，这是由国家的经济社会结构与政策问题造成的，在通过财政等手段调整效果相对不佳的情况下，只能通过贸易保护等手段来解决。第三，从国家政治体制看，西方的选举制度采取的是多数主义选举制，政客为了能够当选，不得不向关键选民输送利益以换取支持。例如，为兑现"让美国再次伟大"的竞选口号，美国总统特朗普上任后的一系列举措，如脱离各种国际组织，实则是为兑现美国在全球化中对利益相对受损群体的承诺，以此来维持其对自身的支持（周强，2018）。

（三）技术革命与数字化经济发展

科学技术是第一生产力，技术进步在推动人类发展革命中起着决定性作用，但发展的非均衡性可能会助推逆全球化思潮的发展。目前，以"使用 AI 物联网机器人"为标志的第四次工业革命方兴未艾（万广华、朱美华，2020），不仅对劳动力市场产生了显性的冲击，而且对资本的大量需求使收入分配问题更加凸显。因此，当发达国家使用机器人的成本与发展中国家使用劳动力的成本差别不大时，发达国家对劳动密集型产品的进口需求会显性下降，即对于该类商品会产生更强的进口替代效应，这必然会对技术水平相对偏低和显性劳动力成本优势的发展中国家的经济发展带来严峻的挑战。另外，数字化经济是发达国家与发展中国家提高自身国际竞争力的重要驱动，但经济水平差异决定了发展层次的落差。以中美数字化经济发展为例，美国通过以互联网技术贯穿产业价值链的方式，将数字经济运用于各个领域，而中国则更加关注物联网的应用，侧重于虚拟经济和网络经济的带动作用，如以阿里巴巴、腾讯等为代表的新经济企业，由此可见，美国以研发为主，而中国以应用为主。事实上，中国各级政府出台的数字经济政策以支持发展互联网下游产业为主，而下游企业的数字经济主要集中于虚拟产业。为改变这种困境，《国务院关于印发"十四五"数字经济发展规划的通知》明确提出，要实施更加完备的促进数字经济发展的治理体系。

（四）欧美移（难）民问题突出

全球化主要体现在要素和产品（含货物和服务）以及全球政策协同上，而要素又通常包括资源、劳动力、资本、技术等方面，且受全经济特别是某些国家经济发展不稳定的影响较大。作为世界经济和社会的主导力量之一，欧美对全球经济社会一体化的态度会对全球化发展格局产生深远影响，但移（难）民问题是其难以破解的世界性难题。一方面，移（难）民会冲击当地的就业市场，使当地人的就业机会和利益受损，这在相关国家陷入发展相对危机时会更加凸显。另一方面，欧洲陷入大规模的难民潮，加重了各国的设施和福利等压力，而在文化与宗教融合等方面也存在阻力，导致难民无法融入当地的主流社会，进而产生一系列政治、经济、社会安全隐患等问题，引发了许多欧洲国民的严重不满，甚至使其将这种不满归因于全球化，而这类人群是逆全球化潮流的主要推动者（熊李力、刘丹阳，2020）。

二 逆全球化对贸易发展的影响

逆全球化对全球贸易发展产生不可逆的影响，这必然导致在贸易保护主义盛行的同时，要求改变既有的贸易规则，同时造成的贸易阻断也会对欠发达国家或地区实现产业高级化造成阻挠。因此，本节从国际贸易规则重塑、贸易保护主义抬头、发展中国家高端贸易受阻三个方面剖析逆全球化对贸易发展的影响。

（一）国际贸易规则重塑

贸易规则从来都是随着各国经济实力或利益集团实力而进行相应调整，当某些国家的利益诉讼没有达到预期时，必然会采取各种显性或隐性的举措对抗全球化浪潮。首先，全球经贸规则存在缺陷。在当前世界经济形势下，实施全球经贸规则的 WTO 存在一定程度的两难抉择。由于各成员的利益诉求不同，每一轮由 WTO 倡导的国际贸易谈判都是一个长期的过程，如"乌拉圭回合"开始于 1986 年 9 月，结束于 1994 年 4 月，出现低效耗时的谈判现象以及不顾各国经济差距问题的"平等"履行方式等（钟昌标，2017），都需要通过国际贸易规则的重塑进行改革。其次，新兴经济体的涌现。世界经济发展不平衡，特别是相对欠发达国家或地区经济增长速度加快会不断产生经济实力较强的新兴经济体，这就需要新的国际经济社会发展规则与之相对应，即从国际政治经济秩序规则的接受者谋求成为制定者。与此相对应的是，发达国家为维护既得利益，通过对经贸规则的重新制定与修改，从而实现为本国经济贸易服务、强化自身国际地位的目的（蔡明阳，2017）。新兴经济体和传统国际经贸势力的角力,由此形成的逆全球化必然会阻挠贸易的顺利推进。最后,经济复苏乏力。一国的贸易举措通常是为服务本国经济发展需要而产生的,当经济增长乏力时,会通过相对的进口替代来抑制贸易的扩张。事实上,自2008年国际金融危机发生后,美国、日本等国家的经济长期处于缓慢复苏过程中。例如,国际货币基金组织(IMF)发布的《世界经济展望》显示,全球经济在2020年的增长率为-3.1%,发达经济体为-4.5%,新兴市场和发展中经济体为-2.1%,在主要经济体中仅有中国维持了2.3%的增长速度。[①] WTO一直扮演着为世界多边贸易发展提供平台的角色,然而美国次贷危机后部分国家更加倾向于制定或参与区域或双边贸易协定(协议),不断打破原有的贸易谈判规则,这种所谓的"逆全球化"表现形式实质上是发达国家试图重塑更加符合本国利益的全球化贸易规则的具体表征(田政杰、董麓,2019)。

(二)贸易保护主义抬头

贸易保护和经济发展从来都是相互依存的,这在逆全球化背景下的表现尤为如此,即贸易保护成为惯用的手段。事实上,无论是幼稚产业保护理论,还是国家安全理论等,都是特定国家为发展本国经济而采取贸易保护的借口。第一,有针对性的贸易保护政策。以美国为例,主要实施各种关税与非关税贸易壁垒,如在2018—2019年,美国对来自中国的大型洗衣机和光伏产品加征高额关税,对产自中国的钢铁以及铝箔等多种产品发起反倾销和反补贴调查。第二,制造业重塑浪潮。发达国家鼓励制造业,特别是高端制造业回流举措的密集实施,如美国的再工业化道路和"美国优先"、德国的"工业4.0计划"、英国的"制造业新战略"、法国的"新工业法国计划"、日本的"工业价值链"等,表现出发达国家为提升本国制造业采取相对锁国的战略,结果可能导致全球由于科技衍生的知识和技术外溢效应下降,尤其是对中国、印度等发展中国家的经济提升会产生逆向的影响。例如,中国实施的"中国制造2025"要求与国际高端制造业形成密切对接,但由发达国家实施的

[①] 《2021—2022年世界经济形势分析与展望》,https://baijiahao.baidu.com/s?id=1722848197877838903&wfr=spider&for=pc。

制造业重塑或回流会产生显性的逆全球化效应。第三，贸易保护措施不断增加。实施隐性或显性的贸易政策已成为各国提振经济和外交策略的重要举措，无论是对于发达国家还是发展中国家而言，这必然在一定程度上导致逆全球化的形成。

（三）发展中国家高端贸易受阻

高端贸易是发展中国家提升国际竞争力的重要驱动，但由逆全球化引致的种种贸易障碍会导致发展中国家发展高端贸易面临重重挑战。通常认为，高端贸易包括技术贸易、高端制造设备出口、高端服务贸易等方面。首先，逆全球化浪潮使发展中国家发展技术贸易的压力明显。从美国和加拿大联合打压华为、美国"封杀"TikTok 可看出，欧美国家特别是美国对于影响或威胁其国际霸主地位的技术，通常会实施严厉且违背国际规则的举措。事实上，由于技术发展水平较低，发展中国家开发出一项先进技术需要付出更大的代价与成本，而逆全球化导致的国际市场受阻是其发展壮大的重要钳制。其次，高端制造设备出口面临压力。作为经济发展的重要驱动，高端制造业对发展中国家有着较强的示范效应和引领作用，但在发达国家贸易保护主义抬头、发展中国家内外需求相对不足及遭遇各种贸易壁垒等的影响下，发展中国家在高端制造业的出口上频频受阻（孙灵希、曹琳琳，2016），因此，不利于发展中国家的制造业实现有效的转型调整。最后，不利于发展中国家的现代服务贸易发展。发展中国家的经济发展水平偏低，通常以发展传统服务业为主，如商贸、旅游、运输等，而现代服务业如现代金融、现代信息技术、专利等与发达国家存在明显的差距，这在服务业的极化效应和"中心—外围"效应的驱动下，将会导致发展中国家的现代服务业难以实现稳健提升。

三 逆全球化对产业发展的影响

随着全国经济和社会联系不断加强，如何充分发挥比较优势和竞争优势，已成为一国实现产业提档升级的重要议题，这就要求在全球视域下安排产业的梯度调整，但逆全球化趋势明显会对一国的产业发展带来显性的影响。全球化要求全球产业链处于相对耦合状态，且特定国家的产业结构调整和质量提升也需要从全球产业发展势态中获得支撑，因此，本节从产业供应链相对断裂、产业发展环境恶化、产业转型升级受阻三个方面展开分析。

（一）全球供应链相对断裂

克里斯多夫在 1992 年指出："21 世纪的竞争不是企业与企业之间的竞争，而是供应链与供应链之间的竞争"①，可认为产业的发展需要相对完善的供应链，但逆全球化思潮在一定程度上不利于完备的产业链推进。一方面，产业供应链不健全。基于全球供应链的网链结构特点，其变化必然会牵一发而动全身。在逆全球化背景下，一些供应链参与国采取单边主义行动，频繁退出供应链，破坏了相关产业供应链的完整性，严重影响上下游国家的生产与合作，甚至可能导致供应链断裂。同时，逆全球化的倡导者利用出口管制等手段阻断了全球供应链的连续性，如发达国家通过对高新技术产业核心零部件的出口管制，影响了中下游国家正常的生产组装和出口，不利于产业链在全球实现一体化。另一方面，全球产业链趋于区域化。近年来，全球供应链格局正在加速调整，区域化态势加剧明显，更多的跨国或大型公司倾向于在特定区域进行供应链的多元化布局，进而降低对某一个国家或供应商的依赖，这将引起全球供应链链条长度缩短、供应链格局区域化、部分国家在全球市场的供应链辐射范围受到影响等问题。同时，在有关国家出于安全需要的考量而采取产业转移等措施的影响下，一些国家的供应链的连续性可能在短期内会受到一定程度的影响，进而导致相应国家的供应链发展受阻。

（二）产业发展环境恶化

在世界经济一体化的格局下，产业发展需要相对开放的环境，如供应链、价值链需要在全球范围内进行整合，但逆全球化会显性影响产业的发展环境。其一，外部限制封锁。经济稳健发展需要相对稳定的环境，而贸易摩擦、入境管制、边境封锁等逆全球化行为会导致全球贸易陷入"封锁悖论"，即经济全球化（如生产活动、贸易活动）放缓或半停滞状态成为常态化。事实上，2020 年提出的"加快构建以国内大循环为主体、国内国际双循环相互促进的新发展格局"（"双循环"新发

---

① 《21 世纪的竞争不再是企业和企业之间的竞争，而是供应链和供应链之间的竞争》，https：//news.jstv.com/a/20170702/1498930794536.shtml。

展格局），从侧面可认为是中国积极应对国际社会外部封锁的重要举措。另外，在逆全球化背景下，发达国家为振兴制造业而积极实施的各种再制造业战略（如美国的再工业化战略），发展中国家为发展本国产业通常以幼稚产业保护理论为借口进行相应的产业保护，由此造成的外部限制均会在较大程度上对特定国家的特定产业发展造成挤压效应。例如，近期围绕中国出口产品、高新技术产品进出口和对外并购的争端明显增多，涉及范围从传统的产业和产品向新兴产业、高新技术产品、信息产业等蔓延，导致中国的出口结构升级和全球供应链布局难度加大，致使中国产业增长和升级的空间被挤压（涂圣伟，2018）。其二，市场需求减弱。以比较优势和竞争优势为主要导向，世界经济一体化形成的大市场效应能拓宽产业发展所需的边界，但逆全球化导致国际市场、区域市场呈现出碎片化发展势态，充分的国际自由分工无法得到彰显，因此，无论是生产要素、中间品，还是最终品的全球化需求均会弱化，这势必会减小产业发展所需的市场需求规模和联系强度。

（三）产业转型升级受阻

无论是拉美主权债务危机，还是亚洲金融危机，其根源均在于过度开放的经济由于外部环境发生变化而无法进行相应的梯度调整。然而，逆全球化会阻断资源、要素在国家间的有效流动，将会对特定国家产业结构的转型升级造成消极的影响。一方面，技术水平提升难。现代科学技术是产业结构发展的重要动力，但从产业发展视角看，除市场相对阻断外，逆全球化更多的是通过国家行政手段对技术在全球转移造成显性或隐性的钳制，这势必会导致技术生命周期在各阶段的动能难以得到有效释放，不利于欠发达国家的产业技术水平提升，而这可以从中国产业转型升级有待加快得到一定程度的表征。在逆全球化和要素资源跨国化流动受阻的背景下，发达国家的高新技术很难流入相对欠发达国家，这对提升这些国家的技术水平、助力产业由劳动密集型向技术型产业转型、提高国内整体产业结构层次等方面，均会造成较为显性的长期与短期影响，反过来也不利于相关技术对发达国家的反哺。另一方面，资源合理配置难。在经济一体化背景下，世界各国进出口的产品在很大程度上都彰显着相应的产业特色和优势，对全球资源的合理配置与优化具有重要作用。然而，在逆全球化浪潮的影响下，全球要素资源跨国流动较为困难，一国产业结构的调整将局限于有限的国内资源，进而会制约经济的转型提档。逆全球化促使要素资源在世界范围内的自由流动受限，不仅使资源难以有效从低效率流向高效率的地区或部门，从而制约了资源的使用和配置效率；而且导致一国通过改变要素资源达到改变产业优势、改善进出口结构等目标难以达成（姜丽，2012）。

四 逆全球化对协调发展的影响

凸显产业与贸易的协调发展，将产业优势转化为出口优势，对国家的经济发展与产业结构优化升级具有重要的作用。然而受逆全球化思潮的影响，全球产业保护、贸易保护不断升级，使各国贸易与产业的协调发展受到严重冲击。由于逆全球化对产业与贸易协同发展的影响是多方面的，因此，本节以逆全球化对产业与贸易协调发展路径选择的影响为视角，结合前述影响解析，从经贸规则重塑路径、全球价值链重构路径、产业发展特别是高新技术产业发展路径三个方面简要探究逆全球化对二者协调发展的影响。

（一）对国际经贸规则重塑路径选择的影响

贸易保护主义等逆全球化浪潮的出现严重破坏了经贸治理规则，例如，WTO 在调节世界各国（地区）经贸纷争时，其功能无法得到充分的发挥，会影响经贸治理纷争的治理效果等，导致国际秩序的无序性与风险性进一步凸显（郭周明、李姣、邹浩，2020），重构国际贸易规则迫在眉睫。然而，标准高、覆盖广的新贸易规则不但使各国（地区）企业开展全球贸易的难度增加，对外投资门槛提高，而且使各国（地区）企业在面对世界经济政策环境不确定性时的经营风险加剧。与此同时，新的贸易规则可能会对企业生产要素流动、企业价值链构成、企业国际化经营的广度与深度以及企业获取全球化福利与收益的贸易方式或路径产生影响（钟昌标，2017）。因此，基于市场竞争环境受国际贸易规则重构的影响，各国的产业发展在一定程度上会受到相应的冲击，进而逆全球化势态使各国（地区）产业与贸易的协调发展之路颇为艰难。

（二）对全球价值链重构路径选择的影响

全球价值链对连接国际贸易与世界经济发挥了重要作用，不仅能使发展中国家通过嵌入全球价值链的方式实现自身工业化发展与经济的稳健增长，也能使部分中小型制造业企业通过抓住发达国家产业转移与生产外包的发展机遇，为实现本国产业与贸易的协调发展提供前提条件。显性与隐性的贸易保护不断升级，双边或区域贸易合作趋势不断增强，与此同时，新贸易方式和新技术的频繁出现也会倒逼全球价值链重构。然而，重构全球价值链又会对部分国家的产业与贸易实现协同发展产生相应的影响。例如，全球有效需求减少会导致部分供应商因自身生产力低、竞争力弱等因素而被市场排除在外；受国家比较优势变化的影响，原先依靠低劳动成本优势顺利嵌入全球价值链中的国家被排除在外；全球价值链的区域化发展倾向使被锁定在全球价值链中低端的制造业企业很难实现向高端环节的跨越（孔茗等，2020）。但是，逆全球化浪潮不断涌现将导致正常的市场秩序让位于政府行为，特别是区域性的抱团组织，全球价值链可能会以逆全球化组织、机构抑或群体的价值判断为主要导向，进而会导致其路径重构可能出现系统性的偏差。

（三）对产业发展特别是高新技术产业发展路径选择的影响

高新技术产业是经济发展的驱动器，不仅能通过提高产品的附加值、科技含量以及质量来优化产业结构，还能够通过增强产品的国际竞争力来改善贸易结构（杨春媛，2016），从而更好地促进产业与贸易的协调发展。然而，受逆全球化思潮的影响，发达国家对高新技术的限制性和垄断性不断增强，部分发展中国家的自主创新能力不足、关键技术受制于人（他国）的问题频现，致使发展中国家可能陷入制造业低端锁定和"中等收入陷阱"。以美国对中国的"301调查"为例，为达到遏制中国产业优化、技术创新与产能优化的目的，调查矛头指向中美技术转让、知识产权以及自主创新等（白让让，2022），其目的是维护美国在华企业的知识产权利益和打开中国市场，这在一定程度上可能会减缓中国产业结构转型升级实现深度调整的节奏。与此同时，美国实行封锁高端科技出口的贸易战略，使高新技术企业进入国际市场以获得更好的发展平台变得较为困难，这对中国提升贸易质量也是不利的。进一步地，产业的优化升级难以带动贸易结构的升级调整，因此，产业与贸易的协同推进也会受到相应的制约。

第二节 经济全球化对贸易和产业协调发展的影响

全球化产生于何时,目前没有定论,但通常以哥伦布"地理大发现"的时间为节点,并且处于动态发展过程中,而对于经济全球化则通常被认为有确定的提出时间。一般认为,特·莱维(Theodore Levit)在1985年首次提出了"经济全球化"一词。然而,由于经济全球化涉及的层面众多,目前还没有形成统一的定义。按照百度百科的解释,经济全球化是指经济活动跨越国界,以国际贸易、资本跨国流动、技术跨国转移为主要手段,实现技术、货物、服务相互依存、相互依赖、相互联系的全球经济共同体的过程。而2019年1月在瑞士达沃斯举办的世界经济论坛明确提出研讨主题为"全球化4.0:打造第四次工业革命时代的全球架构",促使全球更加关注经济全球化的相关影响。

一 经济全球化的成因

经济全球化的产生和存在与科技革命密切相关,而跨国公司是经济一体化的重要载体,且经济体制调整能为经济跨国协调提供相应的保障。因此,本节从科技进步、跨国公司、经济体制三个方面解析经济全球化的成因。

(一)科学技术进步

科学技术是第一生产力,是经济社会发展的强劲驱动。通常认为,科技革命始于工业革命,但对于全球科技革命发生过几次,仍存在争论。如百度百科认为,18世纪末蒸汽机的使用引起了第一次科技革命,19世纪末电力的使用引起了第二次科技革命,第二次世界大战后电脑、生物技术、新能源的开发等引起了第三次革命;冯昭奎(2017)认为存在四次科技(工业)革命,分别为始于电气化和汽车时代的第一次工业革命(19世纪60年代至20世纪初),以原子能利用与计算机发明为标志的第二次工业革命(20世纪40年代至20世纪七八十年代),以互联网为代表的第三次工业革命(20世纪七八十年代至21世纪一二十年代),科技交叉融合引起的第四次工业革命(2013年至今),分别对应着工业1.0时代、工业2.0时代、工业3.0时代、工业4.0时代。特别是工业3.0时代和工业4.0时代,缩短了国家之间的时空距离,降低了生产、流通的成本，促使国际贸易、国际投资等一系列跨国活动快速完成，加速了经济全球化的进程。

（二）跨国公司发展

经济全球化的顺利推进，需要能承担国际经贸往来的参与主体，而跨国公司的出现提供了现实的可能。通常认为，世界上第一个跨国公司为1602年成立的荷兰东印度公司，但跨国公司长期以来发展相对缓慢，而第二次世界大战后特别是20世纪90年代以来在全球逐渐建立的相对开放和稳定的国际政治经济格局，为跨国公司快速稳健发展提供了适合生存的土壤。例如，全球跨国公司在90年代初仅为3.7万个，而在1998年超过了6.0万个，且1998年产生的贸易额和GDP分别约占全球的1/2和1/4。[①] 事实上，仅从2002—2008年看，跨国公司的数量由6.4万个增加到8.2万个。[②] 作为经济全球化的缔造者与构建者，跨国公司在深化国际分工、优化资源国际配置中起着重要的作用（牛建国，2003），其在全球价值链、产业链、供应链中的显性地位会对经济全球化的发展与深化产生明显的影响。

（三）经济体制变革

经济基础决定上层建筑，而上层建筑反作用于经济基础。经济和政治存在相互耦合的互动关系，没有稳定的政治，形成不了经济的稳步推进。从世界经济发展史看，17—19世纪的经济发展水平总体偏低，20世纪前半叶的两次世界大战造成的经济相对封锁和阻断，使经济全球化推进步伐相对较慢，即经济全球化需要市场和政治大环境的推动。此外，经济全球化需要一国经济的市场化，这既是各国参与全球化的基础，也是起点。第二次世界大战特别是布雷顿森林体系解体后，国际政治经济格局由单向对抗逐渐转变为边合作边竞争，且诸多国家进行了市场化进程的经济体制改革，如发展中国家由进口替代战略向出口导向战略的开放格局转变。在全球经济联系日益加强的背景下，各国实施向市场转型的举措，将促使全球成为一个地球村且产生明显的大市场效应。

---

① 《经济全球化与跨国公司》，https://max.book118.com/html/2019/0723/7165142130002042.shtm。

② 《全球：跨国公司总数量》，https://d.qianzhan.com/xdata/details/397cf2c15cdc9078.html。

由此，各国之间开展的经济体制改革将逐步破除商品、服务、技术在国家间流动的显性与隐性壁垒，而国际三大机构（世界银行、世界贸易组织、国际货币基金组织）也日益成为经济全球化的重要推动力量。事实上，市场经济机制是那些试图融入经济全球化进程的国家需要实施的基本经济体制（郭连成，2001），且实施市场经济机制是各国调控经济最主要的做法。

二 经济全球化对贸易发展的影响

随着经济全球化不断深入，对国际贸易的影响也越加明显和多样化，因此，本节从贸易总额、贸易结构、贸易方式三个方面阐述经济全球化对贸易的影响。

（一）提速贸易发展

在比较优势和竞争优势的助推下，国际分工得到不断深化，设计、生产、制造、服务等经济发展的各个环节，均在逐渐纳入国际经济一体化进程中，这必然会使国家之间的经贸往来呈现出快速发展势态，表现为国际贸易稳步增长。例如，2021年全球GDP和贸易总额分别为94.94万亿美元和28万亿美元，即外贸依存度达到29.50%。考虑到美国在实施"再工业化道路"战略，致使其外贸依存度相对不高，如美国2021年GDP和贸易额分别为23万亿美元和4.6万亿美元。因此，如将美国排除在外，可得知全球2021年外贸依存度达到32.50%。反观2010年，全球GDP和贸易总额分别为66.49万亿美元和15.50万亿美元，即外贸依存度仅为23.31%。从中国来看，改革开放以来积极融入世界经济，即使近期构建了"双循环"新发展格局，但2021年的外贸依存度依然高达34.12%。

（二）优化贸易结构

经济全球化促使全球资源按照效益原则进行重新配置，进而导致一国内部的产业结构和经济结构出现相应的调整。在"鲇鱼效应"的刺激下，为提升国内经济的国际竞争力以及避免出现在世界经济版图中的外围化与边缘化，在资源要素禀赋支持和制度红利的指引下，一国会逐渐引导劳动和资源密集型贸易结构向资本和技术密集型贸易结构转变（郭惠君、王黎瑶，2020）。与此同时，假如没有重大的政治或外在因素干扰，一国的贸易结构能充分反映其产业结构，且贸易结构的优化升级也应该是建立在产业转型升级基础上的。例如，2022年2月的乌克兰危机导致全球粮食和能源价格出现明显波动，而2022年3月21日中国东航MU5735坠机事件给全球航空产业带来严重的冲击。进一步地，政府需要加快推进贸易供给侧的结构性改革步伐（戴翔，张二震，王原雪，2018），通过提速产业发展转型升级，通过改变产业结构促成产业结构的优化调整。

（三）贸易方式多样化

传统国际贸易的基本属性为商品流，而随着经济全球化的逐渐推进，要素跨越国界流转成为现实，特别是劳动力、信息、资金、技术等，在现行的国际经贸往来中成为常态，由此促使贸易方式呈现出多元化的发展势态，如由货物贸易转变成与服务贸易、数字贸易、技术贸易并举。特别地，其他贸易方式呈现出更快的增长势态，如全球服务贸易额由2010年的7.8万亿美元增加到2019年的11.9万亿美元，且是货物贸易增速的2倍（迟福林，2022），而全球数字贸易的增长速度也呈现出爆发式的发展势态（赵丽娜，2021）。例如，全球跨境电商B2C的市场规模呈现出几何级数增长趋势，2015—2018年规模分别为3040亿美元、4000亿美元、5300亿美元、6760亿美元，且在2019年和2020年分别达8260亿美元和9940亿美元，[1] 而中国的跨境出口B2C电商市场也将由2020年的2.29万亿元增加至2025年的4.65万亿元。[2]

三 经济全球化对产业发展的影响

经济全球化要求产业在全球范围内重新布局，这会在导致全球产业链调整的同时带来产业的转型升级压力。本节从产业全球化、产业链重构、产业转型升级三个方面解析经济全球化对产业发展的影响。

（一）产业全球化

经济全球化将催生产业全球化，产业活动跨越国界将导致产业内分工深化、中间品贸易增加和可能的跨国公司内部交易拓展（金芳，2004），使经济全球化与产业全球化互为因果。一方面，产业分工更加

---

[1] 《2020年全球B2C跨境电商交易额达9940亿美元》，https://www.ebrun.com/20181207/310971.shtml。

[2] 《深度解读跨境电商行业的竞争格局》，https://www.sohu.com/a/532927 627_168370。

深入。国际市场的相对放开将促使产业遵循生命周期理论的各个阶段进行梯度推移,进而导致产品在相似阶段的生产与销售更为趋同,由此形成的大市场效应使企业能获取更大程度的规模经济。另一方面,促进产业布局优化调整。产业全球化要求资源、要素在全球范围实现优化配置,在辖区隔膜相对打破的情况下,经济全球化的加快会导致产业转移的快速递推(李敏飞,2011),有利于区域的产业结构调整。事实上,可将第四次和第五次全球产业转移视为经济全球化的结果。但是,鉴于资本的逐利属性,全球化可能在一定程度上不利于特定区域实现经济的平衡发展。例如,贸易和外商直接投资是中国经济增长的重要驱动,但也拉大了东部地区和其他地区的发展差距(万卫红,2006)。

(二)全球产业链重构

全球产业链重构在一定程度上能实现全球产业资源、要素的优化配置,在减少交易成本和提高生产效率的同时提速全球经济的发展,尤其有助于跨国公司形成具有竞争优势的产业布局。由经济全球化导致的产业链重构要求深化国际分工,这会对不同发展水平的国家产生显性的差异性影响,可能会强化发达国家与发展中国家的经济发展"中心—外围"势态(翟婵,2021)。一方面,经济全球化引致的数字鸿沟(熊光清,2009)、技术鸿沟(高奇琦、陈志豪,2021)等,对于发展中国家既是压力又是挑战,既可能获取全球产业链重构带来的国际分工红利,又可能沦为发达国家相对粗放型产品的生产集散地(外围化或边缘化)。另一方面,发达国家将充分利用自身优势,在全球产业链重构过程中加强技术化、数字化等方面的产业渗透,但也可能出现产业相对空心化的困局(董一凡,2021),美国提出"再工业化道路"、德国提出"工业4.0"、英国提出"英国工业2050战略"等就是佐证。

(三)加快产业转型升级

无论是发达国家还是发展中国家,产业转型升级难题普遍存在,这在开放经济条件下表现得尤为突出。事实上,国际政治经济环境充满着不确定性,特别是以美国为代表的国际霸权主义和中国、印度等发展中国家的崛起,促使各国会以各种显性或隐性手段保护本国的产业发展,如美国屡屡对中国发布实体制裁名单和制约华为等电子信息企业。诚然,积极参与经济全球化,通过产业转型升级提升竞争力和强化市场经济秩序治理，尤其是要充分发挥 20 世纪 80 年代以来科技革命对产业转型升级的引领作用，是发展中国家提升国际竞争力的重要举措。一方面，经济全球化带来的大市场效应，有助于各国充分发挥比较优势和竞争优势，转向市场需求大、发展潜力大、技术含量高的产业或行业（刘勇，2018），促使产业实现稳健的转型调整。另一方面，经济全球化会强化"适者生存""优胜劣汰"的危机感，倒逼企业通过设备改造、科研投入、人才投入、制度调整等积极寻求转型与提升，在边发展边摸索的"干中学"过程中实现渐进式和颠覆式的提档调整。

四 经济全球化对协调发展的影响

经济全球化会同时影响贸易和产业发展，进而必然对二者实现协调发展产生显性的冲击。经济全球化与国际贸易体系直接关联，且会对产业价值链的整合和产业发展驱动形成倒逼。因此，本节从国际贸易体系、产业价值链、产业发展驱动路径转换三个方面解析经济全球化对贸易和产业协调发展的影响。

（一）对重建国际贸易体系的影响

合理的国际政治经济秩序是经济全球化健康发展的必要条件，但既有的国际旧秩序成为重要的阻碍（特别是以美国为代表的霸权主义），这就要求调整国际经济秩序以健全国际贸易体系（程永林，2012），更好地协调贸易与产业发展。尤其是 2008 年国际金融危机以来，欧美主要国家实施了工业化再造或重塑计划，导致国际贸易保护壁垒增加（叠加）明显，在全球形成了实质上的不对等贸易体系，如欧盟屡次对奶制品提供补贴、多哈发展议程陷入僵局（刘晔，2019）。因此，处在全球价值链中低端的发展中国家会频繁面临反倾销、反补贴、社会责任、动物福利等调查，这会变相地增加相应国家的贸易成本（舒建中、孙路，2011），进而出现当前发达国家主导的、国际经济旧秩序较为严重的"中心—外围"的极化难题。为此，只有打破不对等的国际贸易体系，才能在更大程度上促进贸易与产业投资的便利化、协调化，使全球主要国家都能充分享受到经济全球化带来的经济福祉。

（二）对产业价值链的影响

经济全球化面临着贸易壁垒、金融危机、贸易摩擦、新冠疫情等因素的影响，但由于具有不可逆转的属性，对世界的经济和政治产生了长远的影响（陈伟光，2022）。而经济全球化的顺利推进，要求产业价值链实现有效的上游、中游、下游产业的耦合发展，即在全球范围内形成有效的价值链体系，特别需要凸显以现代工艺技术为基础的国际分工（王世超，2002）。全球产业价值链主要受供需两个方面的影响：超越摩尔定律速度的新技术不断突破，会在缩短产品链和降低生产成本的同时延伸范围经济产业链，加快供给的节奏与速度；新兴经济体（如中国、印度）的经济实力的稳健提升，会改变固有的全球市场格局，促使国际产业链布局发生适度的转变（陶涛，2021）。诚然，在国际产业价值链的逐步优化与调整过程中，特定国家的产业链会受到逆全球化特别是既得利益者集团的影响，但并不会改变由此带来的贸易与产业更加契合的发展势态。

（三）对产业发展驱动路径转换的影响

在相对封闭的经济发展状态下，产业发展主要受国内因素的影响，如劳动力、资源等，即使能出现帕累托最优，即资源最优配置，也仅限于国内的资源实现优化配置和重组，此时贸易与产业实现协调发展没有存在的基础。随着经济全球化的推进，各国的经贸往来日益加强，知识外溢、技术外溢、资本国际积聚等日益成为常态，创新驱动逐渐替代以资本、劳动力、资源为核心的要素驱动（Melnik, et al., 2021）。进一步地，产业空间布局和贸易结构优化将呈现出动态的调整势态或趋势，推动产业发展驱动力的路径切换（李俊华，2015），有利于贸易与产业实现协调发展。

第三节 "双循环"新发展格局对贸易和产业协调发展的影响

在 2020 年 5 月 14 日召开的中共中央政治局常委会上，中央首次提出"构建国内国际双循环相互促进的新发展格局"，即认为中国处于国内国际双循环的新发展格局新阶段。此时，中国面临着较为复杂的国内国际环境，如国内处于经济发展转型关键期等，而国际处于逆全球化和全球化角力的复杂期。该战略的提出，并非新冠疫情冲击下破解经济发展难题的短期举措，而是在对国内外环境预研预判基础上提出的长远战略，将成为中长期中国经济高质量发展的重要指导战略与思想，必然会对贸易与产业发展产生深远影响。为此，有必要在分析"双循环"新发展格局成因的基础上，探讨其对国际贸易与产业协调发展的影响。

一 "双循环"新发展格局的成因

"双循环"新发展格局的提出有其复杂的成因，与中国经济迈入新的发展阶段密切相关，而逆全球化相对明显和新冠疫情在短期难以有效缓解也是严峻的挑战，进而需要以扩大内需为主体兼顾国际经济循环。因此，本节从经济发展格局转型、逆全球化趋势严峻两个方面进行简要的成因的剖析。

（一）经济发展格局转型

自2019年人均GDP超过1万美元后，关于中国是否迈过"中等收入陷阱"存在争议，有的认为已成功突围，[1] 有的认为可能正在滑入"中等收入陷阱"。[2] 但不可否认的是，自2014年5月习近平总书记强调中国处于经济发展新常态后，中国经济的基本特征已经由高速增长阶段向高质量发展阶段转变，即相对较低的增长速度可能会长期存在，这在一定程度上彰显了中国经济发展格局已经发生逆转。特别地，2020年后的国际政治经济环境日益复杂，如何深挖国内经济循环、适度减少对国际经济循环的依赖，是促进中国在世界经济融合发展格局中具有相对独立的经济地位的重要举措，进而中国适时提出了"双循环"新发展格局。"双循环"新发展格局强调深化经济结构性改革（王捷、陈少晖，2022），更加注重国内大循环和国内国际双循环，且更加强调自主创新以摆脱关键核心技术的"卡脖子"困境（沈坤荣、赵倩，2020），成为中国经济发展格局转变的重要驱动。

（二）逆全球化趋势严峻

在霸权主义、单边主义、经济区域化、政治区域化等国际逆全球化思潮越演越烈的影响下，如俄罗斯于2022年4月8日被欧美单边发起

---

[1] 《中国已跨过"中等收入陷阱"？外媒：未来15年内，中国赶超美国》，https://baijiahao.baidu.com/s?id=1669353878488529487&wfr=spider&for=pc。

[2] 《4亿房奴正"毁掉"经济？"中等收入陷阱"的深渊正在逼近中国？》，https://baijiahao.baidu.com/s?id=1705975985432846911&wfr=spider&for=pc。

提议暂停人权理事会席位就是国际霸权的集中体现,[①] 致使经济全球化的推进备受阻力。而构建"双循环"新发展格局,不仅源于国内经济发展格局转变的需要,还来自国外的压力推动,进而强化以国内大循环为主体就是中国应对逆全球化的重要举措。一方面,西方国家经济实力的相对下降以及其内部矛盾不断激化,为缓解内部矛盾而通过贸易壁垒、制造业回流、预算增加等手段转嫁压力,扰乱了世界经济的正常合作秩序(柳思维、陈薇、张俊英,2020)。例如,2020年4月美国国家经济委员会主任库德洛表示美国政府愿意支持美国企业搬出中国的相关费用,2020年4月7日日本政府出台了22亿美元的追加预算方案以助力企业迁出中国,2020年4月8日德国政府宣布修改《对外经济法》以强化对非欧盟国家投资的审核(周建军,2020)。另一方面,以中国、印度为代表的发展中国家随着经济实力的稳健提升而有谋求国际政治经济话语权的诉求,这必然会遭到既得利益集团特别是欧美的反弹与抵触,从而引起更多的国际经济和政治对抗。[②]

二 对贸易发展的影响

"双循环"新发展格局的提出既是应对国际经济发展形势的主动选择,也是重塑参与国际合作和竞争新优势的战略选择,而以国内大循环为主的战略转向也将对中国乃至全球的开放型经济发展产生深远影响。因此,本节从维护国际贸易平衡发展、重构国际贸易新秩序、重塑中国与世界经济关系三个方面分析对贸易发展的影响。

(一)维护国际贸易平衡发展

改革开放以来,中国长期实施的开放型经济发展的国际经济循环模式以高度依赖国外技术和国际市场为基本特征(陈子烨、李滨,2020),但由此造成的产业链低端锁定、经济结构失衡、技术外围化等风险明显拉大(贾根良,2020)。而过于强调外向型经济发展的国家,无论是呈现出国际收支顺差还是逆差,都会导致在一定程度上丧失经济主导权(唐坚、刘文川,2019)。例如,20世纪80年代的拉美主权债

[①]《俄罗斯被赶出人权理事会,美国乘胜追击,三个国家想加入北约》,https://baijiahao.baidu.com/s? id=1729595107758703909&wfr=spider&for=pc。

[②]《真相是什么? 美国电子烟肺炎与新冠肺炎症状几乎没有差别!》,https://baijiahao.baidu.com/s? id=1701998667041478840&wfr=spider&for=pc。

务危机、20世纪90年代的亚洲金融危机,就是各国以国际循环模式为主导致的国内经济体系的相对崩溃。"双循环"新发展格局是建立在以国内市场为主的基础上的发展模式,不以低成本的出口导向型的工业化发展模式为主(黄群慧,2021),凸显国内自主创新和兼顾国外技术引进,特别是要突破关键核心技术对国外的依附性。2021年中国已成为世界第二大经济体,即从以美元标价的 GDP 看,高于欧盟且仅次于美国,而世界经济史的发展历程也表明,大国经济过度依赖国际市场将会带来世界经济的不稳定。进一步地,中国实施"双循环"新发展格局有助于国内市场和国际市场实现互动配位发展,助力中国成为世界经济发展的助推器。

(二)重构国际贸易新秩序

作为最大的发展中国家,中国积极参与全球贸易治理,在维护全球多边贸易体制与机制的基础上,以充分保障发展中国家的发展权益和发展空间为主要方向(习近平,2020)。事实上,自 2001 年加入 WTO 以来,如何架构、打造国际经济新秩序,一直是中国国际经贸往来的重点工作。但是,欧美主导的国际经贸规则在短期内难以被打破,且 WTO 主导的多边贸易体系也日益受到区域化的贸易协定(协议、安排)的挑战,如日本 EPA、美墨加 USMCA、欧加 FTA。因此,中国打造"双循环"新发展格局,除需要积极做大国内循环市场外,还需要努力拓展国际循环市场,特别是要对接 CPTPP、RCEP、中欧 BIT、"一带一路"倡议等,以谋求国际市场的发展红利,而这在一定程度上会重新构架世界经济贸易新规则。这是中国在新时代实现全方位、高水平开放的重要表征,也是积极对接国际通行规则、提升中国在国际经贸话语权方面的重要举措(陈伟光、聂世坤,2022)。

(三)重塑中国与世界经济关系

"双循环"新发展格局意味着中国与世界经济关系的重大调整,即由较大程度地纳入国际分工、国际产业链转向完善与调整以国内大循环为主体地位的国内产业链。如以衡量经济开放的外贸依存度看,应该表现为逐渐下降的势态,而中国由 2006 年的 64.48%下降到 2021 年的 34.12%,体现了"双循环"新发展格局是中国经济发展的内在诉求,且江小涓和孟丽君(2021)的研究结果也表明,中国产业链已转变为国内循环在经济中占据主导地位。在与世界经贸合作相对下降，特别是贸易依赖程度明显下调的基础上，"双循环"新发展格局能更大限度地保障中国实施相对独立的经济政策、外交政策等，重新塑造中国与世界各国的经济关系。中国近年来处理国际经济关系表现出明显的相对独立性，这与中国经济近期不过度依赖国际市场有着直接关联性。

三 对产业发展的影响

"双循环"新发展格局要求外贸转内销，以提升经济发展的内生驱动力，这必然会带来产业转移明显加速和产业链的新调整，且会促进产业的数字化或智能化升级。因此，本节从产业转移提速、产业链转型升级、产业数字化发展三个方面分析"双循环"新发展格局对产业发展的影响。

（一）产业转移提速

产业转移是产业在空间上的迁移，在产品或产业生命周期的不同阶段进行生产、经营区域梯度调整的过程，这在一定程度上可被视为经济发展差异引致的产业自发迁徙现象（陈建军，2002）。"双循环"新发展格局对产业转移的影响可从国际、区际、城乡三个维度进行诠释，而2022年4月10日《中共中央 国务院关于加快建设全国统一大市场的意见》及系列文件的发布，有助于从国家层面破除中国的区域、城乡之间的发展（辖区）壁垒。首先，强化以国内大循环为主体，能促使国际产业向中国转移和中国在国外的产业回流，特别是对产业链与供应链的中高端回流有较好的引领作用。其次，引导中国产品供应链由国际市场拓展为主转向国内市场开发为主，加快东部地区粗放型制造业向中西部地区迁移（周世军、周勤，2012；李雯轩、李晓华，2021），且中西部地区高端产业也存在适度向东部地区转移的势态。最后，要改善城乡要素配置不均衡的事实（毛锦凰、喻亭，2020），通过政策红利引导产业稳步由城市向农村转移（张峰、宋晓娜、任娟娟，2020），促使中国城乡在产业发展方面实现相对均衡的发展势态。

（二）产业链转型升级

完善的产业链是构建"双循环"新发展格局的关键（程李梅等，2013）。中国产业链正由外向型向相对外向型收缩，表现为外贸依存度近年来明显下降，有助于在霸权主义明显、新冠疫情凸显等外部环境中强化产业链的相对稳定性和相对确定性。而"双循环"新发展格局的顺利推进，对增强中国在全球产业链中的自主可控能力有着较好的引导作用，是中国提升产业优势和实现高质量发展的重要保障，能为中国产业链转型升级提供诸多的便利条件。其一，充分利用中国的国内市场和国际市场，促成产业链由中低端向高端产业，特别是高端制造业产业链集群转移（夏诗园，2022），助力产业链现代化水平提升。其二，采取更大的优惠与鼓励政策，以更大限度地促进自主创新，进而减少对国际技术的依赖，促成中国实现技术替代和技术赶超，畅通中国高新技术产业链的前后端（龙瑜清、汤晓军，2021），进而改变中国高新技术产业链低端锁定的发展困局。其三，产业链实现相应的内置化或内部化，在一定程度上会降低经济外部化的风险（盛朝迅，2019），如乌克兰危机放大了欧洲能源链条偏长引致的风险[1]，"北溪"管道泄漏事件不利于欧洲的经济社会发展[2]，这也要求中国要强化产业和经济的安全。

（三）产业数字化发展

数字化是中国经济实现高质量发展的重要方向和重要动能（刘淑春，2019；李柏洲、张美丽，2022），且党的十九届五中全会也明确强调，要"推进数字产业化和产业数字化，推动数字经济和实体经济深度融合，打造具有国际竞争力的数字产业集群"，而数字经济贯穿于中国"双循环"新发展格局的各个环节。其一，提速数字经济是中国避免陷入技术"低水平陷阱"和破解国际分工低端锁定的重要路径。例如，中国"灯塔企业"的数量占全球的29.63%，彰显了中国数字产业在全球具有较强的竞争力（江小涓、孟丽君，2021），在一定程度上能为产业数字化转型提供有力的支撑。其二，数字经济能通过赋能渗透传统产业，强化以国内大循环为主体的经济发展格局的数字化改造与提升，助力关键核心技术的提升和高端产业的转型提档。其三，"双循环"新发展格局的数字化提升，能通过激发国内需求为导向，嫁接国内和国际两个维度，推动数字经济（产业）与实体经济（产业）相向融合（李天宇、王晓娟，2021）。

---

[1] 《俄乌冲突加剧能源危机，欧洲何以成了冤大头》，https://baijiahao.baidu.com/s?id=1728845639536867208&wfr=spider&for=pc。

[2] 《"北溪"管道泄漏事故》，https://mbd.baidu.com/newspage/data/mdpage?tag=8&id=9095。

四 对协调发展的影响

"双循环"新发展格局会对贸易和产业发展产生显性的影响，而贸易和产业存在互动、耦合的内在关系，有必要剖析二者协调发展的影响因素。因此，本节从产业政策与竞争政策协调、需求侧与供给侧协调、产业链与供应链协调三个方面进行解析。

（一）对产业政策与竞争政策协调的影响

中国贸易和产业实现协调发展，需要有效的产业政策和竞争政策的支撑。在出口导向政策驱动的经济发展格局下，产业政策以刺激出口为主，竞争政策以维持或促成国际公平竞争为核心，因而产业政策与竞争政策的协调应该侧重于国际循环，即国际市场。但是，在"双循环"新发展格局下，提升中国的自主创新能力和产业竞争力应该是基本着力点，且挖掘国内市场的重要性要强于挖掘国际市场，进而产业政策应该更加注重拓展以国内大循环为主体的产业发展，竞争政策需要着重分析如何通过促进公平竞争来实现贸易与产业的协同推进，从而促使产业政策与竞争政策的侧重点由国际市场转向国内市场。此外，竞争政策的基础性地位在"双循环"新发展格局背景下得到了明显的强化（郭江兰，2020），且竞争政策有助于打破中国相对严重的辖区竞争、市场封锁和地方保护（李永友、沈坤荣，2008），这会优化资源的重组并提高配置与使用效率。进一步地，实施国内循环导向型的产业政策能更有效地提高产业（企业）的生产效能，更有利于中国破除发达国家的技术相对封锁和走出技术的"低水平陷阱"（江飞涛，2021），助推产业政策和竞争政策协调发展。

（二）对需求侧与供给侧协调的影响

自中国进入经济发展新常态后，供给侧结构性改革一直是中国经济工作的重点，而"双循环"新发展格局是根据国内外复杂形势而作出的经济发展战略的重大调整，促成经济由高速发展向高质量发展转变。如将产业视为供给侧，将贸易分为国内贸易和国际贸易两个维度，则供给侧与需求侧协调发展的实质是贸易与产业的融合发展。"双循环"新发展格局从需求侧层面看，以市场需求（国内市场和国际市场）为主导，强调国内市场和国际市场的结合，且要以培养完备的内需体系为支撑（黄群慧、陈创练，2021）。而从供给侧层面看，以围绕国内循环兼顾国际循环（内需和外需）实现供需的高水平动态平衡和协调发展为目标（黄群慧，2021），其加快实施将促使中国产业稳健提升。进一步地，构建"双循环"新发展格局，需要从供给和需求两侧同时发力，在助推产业和贸易协调发展的同时促进供需的融合配位（孔祥利、谌玲，2021）。

（三）对产业链与供应链协调的影响

在开放的国际经济环境中，贸易与产业的互动发展离不开国际产业链和国际供应链的协同推进，有必要解析"双循环"新发展格局对产业链和供应链协调的影响。习近平总书记在2020年7月21日的企业家座谈会上明确指出，要"提升产业链供应链现代化水平"，更凸显了在"双循环"新发展格局下实现产业链与供应链协同发展的重要性。从产业链看，关键核心技术和关键产品（零部件）相对不足导致的安全隐患会存在割裂中国贸易和产业稳健发展的风险（汪彬、阳镇，2022），但"双循环"新发展格局要求的产业链内置化或内部化能将潜在的贸易与产业风险即外部风险转变为在国内可控。从供应链看，"双循环"新发展格局要求中国实现国际贸易相对收缩，同时中国积极实施相对可控的"一带一路"体系、"中国+N"框架（魏婕、任保平，2021），同样也会相对地降低全球供应链对中国经济发展的不确定性影响。而无论是产业发展还是贸易发展，均与全球供应链存在直接的关联，即"双循环"新发展格局在一定程度上有助于促使中国在全球产业链和供应链中实现协调发展。据此可认为，从产业链和供应链协调发展视角看，"双循环"新发展格局能有效推动中国贸易与产业互动协调发展。

第五章　贸易政策与产业政策的相互影响

贸易政策与产业政策之间存在相互依存的关系，因此，本章在分析协调发展的影响时，从贸易政策对产业发展的影响、产业政策对贸易发展的影响、贸易政策与产业政策的相互影响三个方面进行剖析。

第一节　贸易政策对产业发展的影响

中国自实施对外开放政策以来，对外贸易已经成为经济发展的"三驾马车"之一，为经济增长的"中国奇迹"作出了巨大的贡献（林毅夫、蔡昉、李周，1999；尹智超、彭红枫，2020），特别是贸易政策及相关政策激活了中国产业稳健发展强劲的内外驱动（李豫新、代敏、王鹏，2022）。从产业发展实际看，科学技术是第一生产力，即技术创新水平是其立足的基石；人才储备是企业能否发展壮大的重要内在因素，这在中国人力资本明显有待提升的情况下表现得尤为突出；转型升级是中国在较长时期内需要重点考虑的议题，外向型政策特别是贸易政策应该也会对此产生影响。因此，本节从产业技术创新、人力资本积累、产业转型升级三个方面分析贸易政策对产业发展的影响。

一　产业技术创新

贸易政策会影响产业技术创新已是一个不争的事实，研究结果通常认为，好的贸易政策会促进产业技术创新，进而会提升产业的国际竞争力（徐洁香、邢孝兵，2020；Rauf，Ma，Jalil，2021；向书坚、徐应超，2021），但对产业创新不匹配的贸易政策可能会产生阻碍作用。例如，王文治和扈涛（2013）指出，稳健、强劲的贸易竞争力需要有效的贸易政策支撑，而这要求提升产业或企业的技术创新能力和生产效率；徐元康（2016）以高铁产业为例，剖析了中国贸易政策对产业的影响，发现高铁产业不仅在贸易政策扶持下得到了稳健发展，还通过外溢效应促进了相关产业的发展，在提升竞争力的同时优化了上下游的产业结构；蔡旺春、吴福象和刘琦（2018）基于分行业数据的研究结果表明，研发补贴有利于提升中国高新技术产业的出口竞争力，对应用互动型产业竞争力提升的影响尤其显著，但对提高科技创新型产业竞争力的影响较弱。因此可以认为，贸易政策会倒逼产业或企业提高技术创新水平，进而提高出口竞争力以破解中国在全球价值链中的相对低端锁定的势态。

贸易政策对产业技术创新的影响会通过不同的方式得以体现。例如，高新技术产业由于具有规模经济、溢出效应和路径依赖等特点，同时又是一国或特定区域政府的重点扶持对象，因此，各国（级）政府通常会采取战略性贸易政策来促进该类产业发展（郝晓燕、臧麟山、翟羽佳，2022）；技术创新水平的提高会提升本土企业的比较优势和竞争优势，但国际市场由于种种原因造成的非完全竞争市场结构的显性或隐性钳制，要求使用特定的贸易政策以打破发展相对困境（宋学义，2013；蔡冬冬等，2021），而这必然又会提升产业的国际竞争力；为刺激企业加大创新投入，助推企业积极"走出去"，部分贸易政策会把鼓励新产品出口、提高产品技术含量和贸易质量等作为重要的关注点（徐洁香、邢孝兵，2020）。

二 人力资本积累

党的十九大报告指出："中国特色社会主义进入了新时代"。与此同时，中国的经济发展也进入了新阶段，其特征是"由高速增长阶段转向高质量发展阶段"。在该阶段，中国经济发展模式由粗放型向集约型转变的势态明显，这就要求强化人力资本对经济发展的重要支撑作用。事实上，人力资本是产业发展的重要驱动力，而亚当·斯密在《国富论》中首次提到"人力资本"的概念，认为可通过合适的教育和培训提升人力资本，在增加企业收益的同时会增加社会的集体财富，进而实现社会和个人的双赢格局。

贸易开放政策会对企业乃至社会的人力资本集聚的速度与节奏产生明显影响，且会对人力资本投资的综合效应形成正向效果（吕祥伟、刘秉镰，2021）。例如，向书坚和徐应超（2021）认为，有效的贸易开放政策能促进新知识、新技术的传播，改善人力资本的结构与质量，缓解企业技术创新所需的人力资源的相对短缺；江兴（2018）认为，有效的贸易政策不仅可以阻止国内的技术人才和科技人才外流，充分发挥国内高新技术产业的知识外溢效应，还能通过人才引进、优惠补贴等举措吸引国际人才回流，以反哺国内高新技术产业的发展；佟家栋、张俊美和赵思佳（2021）认为，贸易自由化政策既能促进人力资本积累，又能改善人力资本结构，表现为促进中等和高等教育参与、在经济发展水平偏低区域通过收入激励效应促进人力资本积累、在高端人力资本相对缺乏城市通过产业升级促进人力资本积累等；李世刚、周泽峰和吴驰（2021）的研究结论与江兴（2018）相似，认为贸易政策能吸纳更多的人才进入相应的贸易生产（流通）部门，同时，能通过提高私人部门的生产率和降低公共部门的租金收入来吸纳人才加盟等方式，从整体上提高人力资本的配置水平和使用效率。

三 产业结构升级

由发展经济学的基本观点可知，随着经济社会向更高层次发展，产业结构也会出现相应的梯度升级，由此出现的升级阻碍需要通过多重政策加以破解。从贸易政策看，新贸易理论和新新贸易理论均认为，适宜的政策可促进一国特定产业内部结构或产业之间结构的优化。例如，对具有规模经济和国际分工优势的产业采取鼓励性的贸易政策，更有助于相关产业实现扩容与提升，这必然会对该类产业的发展产生倒逼作用，进而实现渐进式或颠覆式的结构升级，许多学者的研究结果也支持了这一观点。例如，钟昌标（2000）认为，出口既会通过改变生产要素存量促进区域产业结构优化，也会通过经济的前向与后向联系加快区域产业结构的调整；石卫星（2017）发现，中国的贸易政策增加了工业制成品出口比重且降低了初级品出口的比重，战略性贸易政策对高新技术制造业出口有正向绩效且会优化高新技术的产业结构；Li、Dunford 和 Yeung（2012）指出，货物贸易会引起产业区域和结构的动态变化；陈爱贞和闫中晓（2022）的研究结果表明，不同类型的贸易强度提高对产业结构升级的影响存在显著差异，如一般贸易出口的影响效果为正，而加工贸易出口的影响为负。

合适的贸易政策可以培育国内具有较强竞争力的产业，带动上下游关联产业发展，促进产业结构的优化升级（石卫星，2017；Wijesinghe and Yogarajah，2022），且贸易政策是各级政府促进产业发展的重要驱动力（王海燕、滕建州、颜蒙，2014；Vrolijk，2021）。政府通过出台相应的贸易政策，从两个方面影响产业结构的优化与调整。一是贸易政策会引致外商投资，通常认为，中国的贸易与投资存在一定程度的互补效应（毛海欧、刘海云，2019），会通过现代化管理、先进工艺水准等带来正外溢性，在提升区域产业的技术进步和生产力的同时推动产业升级；二是会通过推进数字贸易影响中国产业数字化与数字产业化水平来升级"传统生产函数"和形成"新生产函数"，进而有利于区域产业结构的提档与调整（徐慧超等，2022）。此外，李晓钟和叶昕（2021）指出，贸易政策的效果与区域发展实际直接相关，实证结果表明，贸易政策更有利于中国发达区域的产业结构提档，而自由贸易试验区举措基本不会影响区域的产业结构升级，且技术与制度创新对贸易政策的影响绩效起着中介作用。

第二节　产业政策对贸易发展的影响

从产业与贸易的关系看，应该为先有产业后有贸易，即产业发展到一定阶段后存在向外扩张的需求，进而形成国际贸易，因此，产业政策应该会对贸易发展产生深远的影响。特定的产业政策会影响产业结构发展和产业竞争力提升，而反过来又会影响对外贸易结构调整和外贸竞争力提高，并且产业政策逐渐跨越国界的既定事实（李燕、张波，2012；Negotia，2014），也会对国际贸易的市场拓展产生相应的冲击。因此，本节从对外贸易结构、对外贸易竞争力、对外贸易市场三个方面分析产业政策对贸易发展的影响。

一　对外贸易结构

全球经济呈现出显性的一体化格局，对于产业或企业而言，国内和国际两个市场的隔膜在逐渐缩小，即国与国之间的边界壁垒总体上呈现出减少的势态（使逆全球化较为明显），且对外贸易结构更能反映出区域经济的发展水平和发展结构，因此，一个国家的产业政策是否有效以及成效如何，在一定程度上可从对外贸易结构得到相应的表征。在中国产业结构要求不断升级的背景下，对外贸易的导向也会随之出现相应的变化，即进口更聚焦于升级亟须的资源、技能、技术等要素，而出口也会依产业优势调整进行动态变更。长期以来，中国实施的倾斜性产业发展政策，在促进经济快速发展的同时也带来了显性的多元经济格局，特别是改革开放以来的产业政策融合了更多的出口导向型战略和吸引外商投资战略，致使中国进出口主体相对失衡，而进出口主体与产业发展实际存在直接的关联性。因此，在产业政策促进结构优化的过程中，要积极通过引导产业主体的发展来破解中国贸易主体结构相对失衡的难题（李燕、张波，2012），且Wang等（2020）的研究结果也表明，中国的产业结构优化促进了贸易规模发展和贸易结构转变。

中国自2009年出口总额、2017年货物贸易总额分别排名世界第一后，无论是出口总额还是货物贸易总额，之后都维持在世界第一的位置。由中国引致的全球贸易格局的逆转，一方面，说明以中国为代表的发展中国家的经济发展水平呈现出快速提升、与世界经济联系更加紧密的态势；另一方面，从侧面表明中国快速发展的国际贸易是以相对粗放型（如劳动密集型、资源密集型）的产品为主要依托的，即出口品的资本与技术属性偏低（Ju and Yu，2015；谢申祥、冯玉静，2019），这可从贸易质量有待提升得到一定程度的诠释（吴艳秋、张曙霄，2021；王孝松、周钰丁，2022）。例如，从中国出口实际看，纺织、服装和机械工业制成品等劳动密集型产品所占比重明显偏高，而高新技术产品出口所占比重持续偏低，这彰显出中国贸易结构亟须调整，以服务于实现经济高质量发展和贸易强国的需要。因此，通过产业结构优化促成产业优势转换成出口的比较优势和竞争优势，成为中国产业政策调整引致贸易结构优化的重要着力点（王海燕、滕建州、颜蒙，2014；Li，Lee，Kong，2019）。

二 对外贸易竞争力

从理论上讲，一个好的产业政策能提升产业的竞争力，包括现行和潜在的不同层面与维度，即通过政策能矫正市场调节机制的相对失灵。

如从国际市场上看，产业竞争力的提升表现为商品、服务、技术等具有更强的国际综合竞争力。因此，产业政策会影响产业结构变动和产业竞争力提升，从而直接或间接地影响对外贸易的竞争力（闫雪花，2006；Blonigen，2016），而外向型经济的核心竞争力主要由相关产品的技术含量与附加值予以评判这一既定事实（刘美玲，2020），也要求产业结构乃至贸易结构实现稳健优化。事实上，后发国家在国际经济与贸易中处于相对不利的地位，即"中心—外围"形成的利益与格局固化，会使这类国家处于国际经济的外围或边缘区域，因此，通过发展高新技术领域（产业）以优化和升级产业结构进而改善外贸结构（王海燕、滕建州、颜蒙，2014），成为提振经济和改善经济结构的重要抉择。因此，实现产业结构的高级化应该成为一个国家有效参与国际分工的基础，需要有效的产业政策激活产业发展的内生和外生比较优势，特别是要注重技术创新的指引作用（宋学义，2013），进而在产业升级过程中提高中国在全球价值链中所处的层次与位次（刘美玲，2020）。

加快提高外贸核心竞争力是中国在经济发展新格局和国际逆全球化以及破解欧美等发达国家担心"中国崛起"而采取种种显性或隐性举措等现实背景下的应景选择，要求通过相应的产业政策来提升产业的国际竞争力，如优化资源配置、加快产业结构调整、提升产品质量、加强产品技术攻关等（唐坚、刘文川，2019）。从中国实际看，通过环境营造、研发支持、智力支持、外部支持等方式，由"选择性"向"普惠性""创新性"的产业政策转变（李敏、刘阳，2020），以提高创新效率与自主创新能力为导向，是中国产业政策有效转型并提升产业国际竞争力的重要举措。

三 对外贸易市场

国际市场的开发主要基于三个影响维度：一是产业竞争力提升导致国际竞争力加强，如产品技术创新能力得到显性提升会强化国际销售的优势；二是产品销售拓展了新兴市场，如特定产业或企业成功进入一个未曾进入或新开发的市场；三是政策加持引领产业或企业进入，如不同国家通过签订 FTA 等双边或区域协议，助推国家之间贸易边界壁垒的相对消除。在数字化和全球化背景下，全新的、未开发的具有较大消费能力（或潜力）的市场较少，更多的是通过政府建立友好的邦交关系，相对开放彼此的国内市场，即第二个影响维度与第三个影响维度应该存在直接的关系。由此可认为，国际市场开发应该主要受产品自身和国家外经贸（外交）政策的影响，而产品提升又与产业政策直接关联，且国际市场的开发通常会采取多重政策的组合式操作（Lisboa，Skarmeas，Lages，2013）。

近年来，中国以"一带一路"倡议作为最重要的外贸、外经发展倡议。随后以此为切入点，尝试解析产业政策对国际市场开发的影响。"一带一路"倡议的实施，是中国产业或企业减少对传统市场（如美国、德国、法国、英国）的依赖，加速开发亚洲、欧洲、非洲等区域的非传统市场的重要举措（Rahman and Rahman，2019），有利于中国形成更加完备、安全的国际经济与贸易发展新格局。在大市场效应下，"一带一路"倡议拓宽和延伸了中国的产业链与价值链（Pu，et al.，2020；刘美玲，2020），在与"一带一路"共建国家强化合作的同时，降低了产业或产品进入相关国际市场的难度。与此同时，由"一带一路"倡议引致的国外市场需求持续增加，有利于国内产业充分获得国际分工的好处，进而促使中国各级政府基于竞争优势和比较优势的基本原则加大对相关产业发展的扶持力度，使中国旨在促进产业转型升级的产业政策与"一带一路"共建国家的市场开发实现协同推进（Johnston and Onjala，2022）。

第三节　贸易政策与产业政策的相互影响

从世界经济发展史看，贸易政策与产业政策实现协调发展，对一国的经济社会发展相当重要（张玉兰、崔日明、郭广珍，2020）。国际分工的日益深化、国际产业链的不断延伸、国际价值链的不断开发，促使世界成为一个"地球村"。进一步地，国际贸易和国内贸易的界限不断模糊，即国际贸易无非是将市场置于全球视角、将市场范围由国内放大到国际而已。事实上，贸易政策与产业政策存在显性的交互性和重叠性（黄兆银，2001）。产业政策是国家干预并指导产业发展的政策，侧重于扶持相关产业的发展。贸易政策是协调外向型经济以及外部市场的拓展，侧重于使国家在国际贸易中获得既有和潜在的利益。传统意义上的产业政策聚焦于国家或区域内部产业提升，但全球化浪潮已不可逆转，要求在制定产业政策时需要与国际贸易相对接，且促成二者实现有效协同，才能使中国在全球贸易中取得更大的竞争优势。但是，鉴于中国的贸易政策与产业政策在发展目标、管理机构等方面的不一致，二者的协调性有待加强，在一定程度上制约了中国国际地位的提高。因此，本节使用国际贸易的相关理论，如比较优势理论、幼稚产业保护理论、战略性贸易理论等，对贸易政策与产业政策的互动效应进行剖析。

一 基于比较优势理论视角

李嘉图的静态比较优势理论认为，国际贸易的产生源于国家之间生产率的差异，而这种差异会带来生产成本的差异，最终由成本的比较优势演化成竞争优势（吴杨伟、王胜，2018），进而在国际市场中的成本差通过贸易形式得以体现。同时，静态比较优势理论假定全球为完全竞争市场，且国与国之间的要素禀赋和技术水平相同。因此，各国应该遵从自由贸易政策，基于比较优势的成本差重新进行国际分工，以相对较低的成本生产出更具竞争力的产品（朱富强，2016）。此时，产业政策应该以扶持具有竞争优势的产业为基准，而全球开放的自由贸易政策又会刺激各国加大产业支持力度，即在静态比较优势理论的指导下，相应的产业政策与贸易政策应该实现协同。然而，各国的要素禀赋差异较大，如仅从成本比较优势视角进行研究，则较易陷入由"荷兰病"形成的"资源诅咒"发展困境（Harris and Croix，2021），使相关国家的产业结构升级陷入路径锁定与路径依赖。此时，比较优势可能会演化成比较劣势，进而可能陷入的"比较优势陷阱"会导致相关产业的国际竞争力降低乃至丧失（陆善勇、叶颖，2019），特别是可能形成的"中心—外围"固化更成为发达国家推崇该理论的借口。

动态比较优势理论能较好地回避静态比较优势理论可能陷入的"比较优势陷阱"（石军伟，2020）。动态比较优势理论认为，特定国家的比较优势会随着国际经济与贸易、自身发展而呈现出动态变化，如国际交流、国际技术传递、国际要素流入与流出、内部资源变化、内部技术演进、内部劳动力结构升级等（胡俊文、戴瑾，2017）。动态比较优势理论与静态比较优势理论的最大差异在于将完全竞争市场假设调整为不完全竞争市场，认为企业之间存在的技术差异和规模经济等会导致市场非完全，会刺激企业为获得垄断利润和实现规模经济而积极实施"干中学"策略。当某国企业具有领先的技术可在国际贸易中获得垄断利润时，其他国家的企业为提高利润水平就会进行相应的模仿，但这种模仿存在的时滞效应（程进、韩玉启、陈小文，2005）决定了技术领先国的企业能够在较长时间获得垄断利润，因此，强化企业自主创新成为获得动态比较优势的关键。动态比较优势理论更加注重政府在产业和对外贸易中的作用，认为应以相对优势产业的动态变化为准则进行产业政策和贸易政策的协同调整。例如，为充分发挥中国的比较优势，需要采取适当的贸易保护支持政策，助推产业结构与产业质量的协同升级，同时在产业发展过程中需要积极鼓励产业的技术创新，以强化动态比较优势。

二 基于幼稚产业保护理论视角

幼稚产业保护理论认为，一国参与国际贸易中的产业并非都是完全成熟的，有一部分是随着资源、要素、禀赋等优势转变而新兴产生的产业，这些产业无论是从生产还是贸易来看，都不具备显性的竞争与比较优势。因此，为扶持这些产业发展以促进国内与国际的公平竞争，必须出台相应的产业支持政策，同时，在贸易政策上也要进行适当倾斜（梁碧波，2004）。例如，WTO明确规定对于幼稚产业可实施例外保障条款，到成熟期后再取消相应的产业与贸易支持政策。但是，使用该理论的难点在于国际上对于如何界定幼稚产业没有统一的标准，即均为各国自行设定且标准不明确、不规范，进而导致借幼稚产业之名进行产业保护的情形普遍存在。幼稚产业保护理论融合了产业政策与贸易政策，但潜在回报收益的滞后性使实施相关的扶持政策存在相应的风险（刘闯，2019），导致如何评估该政策的绩效存在相当明显的争议。对于国家而言，通常表现为一方面采取保护政策扶持其发展，另一方面采取鼓励政策吸纳外商适度投资，以促使幼稚产业获取较为显性的相对比较优势和核心技术优势，这必然导致比较优势理论与幼稚产业保护理论存在内在的联系。

保护幼稚产业容易陷入"李斯特陷阱"（覃成林、李超，2013），即保护政策可能会对产业的发展产生反向（逆向）绩效，且同样的保护政策在不同的区域、国家、产业之间的政策成效差异明显。事实上，考虑到幼稚产业在尚未发展壮大时就会对其实施保护举措，进而实施鼓励政策形成的"羊群效应"会使这些产业产生明显的政策依赖性，主要表现为相对缺乏自主独立创新研发和提升竞争力的意识（康增奎，2012）。此外，还会对鼓励发展的产业产生一定程度的挤出效应，即"拥挤效应"（Crowding-out effect），使新兴产业更多地表现为国家鼓励扶持的幼稚产业，这在一定程度上不利于产业结构优化与升级，特别是对于制造业而言。又如，战略性新兴产业在较大程度上会受到保护，但这些产业在发展过程中对经济发展的实际贡献存在相当程度的不确定性。因此，中国在使用幼稚产业保护理论助推相关产业发展时，要充分考虑经济发展实际和产业所处的阶段。

三 基于战略性贸易理论视角

战略性贸易理论从字面上讲，为战略性产业或企业与贸易政策的组合，即同时隐含产业政策与贸易政策及其交互作用（潘沁、徐康宁，2006；Livanis and Geringer，2021）。换句话说，对战略性产业或企业在实施相应产业政策的同时要佐以组合式的贸易政策，通过适度保护后逐渐放开，在促成其发展壮大的同时提升竞争力，而这也是国际社会惯用的手段。战略性贸易理论肯定了贸易保护政策的合理性，认为可采取各种贸易政策，如关税、补贴、进口替代等，政策标的为那些能够产生显性外部效应的产业。

考虑到国际贸易引致的利润能在国家间转移，而通过有效的国家干预可能促使国际利润向国内回流（张雨微、赵景峰、刘航，2015），对于战略性贸易政策所指向的产业或企业尤为重要，也与这类产业或企业通常有强大的竞争优势直接相关。但从国内外现实环境看，一国采取战略性贸易政策，通常指向更具关键技术的产业而非寡头企业（黄兆银，2001；江兴，2018；张杰、陈容，2022），其可能产生的超额利润会吸引大量内资和外资进入，即能产生较为明显的利润孤波或高额利润。而现阶段实施政策的目的应该是通过政策设置相应的门槛，以保护本国相关产业或企业获取更大的比较优势和竞争优势，即政策实施的范畴比在战略性贸易理论最初提出时的适用范围更广，且通常不以寡头企业为主要扶持对象。从这个层面上看，战略性贸易政策实质上是产业政策和贸易政策的综合体，即产业政策和贸易政策实现协调、协同才能有效发挥该战略(政策)的绩效。然而,在战略性贸易政策与产业政策之间如何实现适度相互促进,在产业发展和国际贸易中如何寻求适度的平衡,如何通过贸易保护真正促进产业的发展,是战略性贸易政策面临的最大挑战,也是幼稚产业保护理论需要破解的难点。

从上述三种理论的简要解析看,贸易政策与产业政策实现协同的互动影响绩效与政策的参与力度、有效力度及其导向直接关联。诚然,不同理论分析的切入点存在相应的差异。但不可否认的是,贸易政策和产业政策的互动影响存在多重传导路径(宋学义,2013;Gourdon, Monjon, Poncet, 2016;Bayanduryan, et al., 2021),因此,需要依据产业发展的实际,选择相对合适的破解路径,以促使贸易政策和产业政策协同推进。进一步地,在合理的贸易政策下实现产业转型的稳健升级,在有序的产业政策下实现贸易层次、结构的稳步提升。

第六章　中国贸易政策影响产业发展的实证分析

贸易政策从总体上看，包括出口政策和进口政策两大类，并从不同层级、不同维度影响产业的发展，进而只能实证评价特定的贸易政策的影响绩效。从中国实际看，2020年启动的出口退税调整会对企业投资产生深远的影响，而如何通过技术引进来提升国内的产业创新水平，是中国改革开放以来实施"市场换技术"的重要切入点。因此，本章基于出口政策考究出口退税政策如何影响投资，基于进口政策探究技术引进政策如何影响产业创新，以期为解析其他类型的贸易政策如何影响产业发展提供借鉴。

第一节　出口退税政策影响投资的实证分析

一　问题的提出

出口退税是中国外向型经济发展特别是助推贸易的重要引擎，在促成国际公平竞争的同时也会影响相关产业的发展。特别地，基于国内国际环境的变化，中国于2020年3月20日开始了新一轮出口退税政策，对出口退税率作出了重大的调整，如瓷制卫生器具等1084项产品、植物生长调节剂等380项产品的出口退税率分别提高到13%和9%，这必将进一步提升中国货物贸易的国际竞争力。中国产业发展受多重内部和外部因素的驱动，而外商直接投资是开放型产业发展的重要支撑和影响因素（张幼文等，2018），且对产业实现稳健的转型升级产生了显性的影响（Wang, et al., 2020；李树祯、张峰，2020）。进一步地，出口退税可能会通过影响出口引致的外向型经济发展与外商直接投资产生关联，而通常认为外商直接投资对中国产业发展会产生显性的影响（韩博然，2022）。因此，有必要剖析出口退税对中国吸纳外商直接投资的影响。结合国内外相关研究，本节从出口退税的经济社会效应、出口退税影响出口、出口影响投资、出口退税影响投资三个方面进行文献回顾。

出口退税会对中国经济社会的发展产生相应的影响。例如，Song、Mao 和 Corsetti（2015）认为，出口退税引致的出口面临着较大的环境压力，进而指出出口退税需要优化结构以降低污染；刘怡和耿纯（2016）研究了出口退税如何影响出口产品的质量，发现弹性系数为3.69，即出口退税每提高 1 个百分点，出口产品质量会提升 3.69 个百分点；刘信恒（2020）发现，出口退税能提升企业出口的国内附加值，且对国内附加值率提升的调节效应大于由此产生的成本加成效应；冯阔和唐宜红（2021）在均衡理论框架下构建结构模型，量化了出口退税的影响，发现出口退税的调整有利于中国的出口和其他国家福利的提升；夏飞、肖扬和朱小明（2020）发现，出口退税与企业出口技术复杂度正相关，且存在明显的区域、企业属性差异。Zhang 和 Song（2022）通过实证研究发现，出口退税对中国企业发展有着较强的经济效益和环境效益，且具有正向的技术创新激励作用。

中国的出口退税会影响出口是一个显性的事实，但由于使用方法和数据等方面的差异，学者在影响方向和作用大小等方面存在一定的分歧。Chen、Mai 和 Yu（2006）构建古诺数量竞争模型，解析了出口退税政策如何影响中国的出口绩效，发现出口退税率提高会显著影响国内企业和国内竞争者的出口。谢建国和徐婷（2012）的实证研究表明，出口退税与出口呈现出正相关关系，且激励效果存在明显的时间或阶段差异。潘文轩（2015）也持有相似的观点。此外，部分学者从不同视角采取不同方法对出口退税如何影响出口进行了实证研究，如 Nocke 和 Yeaple（2014），Tan、Han 和 Ma（2015），均认为二者存在显性的内在关联。

关于出口对投资的影响，学者更多关注企业"走出去"投资，即企业对外直接投资，而非吸引外商直接投资，且就出口与投资之间的关系形成了三种观点。第一种观点认为存在替代关系，如 Leibovic 和 Waugh（2019）。第二种观点认为存在互补关系，如陈立敏、杨振和侯再平（2010）。第三种观点认为二者之间的关系是不确定的，即可能同时存在替代效应与互补效应，但两种效应的大小因采取的数据、方法和模型选择差异会得出不同的结果，且这是学术界的主流观点，如陈培如和冼国明（2018）。

出口退税会影响出口，而出口又会对企业"走出去"产生显性关联，因此，出口退税与企业对外投资存在相应的联系。例如，Zhang（2019）认为，出口退税在一定程度上可以替代流动现金、固定资产投资和研发投资，进而会刺激企业的外向投资（对外投资）。Babich、Lobel 和 Yücel（2020）以太阳能电池板产业为例，解析了政府最优出口退税与企业对外投资的关系。Xu 和 Ma（2021）以太阳能光伏供应链为例，研究了出口退税对企业对外投资决策的差异性。此外，也有学者实证探讨了出口退税和中国吸收外商直接投资的关系，但该方面的研究相对较少，经检索后仅发现少数相对匹配的文献。例如，刘可（2006）将出口退税视为中国招商引资的优惠政策，认为其对 FDI 的间接影响会对出口产生激励作用；马霞（2012）采取协整分析法剖析了中国出口退税政策调整与引进外资的因果关系。

出口退税政策是中国促进外向型经济发展的重要举措，既会影响出口与进口，也会影响企业对外投资和外商直接投资。由上述研究可知，关于出口退税对外商直接投资影响的研究相对较少，且出口退税的影响在不同场景下应该存在显性的差异，但相关研究为挖掘二者之间的关系提供了较好的启示。因此，本节在提出相应假设的基础上，多维度、多视角实证解析了中国出口退税对外商直接投资（IFDI）的影响，以期从出口退税和外商直接投资视角解析中国贸易政策对产业发展的影响绩效。

二 模型说明与研究假设

（一）计量模型

通常认为，投资与外贸额（包括出口额与进口额）存在内在联系，且与经济发展水平或阶段直接相关，因而在剖析出口退税影响外商直接投资时将上述因素纳入其中。然而，出口退税存在滞后效应已是公认的事实（Zhang，2019），但滞后多少期会对外商直接投资（IFDI）产生显著的影响暂无定论。为简便处理，在设置模型时以考虑滞后二期以内为准。为分析出口退税如何影响外商直接投资，参考刘可（2006）、马霞（2012）的研究，同时考虑出口退税滞后期的影响以及经济发展水平和进出口的影响，建立以出口退税当前期、滞后一期、滞后二期为自变量，以经济发展水平、进口、出口为控制变量，以外商直接投资为因变量的面板数据模型。同时，为消除自回归的影响，对上述各变量均取对数，其基本模型为：

$$\ln IFDI_t = \alpha + \beta_1 \cdot \ln ETR_t + \beta_2 \cdot \ln ETR_{t-1} + \beta_2 \cdot \ln ETR_{t-2} + \chi \cdot \ln GDP_t + \delta \cdot \ln EX_t + \eta \cdot \ln IM_t \tag{6-1}$$

其中，$IFDI$、ETR、ETR_{t-1}、ETR_{t-2}、GDP、EX、IM 分别表示外商投资企业投资总额、出口退税额、出口退税额滞后一期、出口退税额滞后二期、经济发展水平、出口总额、进口总额。在具体采取面板数据模型进行分析时，选择不同滞后期和适当的控制变量进行计量解析。此时，计量得出的各系数为弹性系数。

（二）研究假设

中国出口退税政策的调整，在一定意义上是对传统退税政策的校对与提升（Song, Mao, Corsetti, 2015；王君斌、刘河北, 2021）。从政策实施效果看，出口退税是把本应在国外销售的产品视为在国内销售，且在生产出来时已征收了国内销售税，因此，有必要将这部分提前预征的税款以退税的方式返回，其实际作用为实现商品销售的国内外相对公平竞争。换句话说，出口退税把商品销售分为国内和国际两个途径，进而通过该举措促进出口，且关于出口退税与出口之间关系的大量研究也支持这一观点（Bao, et al., 2017；Anwar, et al., 2019）。出口退税在影响外贸出口的同时，也会对资金流、要素流等产生显性的引导作用，如通识性的观点认为，贸易与投资之间存在互补效应，无论是对货物部门还是服务部门均是如此（毛海欧、刘海云, 2019）。也有学者对出口退税调整与外商直接投资的关联性展开研究，基本认为二者呈正相关关系（马霞, 2012）。

因此，给出假设6.1：出口退税与国内外商直接投资（IFDI）存在互补效应。

出口退税影响外商直接投资存在相应的传导渠道或机制，即通过影响出口，进而基于"出口—投资"的拉动效应影响投资，包括中国企业对外投资和外商企业对内投资,而传导渠道或机制存在相应的时间滞后性。事实上,从政策本身看,其从实施到最后产生效果(或无效果)存在滞后影响或传导机制(许和连、王海成,2018;Shinagawa and Tsuzuki,2019),但滞后期的确认是个复杂的过程,这与研究对象差异、国内外经济社会形势变化等直接相关。因此,出口退税对外商直接投资的冲击也会存在相应的缓冲期。

因此,给出假设6.2:出口退税对国内外商直接投资(IFDI)的影响存在时滞性。

中国作为发展中大国,处于工业化发展后期,其经济社会发展的多重属性较为明显,如学者认为存在二元(许经勇,2021)、三元(Zhao and Zhong,2015)、四元(吴朝晖,2020)等结构,进而必然出现发达区域与欠发达区域并存、高工资与低工资并存、高效企业与低效企业并存等多元现象。无论是出口退税还是外商直接投资,在经济发展水平或地理位置存在差异的不同区域,也存在多元发展属性,进而使出口退税与外商直接投资的关系呈现出相应的差异。

因此,给出假设6.3:出口退税对国内外商直接投资(IFDI)的影响存在地理与发展水平差异。

三 数据来源与处理

研究选取的时间段为2004—2019年。其中,各省份的GDP、出口总额、进口总额来自2005—2020年《中国统计年鉴》;各省份吸纳的外商投资企业投资总额来自2005—2020年《中国贸易外经统计年鉴》;各省份出口退税额主要来自2005—2020年《中国税务年鉴》。

首先,鉴于历年中国各省份绝大部分的GDP均超过1000亿元,在具体分析时用特定省份的GDP/1000亿元作为衡量GDP发展水平的指标。

其次,在《中国统计年鉴》和《中国贸易外经统计年鉴》中,出口总额、进口总额、外商投资企业投资总额都是以美元作为计价货币,考虑到出口和进口有不同的统计口径,在研究中采取以境内目的地和货源地为分类标准的数据。为折算成人民币标价,各省份的相关数据均用相关年份的人民币兑美元的平均汇率进行平滑,而2004—2019年的平均汇率的数据来源于2020年《中国统计年鉴》。在具体分析时,用特定省份的出口总额/100亿元、进口总额/100亿元作为衡量出口和进口的指标，用年末登记的外商投资企业投资总额/100亿元作为衡量国内外商直接投资（IFDI）的指标，用出口退税额/10亿元作为衡量出口退税的指标。

再次，在上述指标中，部分数据缺失，集中表现为相关省份的出口退税额缺失。为此，采取的处理方法为：一是如某省份某一个或某几个数据缺失，用前后年份相关数据的简单加权处理；二是上海2010—2019年的出口退税额来自国家税务总局上海市税务局，其统计口径与上海的其他年份存在明显差异，而其他年份的数据来自相关年份《中国税务年鉴》。

最后，从两个维度分析出口退税如何影响外商投资企业在中国的投资，即分地理视角和分经济发展水平视角。从地理视角看，采取2013年《中国环境统计年鉴》中的划分方法，同时将东北地区的辽宁并入东部地区，将吉林和黑龙江并入中部地区，即将之分为东、中、西部地区，由此东部地区包括北京、天津、辽宁、河北、上海、江苏、浙江、福建、山东、广东、海南11个省份，中部地区包括吉林、黑龙江、山西、安徽、江西、河南、湖北、湖南8个省份，西部地区包括内蒙古、广西、重庆、四川、贵州、云南、西藏、陕西、青海、甘肃、宁夏、新疆12个省份。以2019年各省份的人均GDP作为判断标准，将人均GDP排在第1—10位的视为发达区域、排在第11—21位的视为中等发达区域、排在第22—31位的视为欠发达区域，由此可知发达区域包括北京、上海、江苏、浙江、福建、广东、天津、湖北、重庆、山东10个省份，中等发达区域包括内蒙古、陕西、安徽、湖南、辽宁、海南、河南、四川、新疆、宁夏、江西11个省份，欠发达区域包括青海、西藏、云南、贵州、河北、山西、吉林、广西、黑龙江、甘肃10个省份。

四 描述性分析

基于不同区域的分类方法，将各省份的数据进行汇总，形成东部地区、中部地区、西部地区、发达区域、中等发达区域、欠发达区域的相关数据。为有效了解出口退税、外商投资企业投资及其相对状况，从所占比重应答相关区域的相对规模、从变异系数分析相关区域的内部差异，从出口退税比重/外商投资企业投资比重表征相关区域的出口退税与外商投资的相对比值。考虑到此处的描述性分析仅需要反映出各区域的基本情况与变化趋势，为此仅选择几个时间点进行简要说明（见表6-1至表6-3）。

表6-1　　　　各区域外商投资企业投资比重和变异系数

	比重（%）					变异系数				
	2004年	2008年	2012年	2016年	2019年	2004年	2008年	2012年	2016年	2019年
东部地区	84.79	84.07	81.80	82.32	79.55	1.23	1.42	1.29	1.41	1.24
中部地区	9.08	8.87	10.03	9.57	10.57	2.97	3.75	3.21	2.64	2.22
西部地区	6.12	7.06	8.17	8.11	9.89	1.33	1.08	1.07	1.15	0.97
发达区域	79.51	75.34	77.03	78.67	75.37	1.23	1.28	1.31	1.45	1.25
中等发达区域	13.91	18.63	16.62	15.31	18.03	0.94	1.05	1.01	1.37	1.33
欠发达区域	6.58	6.03	6.35	6.02	6.60	1.23	1.31	1.37	1.35	1.36

从外商投资企业投资看，不同区域的比重和内部差异较为明显。从东、中、西部地区看，东部地区的外商投资比重接近或超过80%，但近年来呈现出相对明显的下降趋势；中部地区该比重从总体趋势看，表现为增加的势态，由2004年的9.08%增加到2019年的10.57%；西部地区该比重上升较快，由2004年的6.12%提高到2019年的9.89%，这与中国西部地区经济发展整体提速直接相关，如2016年以来，新疆、云南、贵州的经济增长速度通常排在全国前五位；从变异系数看，中部地区的外商投资企业投资均高于2，东部地区均高于1且基本稳定，而西部地区的下降趋势明显，显示出中部地区吸引外商投资的内部差异最大，其次为东部地区，最后为西部地区。从经济发展水平看，发达区域承接的外商投资企业投资比重存在一定程度的下滑，由2004年的79.51%降低到2019年的75.37%；中等发达区域吸纳外商投资企业投资上升较快，2019年比2004年增加了4.12个百分点，即发达区域的比重下滑份额（比重）基本由中等发达区域取代（该区域增加了基本相同的份额）；欠发达区域基本不变，均维持在6%—7%。发达区域和欠发达区域的内部差异相对稳定，如表6-1给出的相关年份的数据均

在1.23—1.45，但中等发达区域的内部差异呈现出扩大的趋势（如2019年该值达到了1.33）。

从出口退税看，各区域所占比重与外商投资企业投资比重相似，也存在较为明显的差异（见表6-2）。从东、中、西部地区看，东部地区所占的出口退税比重均在85.00%以上且内部差异相对较小，如2004年和2019年分别为89.79%和87.60%，变异系数均为1.00左右；中部地区出口退税比重呈现增加的势态，但内部差异比东部地区和西部地区明显要大，由2004年的5.67%上升到2016年的8.50%，变异系数历年均在1.50以上；西部地区该比重维持在4.00%—5.00%且内部差异呈现出缩小的趋势。从经济发展水平视角看，发达区域的比重和内部差异基本保持稳态，为85%以上，变异系数保持在1.10左右；中等发达区域基本为8.00%—10.00%，但内部差异比发达区域和欠发达区域要大，变异系数在2008年高达1.71，内部差异明显偏大；与中等发达区域相似的是，欠发达区域的比重也基本稳定，但内部差异呈缩小趋势且显著低于其他区域，其比重在4.00%—6.00%，变异系数由2004年的1.06下降到2016年的0.64。

表6-2　　　　　　　　各区域出口退税比重和离散系数

	比重（%）					变异系数				
	2004年	2008年	2012年	2016年	2019年	2004年	2008年	2012年	2016年	2019年
东部地区	89.79	89.55	88.86	86.66	87.60	1.06	1.10	1.10	1.04	0.94
中部地区	5.67	6.11	7.17	8.50	8.37	1.99	2.12	1.81	1.76	1.66
西部地区	4.54	4.34	3.97	4.84	4.04	1.34	1.28	1.04	0.91	1.11
发达区域	86.46	87.92	86.80	85.59	87.75	1.09	1.18	1.17	1.12	1.04
中等发达区域	8.96	7.91	8.64	9.31	8.20	1.10	1.71	1.52	1.41	1.23
欠发达区域	4.58	4.17	4.56	5.10	4.05	1.06	0.85	0.60	0.64	0.89

对比表6-1和表6-2可以发现，东部地区和发达区域的出口退税比重要明显高于外商投资企业投资，如2019年的相关值分别高8.05个和12.38个百分点；中部地区和中等发达区域的出口退税比重总体上要低于外商投资企业投资比重，如2019年的相关值分别低2.20个和

9.83个百分点；无论是出口退税比重还是外商投资企业投资比重，西部地区和欠发达区域均相对偏小，但西部地区的外商投资企业投资比重明显偏高，如2019年达到了9.89%。

为更加明晰地探究不同区域出口退税和外商投资企业投资的相对差异，本节用出口退税比重除以外商投资企业投资比重的相对值来表示（见表6-3）。若该值大于1，则说明出口退税能力强于吸引外资能力；若该值小于1，则说明出口退税能力弱于吸引外资能力；若该值等于1，则说明出口退税能力与吸引外资能力没有差别。从中国经济发展实际看，东部地区主要属于发达区域，中部地区主要属于中等发达区域，西部地区主要属于欠发达区域，并且从三大地理区位和经济发展水平划分的结果看，同样也支持了这一观点。总体而言，东部地区和发达区域的出口退税能力明显强于其他区域，即中部地区、西部地区、中等发达区域、欠发达区域的出口退税能力小于吸引外资能力；相对于西部地区而言，中部地区的出口退税能力呈现出逐步增强的势态，如中部地区和西部地区该值在2004年分别为0.62和0.74，但在2019年则分别转向为0.79和0.41，即中部地区和西部地区该值的大小关系发生了逆转；与中部地区和西部地区的转向不同，中等发达区域和欠发达区域的关系没有发生明显的变化，均表现为欠发达区域大于中等发达区域，如2004年中等发达区域和欠发达区域分别为0.64和0.70，而在2019年则分别为0.45和0.61。

表6-3　　各区域的出口退税比重/外商投资企业投资比重

	2004年	2007年	2010年	2013年	2016年	2019年
东部地区	1.06	1.05	1.10	1.09	1.05	1.10
中部地区	0.62	0.73	0.52	0.62	0.89	0.79
西部地区	0.74	0.78	0.48	0.57	0.60	0.41
发达区域	1.09	1.12	1.14	1.12	1.09	1.16
中等发达区域	0.64	0.59	0.53	0.52	0.61	0.45
欠发达区域	0.70	0.72	0.57	0.78	0.85	0.61

五 计量分析结果

将 E-views7.2 作为计量软件进行分析,同时使用面板数据模型解析出口退税对外商投资企业投资的影响。面板数据模型有固定效应、随机效应和混合估计三种模型,鉴于研究采取的时间段为 2004—2019 年且以滞后期作为解释变量,经检验后发现固定效应的效果更好,故在后续实证分析时采取固定效应模型。在数据处理方法选择上,采取最小二乘法(OLS)。在具体分析时,采取的操作步骤分为五步。第一,为凸显出口退税对外商投资企业投资的影响,不报告控制变量的影响方向和大小。第二,如使用相关控制变量,在报告结果时用"**"表示。第三,控制变量的选择不以地理区域、经济发展水平差异作为标准,而是基于全国 31 个省份的计量结果进行判断。如控制变量未通过 10% 的显著性检验,则在后续分析分区域差异时不考虑该控制变量。第四,如基于全国数据的控制变量通过了显著性检验,而在分析分区域差异时没有通过显著性检验,则在相关的模型中也使用相关控制变量,即不再另行考虑这些控制变量是否通过了检验。第五,在衡量是否通过了显著性检验时,以 10% 作为判断标准。

(一)从全国看

计量结果显示,无论是采取当前期出口退税额,还是当前期加滞后一期,或者当前期加滞后一期和滞后二期,出口额指标均没有通过显著性检验,故在分析全国总体情况时剔除出口额指标,且在后续分析两类分区域差异的计算模型时也将该变量剔除。事实上,中国的出口退税与企业出口存在直接关系,即基于特定出口产品进行一定比例的退税,进而二者应该会存在明显的多重共线性和内在联系(朱尔佳,2012;Tan,Han,Ma,2015)。由表6-4可知,滞后二期指标没有通过显著性检验,且在模型 2 中的滞后一期指标通过了 10% 但没通过 5% 的显著性检验,而在模型 1 和模型 2 中的当前期出口退税指标均通过了 5% 的显著性检验,为此可将模型 2 视为更加适合解析经济含义的模型。当前期和滞后一期的弹性系数分别为 0.188、0.159,显示当前期和滞后一期出口退税与外商投资企业投资额均存在互补关系,支持假设 6.1 和假设 6.2。

表6-4　　　　　　　　　　　不分区域的计量结果

	模型1	模型2	模型3
α	1.488	1.564	1.628
β_1	0.306 (0.000)	0.188 (0.024)	0.126 (0.160)
β_2		0.159 (0.055)	0.161 (0.155)
β_3			0.079 (0.395)
χ	**	**	**
η	**	**	**
$A-R^2$	0.880	0.877	0.873
P-value	0.000	0.000	0.000

注：括号内为P值。下同。

(二) 从地理区域看

关于东、中、西部地区的计量结果如表6-5所示。从东部地区看，模型4、模型5、模型6中所有指标均没有通过显著性检验，可认为东部地区的外商投资企业投资与出口退税基本无关，这在一定程度上可认为二者既无互补关系也无替代关系。从中部地区看，只有模型7的变量通过了显著性检验，且在模型8和模型9中也只有当前期变量通过了显著性检验，可认为滞后期的出口退税不适用于解释中部地区出口退税与外商投资企业投资之间的关系，因此，本节用模型7来表征中部地区二者的关系。从西部地区看，各模型结果与中部地区基本一致，滞后一期出口退税额的P值接近10%，基于前述设定可认为通过了显著性检验，进而可用模型11表征西部地区二者的内在关系。通过进行对比可知，中部地区当前期的出口退税对外商投资企业投资的影响大于西部地区，如西部地区为0.212，而中部地区为0.346，但滞后期出口退税的弹性系数也达到了0.181。如将模型11中的两个弹性系数简单相加，可得知二者之和大于中部地区的弹性系数。此外，如与不分区域的总体计量结果进行对比，发现不考虑滞后期影响的该值均比中部地区和西部地区小，这应该与东部地区出口退税未通过显著性检验有关。从前述提及的三个假设看，符合假设6.1和假设6.3，部分符合假设6.2，即通过检验的不同地理区域的出口退税与外商投资企业投资呈现出互补效应，且存在较为明显的区域差异性，仅有西部地区表现出一定程度的滞后效应。

表 6-5　　　　　　　　　三大地理区域的计量结果

	东部地区			中部地区			西部地区		
	模型 4	模型 5	模型 6	模型 7	模型 8	模型 9	模型 10	模型 11	模型 12
α	1.745	1.821	1.884	1.473	1.553	1.586	0.588	0.567	0.514
β_1	0.029 (0.637)	0.000 (0.994)	-0.085 (0.520)	0.346 (0.000)	0.358 (0.004)	0.307 (0.019)	0.390 (0.000)	0.212 (0.049)	0.191 (0.082)
β_2		0.055 (0.635)	0.031 (0.840)		0.027 (0.833)	0.147 (0.337)		0.181 (0.091)	0.001 (0.995)
β_3			0.134 (0.292)			-0.057 (0.665)			0.186 (0.158)
χ	**	**	**	**	**	**	**	**	**
η	**	**	**	**	**	**	**	**	**
$A-R^2$	0.778	0.757	0.735	0.723	0.717	0.704	0.879	0.879	0.879
P-value	0.000	0.000	0.000	0.000	0.000	0.000	0.000	0.000	0.000

（三）从发展水平区域看

基于前述界定的三大发展水平区域，将相关数据代入面板数据模型，得到不同发展水平区域的计量结果，如表6-6所示。从发达区域看，模型13、模型14、模型15中所有关于出口退税的指标均没有通过10%的显著性检验，可认为该区域的出口退税与外商投资企业投资的关联性不大。事实上，在中国经济发达区域，基础设施、发展生态均相对较好，外商投资企业选择在该区域投资，考虑更多的是获取经济和社会发展红利，而这会形成事实上的投资非均衡格局（袁子馨、尹诚明、肖光恩，2019），因此，在该区域进行投资的外商投资企业可能不会将出口退税作为最核心的考虑要素。从中等发达区域看，模型17和模型18中所有变量都没有通过显著性检验，而模型16通过了显著性检验，且弹性系数为0.148，进而可认为当前期出口退税与外商投资企业投资存在互补效应。从欠发达区域看，计量结果与中等发达区域基本相似，即仅考虑当前期出口退税的模型通过了显著性检验，且其弹性系数大于中等发达区域。从前述提及的三个假设看，符合假设 6.1 和假设 6.3，但不符合假设 6.2，即存在互补效应和区域差异，但不存在滞后效应。

对比表 6-5 和表 6-6 可知，东部地区和发达区域、中部地区和中等发达区域、西部地区和欠发达区域的计量结果相似，这应该与东部地区主要对应发达区域、中部地区主要对应中等发达区域、西部地区主要对应欠发达区域直接相关，即经济发展水平在中国存在显著的地理区域差异。出口退税对外商投资企业投资的滞后效应偏弱，主要体现在西部地区，且仅滞后一期存在显性的影响绩效。

表 6-6　　　　　　　　三大经济发展水平区域的计量结果

	发达区域			中等发达区域			欠发达区域		
	模型13	模型14	模型15	模型16	模型17	模型18	模型19	模型20	模型21
α	1.841	1.805	1.766	0.892	1.194	1.049	0.570	0.508	0.465
β_1	0.008 (0.921)	-0.026 (0.765)	0.045 (0.615)	0.148 (0.068)	0.093 (0.363)	0.110 (0.331)	0.167 (0.015)	0.206 (0.033)	0.217 (0.026)
β_2		-0.034 (0.680)	-0.112 (0.222)		0.072 (0.508)	0.044 (0.741)		-0.060 (0.527)	-0.141 (0.275)
β_3			-0.012 (0.890)			-0.050 (0.666)			0.127 (0.260)
χ	**	**	**	**	**	**	**	**	**
η	**	**	**	**	**	**	**	**	**
$A\text{-}R^2$	0.940	0.938	0.937	0.883	0.876	0.870	0.944	0.942	0.941
P-value	0.000	0.000	0.000	0.000	0.000	0.000	0.000	0.000	0.000

六　讨论

通过构建模型并提出相应假设，多维度实证分析了中国出口退税如何影响外商直接投资，结果表明基本符合研究假设，即出口退税对外商直接投资的影响总体上呈现出互补性、滞后性、地理与发展水平差异。但是，受制于研究数据等方面的制约，在三个方面还存在进一步深化的空间。

一是采取滞后多少期的出口退税值得商榷。出口退税会对企业出口产生直接影响，而出口又会显著影响外商直接投资，即出口退税对外商直接投资的冲击存在一个滞后的过程，因此，有必要将滞后期出口退税作为因变量来探讨对外商直接投资的影响。但是，在实证研究中，滞后变量的提出主要为尝试验证是否存在滞后的影响，即将之分为当前期和滞后期两个维度进行剖析，且在实证时依次调整当前期、滞后一期、滞后二期的出口退税变量，由此可淡化对最优滞后期选择的处理问题。

二是采取企业微观数据能较有效地探究出口退税对外商直接投资的影响。按照研究的初始设定，计划采取中国工业企业数据库和中国海关数据库的匹配数据，但在进行筛选后发现没有较系统的数据，且部分指标在两大数据库中无法获取，即数据库中有企业对外投资数据，但无外商直接投资数据。因此，在模型构建时基于相对宏观视角，即从区域视域展开剖析。为得到更精准的结果，如获取外商投资企业的出口退税和投资的微观数据，从企业视角进行异质性解析，但该切入点与本书的目标存在显性的不同，即从外向型经济视角分析其与外商投资企业的关联性。

三是从地理位置和经济发展水平视角剖析是否妥当。无论是出口退税还是外商直接投资，行业属性的影响是相当显著的（Anwar, et al., 2019），通常将之分为劳动密集型、资源密集型、资本密集型、技术密集型，其影响方向和大小存在相应的差异。但是，考虑到无法获取分行业属性的数据，进而导致该方面的研究无法深入展开。例如，从中国已公布的各类统计年鉴和公报来看，只能获取分区域的出口退税面板数据。

第二节 技术进口政策影响创新的实证分析

一 问题的提出

创新是中国应对国际环境严峻挑战的战略选择，也是构建经济发展新格局、避免陷入"中等收入陷阱"、促进经济高质量发展的内在诉求。技术进口是开放创新合作的重要方式，可有效组合利用全球先进技术提高创新效率，降低自主研发成本和创新风险，是发展中国家实现技术创新跨越的重要途径，且始终贯穿于中国式现代化建设的各个进程。

在中国处于全球价值链、全球产业链、全球供应链的低端锁定等既定事实背景下，通过技术进口促使国内制造业的技术水平实现协同推进。因此，有必要剖析技术进口对中国产业创新的影响。

关于进口与创新的关系，学者从多重视角进行了解析，通常认为进口会显性影响创新。Lu 和 Travis（2012）解析了中国南方的进口和渐进式创新的关联性，剖析了南方和北方的差异性。Liu 和 Rosell（2013）通过分类产品的企业数据发现，更高的进口渗透率会导致企业创新活力下降。Chen、Zhang 和 Zheng（2017）的实证研究结果表明，中国的中间品进口和出口均会提高进口企业的研发强度。Fernández 和 Gavilanes（2017）指出，国家创新体系的相对不足可能导致发展中国家的进口商不能有效利用国外的先进技术。Silva、Gomes 和 Lages（2019）分析了进口对工业企业产品创新的影响，发现生产进口一体化行为会显著影响生产过程中的创新。Liu 等（2021）剖析了进口竞争对中国企业创新的影响，研究结果表明其与熊彼特效应一致。Montégu、Pertuze 和 Calvo（2022）分析了进口对智利的技术创新和非技术创新的影响，发现进口会同时增强技术与非技术创新。谢红军等（2021）采取 2002—2016 年的微观数据，实证解析了鼓励关键设备进口对中国企业创新的影响，发现其提高了中国应用创新的价值，但不利于基础创新，且存在显著的行业属性差异。Shang 等（2022）分析了环境规制和进口贸易对中国绿色技术创新的影响及进口贸易的传导效应。

中间品对创新相当重要（Frietsch, Kroll, Jonkers, 2019），因此，部分学者研究了中间品进口对创新的影响。例如，李平和姜丽（2015）发现，中间品进口每增加 10 个百分点，中国技术创新将提升 1.6 个百分点；Liu 和 Qiu（2016）采取中国的企业专利数据分析了中间品输入与创新的内在联系；Ramírez-Alesón 和 Fernández-Olmos（2021）分析了考虑产品和工艺创新的西班牙企业中间品进口对创新的影响；邓靖（2021）通过实证研究发现，"一带一路"倡议在增加中间品进口的同时提高了中国的创新能力；Ramírez-Alesón 和 Fernández-Olmos（2021）探讨了西班牙不同类型创新来源对不同中间投入进口强度的重要性；Mazzi 和 Foster-McGregor（2021）剖析了巴西国内技术能力如何影响企业进口产品投入和出口绩效之间的关系；Song、Hao 和

Zheng（2022）分析了中国中间品进口、自主创新和出口复杂性之间的关联性。

技术引进会显性影响创新，且技术引进在一定程度上会促进创新。例如，Lee（2020）探讨了研发投入和中间投入贸易对生产率增长的影响，结果表明，研发、自由贸易等的提高会增强技术的溢出效应。Lu 等（2021）研究了开放式创新的广度和深度与中国中小企业创新的关系，发现开放式创新的广度和深度与中小企业创新绩效均呈现出正相关关系。Asunka 等（2022）基于 20 个国家 1994—2018 年的数据，分析了研发投资形成的自主创新对经济增长的影响，发现 FDI 对创新产出和自主创新具有短期和长期的因果效应。

然而对技术引进和创新的关系，已有研究形成了三种观点。一是认为二者是互补的，如 Kim 和 Stewart（1993），周新苗和唐绍祥（2011），唐未兵、傅元海和王展祥（2014）。二是认为二者是不确定的，如康志勇（2015）、肖利平和谢丹阳（2016）、Liu（2019），且部分学者认为二者存在 U 形关系（Yu，et al.，2019）。三是认为二者是替代性的，如刘焕鹏和严太华（2014）。此外，部分学者解析了地区的影响差异，例如，Dai 和 Chen（2016）实证分析了中国高新技术产业的技术进口和创新能力的关系，发现技术引进的影响在中部地区和西部地区不显著，而在东部地区呈现出显著的影响。Reid（2019）认为，中国的技术引进对创新的影响存在显著的区域差异。Kishi 和 Okada（2021）通过构建国际贸易模型来解析技术扩散和创新对企业生产率的影响，理论结果表明，创新频率高的经济体的贸易福利收益小于创新频率低的经济体。

通过技术进口来实现国内技术的升级换代，是中国改革开放实施"市场换技术"战略的重要着力点，以期通过技术进口产生的刺激效应促使国内行业或企业的技术水平实现协同推进。学者对关于技术进口如何影响产业创新进行了大量研究，技术进口发挥绩效与其他技术消化的举措产生直接关联，如技术吸收、技术改造，而相关研究均没有对此进行剖析，进而有必要综合考虑技术进口政策与其他类型技术支出举措的联动作用。因此，本节基于技术支出视角，在构建技术进口影响创新的理论模型基础上，从多维度展开实证分析。

二 模型说明

关于技术进口对产业创新的影响,因采取的数据、指标和模型不同,就其影响绩效的测评存在不同的效果。《中国科技统计年鉴》将技术支出分为引进技术支出、消化吸收技术支出、国内技术使用支出、技术改造支出四类。人力资本是影响创新的核心因素(Sun, Li, Ghosal, 2020),因此,本节从研发人员视角出发分析影响产业创新的因素,如研发人员投入强度、研发质量等。结合前述研究,为分析技术进口对产业创新的影响,本节以产业创新为被解释变量,以技术进口及相关交互项为核心解释变量,以研发人员投入、研发质量等为控制变量,同时兼顾时间虚拟变量的影响,构建了分析技术进口影响产业创新的基本计量模型,即:

$$\ln CX_{it} = \alpha + \beta_1 \cdot \ln JJQ_{it} + \beta_2 \cdot \ln JJQ_{it} \cdot \ln XXQ_{it} + \beta_3 \cdot \ln JJQ_{it} \cdot \ln JIQ_{it} + \beta_4 \cdot \ln JJQ_{it} \cdot \ln JGQ_{it} + \delta \cdot \ln RPQ_{it} + \varphi \cdot \ln RQU_{it} + \varphi \cdot DUM_{it} + \varepsilon_{it}$$

(6-2)

其中,CX、JJQ、$JJQ \cdot XXQ$、$JJQ \cdot JIQ$、$JJQ \cdot JGQ$、RPQ、RQU、DUM 分别表示技术创新水平、引进技术强度、引进技术强度与消化吸收技术强度交互项、引进技术强度与国内技术使用强度交互项、引进技术强度与技术改造强度交互项、研发人员投入强度、研发质量、时间效应。ε_{it} 是随机误差项。除时间效应外,其他计量得出的系数均为弹性系数。系数 β_1、β_2、β_3、β_4 为本节关注的核心系数,用以表征技术进口支出及其与消化吸收技术支出、国内技术使用支出、技术改造支出的交互项对产业创新的影响。

引进技术与其他三项的交互项,首先会与消化吸收技术产生关联,在消化过程中逐渐与国内技术实现有效或同向融合,最终会影响到产品的技术改造。为此,在实证分析时,拟采取"引进技术—消化吸收技术—国内联动—技术改造"的范式来研究技术引进的梯度影响,即在实证分析时按顺序逐渐增加交叉项的个数。在随后的计量分析中,所有模型均充分考虑虚拟变量的影响,但在输出结果时仅考虑截距项和核心变量,即不输出虚拟变量的具体影响值,以此凸显核心变量的影响绩效。鉴于核心变量均与创新经费投入有关,进而在分析其对企业技术创新的影响时,采取了与本章第一节不同的内容设计,即不提出相应假设。

三 数据来源与指标说明

(一) 数据来源与说明

研究选取的数据主要来自《中国科技统计年鉴》和《中国统计年鉴》。经对比后发现，2010 年后《中国科技统计年鉴》的统计口径变化较大，由此将研究时间设为 2011—2019 年，选取的样本（指标）为历年规模以上（以下简称规上）工业企业（或制造企业）的数据。现对所需的数据进行相应的处理与说明。

第一，由于《中国科技统计年鉴》在 2017 年及以后没有统计主营业务收入指标，本节采取如下处理方式：在《中国统计年鉴》中，在"按行业分规模以上工业企业主要经济指标"一栏中有"营业收入"指标，用该指标代替 2017 年及以后各行业的"主营业务收入"，不会产生系统性的偏差；鉴于没有各区域的规上工业企业的主营业务收入指标，2017 年及以后的相关数据用分地区的第二产业 GDP 替代。通常认为，采取工业 GDP 指标的效果更好，在 2019 年《中国统计年鉴》中没有该指标，但在 2018 年和 2020 年《中国统计年鉴》中有该指标，为确保 2017—2019 年的数据一致，以第二产业 GDP 为衡量指标。诚然，GDP 指标与区域产业的主营业务收入不是同一个类型的指标，但二者呈现出同样的变化趋势，进而可采取这种相对简单的替代方法，这对于计量结果不会产生较大的影响或差异。

第二，考虑到海南、西藏、青海在 2011—2019 年的引进技术经费支出数据在《中国科技统计年鉴》中存在较多年份的缺失，如海南在 2016—2019 年，西藏在 2011—2019 年，青海在 2014—2015 年、2017—2019 年的数据缺失，故将这三个省份剔除。基于与本章第一节相似的三类地区分法，界定东部地区包括北京、天津、辽宁、河北、上海、江苏、浙江、福建、山东、广东 10 个省份，中部地区包括吉林、黑龙江、山西、安徽、江西、河南、湖北、湖南 8 个省份，西部地区包括内蒙古、广西、重庆、四川、贵州、云南、陕西、甘肃、宁夏、新疆 10 个省份。需要说明的是，关于分区域的相关数据，不涉及细分行业，即无论是在《中国科技统计年鉴》还是在《中国统计年鉴》中，均将分区域和分行业的统计数据单独列出。

第三，鉴于在 2012—2020 年《中国科技统计年鉴》中，有工业企业的相关统计数据，但在不同年份的年鉴中，其行业类别的划分出现了一定的差异性。例如，在 2012 年《中国科技统计年鉴》中没有列出汽车制造业，但在 2013—2020 年《中国科技统计年鉴》中均统计了汽车制造业。为便于筛选出用于研究的行业，本节采取以下处理举措：一是考虑到引进技术支出是研究需要的核心指标，凡是该指标在 2011—2019 年出现过缺失的行业均剔除。鉴于石油和天然气开采业在 2012—2019 年，黑色金属矿采选业在 2015—2016 年和 2017—2019 年，有色金属矿采选业在 2013 年和 2018—2019 年，非金属矿采选业在 2017 年（2016 年和 2018 年的引进技术支出也仅分别为 1 万元和 29 万元），汽车制造业在 2011 年，金属制品、机械和设备修理业在 2011 年均出现了缺失，故不将这些行业纳入后续关于行业的分析范畴中。二是技术创新和技术引进应该更多地体现在制造业方面，因而将工业企业中的非制造业剔除，包括煤炭开采和洗选业，电力、热力生产和供应业，燃气生产和供应业，水生产和供应业。三是考虑到后续是研究不同属性的制造业技术引进对产业创新的差异，进而有必要将未分类的"其他制造业"剔除，原因在于这类制造业的属性指向不明。基于上述三个步骤的操作，得到 2011—2019 年 27 个制造行业的面板数据。

第四，将中国制造业分为劳动密集型、资源密集型、资本密集型、技术密集型四类。需要着重指出的是，在第七章也按照不同属性对制造业进行了分类，但由于其数据来源是中国工业企业数据库的微观数据，此处采取的是《中国科技统计年鉴》和《中国统计年鉴》的宏观和中观数据，其在统计口径或提法上存在一定的差异性，因此，需要对不同属性的制造业进行重新界定。考虑到制造业可能出现了相应的变化，参考 Li 等（2021）的分类，将之分为四类，其中，劳动密集型包括农副食品加工业，纺织业，纺织服装、服饰业，食品制造业，皮革、毛皮、羽毛及其制品和制鞋业，家具制造业，木材加工和木、竹、藤、棕、草制品业，文教、工美、体育和娱乐用品制造业 8 个行业；资源密集型包括酒、饮料和精制茶制造业，造纸和纸制品业，烟草制品业，非金属矿物制品业，石油加工、炼焦和核燃料加工业，有色金属冶炼和压延加工业，黑色金属冶炼和压延加工业，金属制品业 8 个行业；资本密集型包括印刷和记录媒介复制业，通用设备制造业，橡胶和塑料制品业，专用设备制造业，电气机械和器材制造业，铁路、船舶、航空航天和其他运输设备制造业 6 个行业；技术密集型包括化学原料和化学制品制造业，化学纤维制造业，医药制造业，仪器仪表制造业，计算机、通信和其他电子设备制造业 5 个行业。

第五，对于部分缺失的数据，用简单加权平均值处理。例如，对于甘肃缺失 2017—2019 年、宁夏和新疆缺失 2019 年的消化吸收技术支出数值，采取这种方法计算得出。

（二）指标说明

在《中国科技统计年鉴》和《中国统计年鉴》中，部分指标的单位存在差异。如主营收入、创新等指标，在《中国科技统计年鉴》中通常为万元；而在《中国统计年鉴》中，营业收入等指标的单位通常为亿元。但是，考虑到均以人民币标价，各指标均为相对指标，即以比值的形式出现。因此，如采取相同或相似的指标，在不同年鉴中计量单位的差异不会对后续的研究结果产生显著影响。现对研究使用的指标进行说明。

第一，被解释变量为技术创新水平。通常情况下，区域或产业（企业）的创新水平或能力可用新产品水平的相关指标衡量，如新产品价值等（Zerenler, et al., 2008；董晓芳、袁燕，2014；李想、徐艳梅，2019）。在《中国科技统计年鉴》中，在"主营业务收入"中列出了"新产品收入"，因此，用新产品收入代表新产品产值。然而，新产品收入本身并不能有效地反映技术创新水平，此时用（新产品收入/主营业务收入×100）取对数表示。需要说明的是，2017—2019 年，由于部分数据取自《中国统计年鉴》，用相应的替代指标计算得出技术创新水平，但在指标说明部分不再单独进行阐述。

第二，核心变量为引进技术强度、引进技术强度与消化吸收技术强度交互项、引进技术强度与国内技术使用强度交互项、引进技术强度与技术改造强度交互项。为与技术创新水平相配位，对上述四个核心指标均采取取对数的做法。在《中国科技统计年鉴》中，在"规上工业企业技术获取和技术改造"中，将之分为引进技术经费支出、消化吸收技术支出、购买境内技术经费支出、技术改造经费支出。因此，用（国外技术引进经费支出/主营业务收入×1000）取对数、（消化吸收技术支出/主营业务收入×1000）取对数、（购买境内技术经费支出/主营业务收入×1000）取对数、（技术改造经费支出/主营业务收入×1000）取对数，分别表示引进技术强度、引进技术强度与消化吸收技术强度交互项、引进技术强度与国内技术使用强度交互项、引进技术强度与技术改造强度交互项。将各相关值×1000的原因在于，上述四种经费支出与主营业务支出的比值均相对较小，故将之适当放大。

第三，控制变量。研发人员投入强度从R&D人员全时当量与R&D人员比值视角切入，研发质量从新产品产值与R&D人员比值视角进行分析。此外，考虑到2017—2019年的部分数据取自《中国统计年鉴》，可能出现第二产业GDP的数值与规上企业主营业务收入存在相应差异的事实，为调控这种指标处理造成的系统性差异，设置虚拟变量DUM。当研究时间段为2011—2016年时，DUM取值为0；当研究时间段为2017—2019年时，DUM取值为1。

关于指标的详细描述如表6-7所示。

表6-7　　　　　　　　　　　　指标说明

变量分类	符号	含义	测度方法
被解释变量	CX	技术创新水平	新产品产值/主营业务收入×100
核心变量	JJQ	引进技术强度	国外技术引进经费支出/主营业务收入×1000
	JJQ×XXQ	引进技术强度与消化吸收技术强度交互项	技术进口强度×消化吸收技术强度。其中，消化吸收技术强度为消化吸收技术支出/主营业务收入×1000
	JJQ×JIQ	引进技术强度与国内技术使用强度交互项	技术进口强度×国内技术使用强度。其中，国内技术使用强度为购买国内技术经费支出/主营业务收入×1000
	JJQ×JGQ	引进技术强度与技术改造强度交互项	技术进口强度×技术改造强度。其中，技术改造强度为技术改造经费支出/主营业务收入×1000
控制变量	RPQ	研发人员投入强度	R&D人员全时当量/R&D人员×10
	RQU	研发质量	新产品产值/R&D人员，单位为百万元/人
	DUM	时间效应	在2011—2016年取0，在2017—2019年取1

四　描述性分析

基于本节提及的两种口径，形成按区域划分的全国、东部地区、中部地区、西部地区的相关数据，按产业类型划分的全国、劳动密集型、资源密集型、资本密集型、技术密集型的相关数据。需要说明的是，按区域划分是基于工业视角，而按产业类型划分是基于制造业视角，进而导致二者存在关联但又有一定的差异性。考虑到本节研究的核心自变量为引进技术强度，因变量为技术创新水平，进而仅对以上两个指标进行描述性分析。为与前后的分析视角保持一致，从均值和变异系数两个方面展开，如表 6-8 和表 6-9 所示。

从技术创新水平看。首先，从区域看，东部地区的均值大于中部地区且中部地区大于西部地区，即东部地区>中部地区>西部地区，且东部地区和中部地区的技术创新水平呈现出提高态势，而西部地区的发展趋势不明显（从 2011 年、2013 年、2015 年的数据看）。但是，2017 年及以后的均值明显偏大，这应该与前述提及的数据来源存在差异相关（2017 年后采用了《中国统计年鉴》的部分数据）。西部地区的变异系数在历年均比东部地区和中部地区要小，可认为西部地区各省份的技术创新水平差异最小，然后为中部地区，而东部地区各省份的内部差异最大。其次，从行业看，全国的技术创新水平提高趋势明显，由 2011 年的 11.54 稳步提高到 2019 年的 18.98，可认为中国制造业的技术创新水平逐渐提高。但是，不同属性的制造业差异明显，总体上表现为技术密集型>资本密集型>资源密集型>劳动密集型，且技术密集型制造业的技术创新水平历年均为劳动密集型制造业的 3 倍左右。不同属性的制造业，其变化趋势也呈现出显性的分化，如在 2011—2019 年，技术密集型、资源密集型、劳动密集型的技术创新水平增加了 1 倍左右。但是，资本密集型制造业的技术创新水平在观察期的变化相对不大，即处于相对稳定的发展势态。从变异系数看，劳动密集型、资源密集型、资本密集型相差不大且通常为 2.00 左右（2013 年的资源密集型为 3.31，存在较明显的扰动），而技术密集型为 3.00 左右，可认为技术密集型制造业技术创新水平的产业之间差异较大。最后，由于分区域和分产业类型是两个完全不同的视角，但二者之间应该存在一定程度的关联性，如通常可认为东部地区以集约型（含资本密集型和技术密集型）制造业为主，而中部地区和西部地区以粗放型（含劳动密集型和资源密集型）制造业为主。可知，集约型制造业的技术创新能力明显强于粗放型制造业，东部地区的技术创新能力明显强于中部地区与西部地区，这也契合了中国区域创新能力差异明显的既定事实（Li，2009；Chen and Guan，2011）。

表6-8　各区域和各产业类型技术创新水平的均值与变异系数

	均值					变异系数				
	2011年	2013年	2015年	2017年	2019年	2011年	2013年	2015年	2017年	2019年
全国平均（区域）	10.72	10.57	11.46	43.01	45.88	1.68	1.67	1.63	1.54	1.64
东部地区	14.49	15.43	16.33	65.37	70.05	2.41	2.43	2.30	2.33	2.64
中部地区	9.20	8.79	10.14	41.40	45.68	2.05	1.72	1.79	2.34	2.60
西部地区	8.18	7.14	7.64	21.92	21.86	1.21	1.72	1.44	1.41	2.12
全国平均（行业）	11.54	12.40	13.09	15.45	18.98	1.44	1.60	1.57	1.72	1.68
劳动密集型	5.52	7.92	9.02	10.58	9.68	2.32	1.51	2.01	2.04	1.92
资源密集型	8.88	8.42	10.80	13.50	19.26	1.47	3.31	1.57	1.94	2.40
资本密集型	17.03	16.93	11.51	13.92	16.41	1.88	1.90	2.56	2.43	2.14
技术密集型	18.86	20.50	25.17	28.19	36.50	2.87	2.98	2.82	2.97	6.07

从引进技术强度看。首先，从区域看，全国平均值增加明显，由2011年的0.57增加到2019年的1.47，可认为中国各区域的工业，尤其是制造业加大了技术引进的力度，以助推产业结构优化调整与转型升级（傅元海、林剑威，2021）。东部地区的引进技术强度显著高于中部地区和西部地区，且不同区域的差距呈现出拉大的趋势，特别是对西部地区而言，西部地区在2019年仅为0.33，而东部地区则高达2.41。若仅从变异系数这一指标看，全国呈现出缩小的趋势，表明中国各省份均更加注重技术引进，但也存在一定的差异性，即总体上东部地区和中部地区的变异系数要大于西部地区。其次，从分行业看，全国制造业引进技术强度的均值呈现出相对缩小的趋势，由2011年的0.46分别减少到2017年和2019年的0.15和0.20，这与全国各区域的均值进行对比，可看出差异较为明显。究其原因，可能与探究全国各区域时使用的是规上工业企业数据，而从行业解析时使用的是制造业数据有关，即与非制

造业的规上工业企业可能在近年加大了技术引进直接相关，但制造业的技术引进额并没有随之增加，而是出现了相对减少的势态。换言之，在中国处于经济发展新常态和"双循环"新发展格局的形势下，企业并没有相应地加大技术引进力度，这可能会成为中国制造业难以实现稳健转型的重要钳制，但也可能与中国技术提升与技术引进呈现出一定程度的替代性有关（林青宁、毛世平，2022）。从不同类型的制造业看，无论是哪种类型均呈现出引进技术强度下滑的趋势，特别是劳动密集型、资源密集型、资本密集型的引进技术强度在 2017 年分别仅为 0.10、0.09、0.15。从变异系数看，劳动密集型、资源密集型、资本密集型近年均基本保持在 1.00 左右，且技术密集型也呈现出下降的趋势。最后，对不同分类的两个视角进行对比可知，从区域视角分析的变异系数总体上要小于从不同类别制造业视角解析的变异系数，可认为相较于分产业类型，从分区域视角剖析的引进技术强度的内部差异更小，这与不同类型制造业的技术进口水平差异明显，而同一区域（按三大区域划分）存在不同类型制造业，进而可能会相对减少这种落差。

表 6-9　各区域和各产业类型引进技术强度的均值与变异系数

	均值					变异系数				
	2011 年	2013 年	2015 年	2017 年	2019 年	2011 年	2013 年	2015 年	2017 年	2019 年
全国平均（区域）	0.57	0.42	0.62	1.16	1.47	1.11	0.74	0.50	0.54	0.44
东部地区	0.77	0.66	0.53	2.28	2.41	1.29	0.87	0.94	0.72	0.58
中部地区	0.28	0.17	0.33	0.49	1.71	2.35	1.52	0.87	1.62	0.42
西部地区	0.60	0.38	0.21	0.56	0.33	1.09	0.72	0.47	0.46	0.79
全国平均（行业）	0.46	0.25	0.21	0.15	0.20	1.18	1.25	1.11	1.03	0.68
劳动密集型	0.22	0.12	0.14	0.10	0.13	0.67	0.88	0.92	0.96	0.49
资源密集型	0.37	0.16	0.18	0.09	0.11	1.41	1.01	1.03	1.23	1.10
资本密集型	0.75	0.40	0.16	0.15	0.15	1.43	1.89	0.91	0.91	0.95
技术密集型	0.64	0.43	0.41	0.32	0.53	2.96	4.07	2.42	1.93	1.08

五 计量结果分析

采取面板数据模型并使用 E-views7.2 进行计量分析,研究的时间段为 2011—2019 年。考虑到采取了时间效应虚拟变量,经过对比分析发现,混合估计模型的计量效果更好。为此,采取混合估计模型进行后续的实证分析,同时采取最小二乘法(OLS)。在具体实证时,本节采取的具体界定方式包括五个方面。一是为凸显引进技术强度对技术创新的影响,不报告控制变量的影响;二是若采取全国样本(从分区域和分产业类型两个视角)的控制变量通过了 10% 的显著性检验,则用"**"表示使用了这些变量,同时在后续的分类实证中,不考虑这些控制变量是否通过了显著性检验;三是对核心指标进行判断时,以 10% 作为显著性水平的判断标准;四是以引进技术强度作为最核心的指标,将该指标是否通过检验作为选择模型的基本准则,只有当引进技术强度指标没通过检验时,才考虑分析其与相关指标的交互项;五是在核心指标通过检验的基础上,选择通过检验指标相对较多的方程作为后续分析的模型。

(一)分区域

从分区域的全国规上工业企业数据看,所有核心变量和控制变量均通过了显著性检验。为此,在分区域的计量中,均选择使用这些控制变量。关于分区域的计量结果,如表 6-10 表示。

从不分区域的结果看,引进技术强度增加会显著提高企业的技术创新水平,且施加了交互项后的影响效果更强。为此,用模型 4 来解析不分区域的影响效果。从模型 4 可知,引进技术强度会正向影响中国的技术创新水平,其系数达到 0.359,但交互项的影响存在差异,如与消化吸收技术强度交互项为正向影响,而与国内技术使用强度和技术改造强度的交互项为负向影响。因此,在注重技术进口的背景下,中国既有的国内技术使用和投入技术改造的经费增加并没有有效提高国内的技术创新水平,即技术进口(引进)可能会产生相应的挤压效应(田晖、程倩、李文玉,2021)。事实上,国内技术水平提高会减少对国外技术进口的依赖(Zhang,2020),从而导致技术进口可能与国内技术提升(表现为企业投入使用国内技术的支出增加)呈现出负向关系。

第六章 中国贸易政策影响产业发展的实证分析 / 119

表6-10 技术进口影响技术创新的分区域计量结果

		全国				东部地区				中部地区				西部地区		
	模型1	模型2	模型3	模型4	模型5	模型6	模型7	模型8	模型9	模型10	模型11	模型12	模型13	模型14	模型15	模型16
α	2.858	2.735	2.077	2.252	-5.402	-5.387	-5.340	-5.496	-0.330	-0.330	-0.396	1.758	2.989	3.076	2.910	3.314
β_1	0.179 (0.000)	0.324 (0.000)	0.220 (0.000)	0.359 (0.000)	-0021 (0.453)	-0.068 (0.052)	-0.068 (0.053)	-0.323 (0.010)	0.054 (0.194)	0.030 (0.703)	0.025 (0.744)	0.497 (0.002)	0.087 (0.000)	0.183 (0.000)	0.136 (0.006)	0.275 (0.000)
β_2		0.041 (0.000)	0.052 (0.000)	0.044 (0.000)		-0.027 (0.029)	-0.026 (0.110)	-0.037 (0.030)		-0.006 (0.713)	0.001 (0.961)	0.032 (0.106)		0.021 (0.008)	0.022 (0.006)	0.010 (0.195)
β_3			-0.081 (0.000)	-0.060 (0.001)			-0.002 (0.928)	-0.046 (0.094)			-0.021 (0.272)	0.049 (0.072)			-0.025 (0.060)	-0.014 (0.275)
β_4				-0.068 (0.014)				0.116 (0.034)				-0.158 (0.001)				-0.078 (0.004)
δ	**	**	**	**	**	**	**	**	**	**	**	**	**	**	**	**
φ	**	**	**	**	**	**	**	**	**	**	**	**	**	**	**	**
ψ	**	**	**	**	**	**	**	**	**	**	**	**	**	**	**	**
A-R^2	0.527	0.554	0.598	0.606	0.928	0.932	0.931	0.934	0.860	0.858	0.859	0.879	0.768	0.784	0.791	0.818
P-value	0.000	0.000	0.000	0.000	0.000	0.000	0.000	0.000	0.000	0.000	0.000	0.000	0.000	0.000	0.000	0.000

从不同区域看,综合对比东部地区的模型 5 至模型 8、中部地区的模型 9 至模型 12、西部地区的模型 13 至模型 16,发现模型 8 的 4 个核心变量均通过了显著性检验、模型 12 和模型 15 的 3 个核心变量通过了显著性检验(在模型 12 中,与消化吸收技术强度交互项的 P 值为 0.106,也可认为基本通过了 10% 的显著性检验),同时,调整后的相关系数总体较好,由此可将上述三个模型分别用以分析东部地区、中部地区、西部地区的技术进口影响技术创新的计量模型,即可用于解析其表达的经济含义。模型 8 显示,东部地区的技术进口不利于区域企业提升技术创新水平,且与消化吸收技术强度交互项、国内技术使用强度交互项的系数均为负数,这可能与东部地区的自主研发水平明显强于中西部地区,进而导致更加重视使用国内技术来提升产业创新能力存在直接关联。技术进口对中部地区和西部地区的技术创新影响效果相似,但对中部地区的影响绩效更大,中部地区和西部地区的系数分别为 0.497 和 0.136,这从侧面也可认为中部地区技术的创新能力提升导致经济发展提速需要更多关注技术引进的影响,即应该实施更加积极的技术进口鼓励(刺激)举措。此外,无论从哪个区域看,引进技术强度和其与消化吸收技术强度交互项均为同向变化,即使引进技术强度在东部地区的影响为负数,也可认为消化吸收技术强度增加有助于中国企业技术创新能力的提升,但其他两个交互项的影响存在明显的区域差异性。

(二)分行业

将制造业分为劳动密集型、资源密集型、资本密集型、技术密集型四种类型,同时不分产业类型(总体考究),即从五个维度就技术进口影响技术创新进行实证分析,如表 6-11 和表 6-12 所示。

表 6-11　　技术进口影响技术创新的总体计量结果(产业类型)

	不分产业类型			
	模型 17	模型 18	模型 19	模型 20
α	-2.819	-2.869	-3.052	-3.230
β_1	0.275 (0.000)	0.263 (0.000)	0.198 (0.000)	0.251 (0.001)

续表

	不分产业类型			
	模型 17	模型 18	模型 19	模型 20
β_2		-0.002 (0.736)	0.013 (0.109)	0.018 (0.058)
β_3			-0.037 (0.005)	-0.027 (0.117)
β_4				-0.023 (0.304)
δ	**	**	**	**
φ	**	**	**	**
ψ	**	**	**	**
A-R^2	0.575	0.574	0.586	0.586
P-value	0.000	0.000	0.000	0.000

表 6-12　技术进口影响技术创新的分产业类型计量结果

	劳动密集型				资源密集型			
	模型 21	模型 22	模型 23	模型 24	模型 25	模型 26	模型 27	模型 28
α	-0.268	-0.720	-1.168	-1.528	-0.699	-0.607	-0.213	0.090
β_1	0.153 (0.000)	-0.022 (0.717)	-0.063 (0.390)	0.069 (0.563)	0.144 (0.002)	0.119 (0.308)	0.042 (0.723)	-0.085 (0.542)
β_2		-0.024 (0.001)	-0.013 (0.300)	-0.007 (0.614)		-0.004 (0.814)	0.010 (0.611)	-0.004 (0.849)
β_3			-0.026 (0.315)	0.009 (0.800)			-0.036 (0.035)	-0.057 (0.007)
β_4				-0.049 (0.164)				0.077 (0.090)
δ	**	**	**	**	**	**	**	**
φ	**	**	**	**	**	**	**	**
ψ	**	**	**	**	**	**	**	**
A-R^2	0.472	0.547	0.547	0.554	0.512	0.505	0.531	0.545
P-value	0.000	0.000	0.000	0.000	0.000	0.000	0.000	0.000

续表

	资本密集型				技术密集型			
	模型 29	模型 30	模型 31	模型 32	模型 33	模型 34	模型 35	模型 36
α	0.278	0.497	-0.523	-0.821	-1.210	-0.938	-0.467	4.012
β_1	0.258 (0.000)	0.550 (0.000)	0.577 (0.000)	0.635 (0.001)	0.162 (0.074)	0.260 (0.212)	0.229 (0.292)	-0.657 (0.094)
β_2		0.074 (0.000)	0.073 (0.000)	0.073 (0.000)		0.034 (0.598)	0.045 (0.503)	-0.000 (0.994)
β_3			0.010 (0.799)	0.028 (0.602)			-0.045 (0.569)	-0.236 (0.025)
β_4				-0.027 (0.614)				0.536 (0.010)
δ	**	**	**	**	**	**	**	**
φ	**	**	**	**	**	**	**	**
ψ	**	**	**	**	**	**	**	**
$A-R^2$	0.562	0.670	0.663	0.658	0.413	0.403	0.392	0.480
P-value	0.000	0.000	0.000	0.000	0.000	0.000	0.000	0.000

从不分产业类型看，模型19的2个变量通过了1%的显著性检验，1个变量基本通过了10%的显著性检验（P值为0.109），而模型18和模型20分别有1、2个变量没通过检验，因此，用模型19来表征不分产业类型的技术进口影响技术创新的绩效。由此可知，技术进口有利于提升中国制造业的技术创新能力，且引进技术强度与消化吸收技术强度交互项的影响为正，但引进技术强度与国内技术使用强度交互项的影响为负。

考虑到研究关注的首要因素为引进技术强度，若该变量没有通过稳健性检验，再剖析引进技术强度与相关交互项的影响，即将引进技术强度作为最重要的考虑指标。基于前述提及的计量筛选标准，分别以模型21、模型25、模型30、模型36作为衡量劳动密集型、资源密集型、资本密集型、技术密集型制造业的技术进口影响技术创新的计量模型。由计量结果可知，首先，在引进技术强度指标通过显著性检验的条件下，劳动密集型和资源密集型没有任何的交互项通过了稳健性检验，且两类制造业的影响系数基本相同，分别为0.153和0.144。其次，资本密集型的引进技术强度与消化吸收技术强度交互项通过了稳健性检验，而技术密集型的引进技术强度与国内技术使用强度和技术改造强度的交互项也均通过了稳健性检验。就引进技术强度对技术创新的影响而言，对资本密集型表现为正相关，但对技术密集型表现为负相关，且计量得出的系数均明显偏大，分别为 0.550 和 -0.657。最后，从交互项看，技术密集型制造业的引进技术强度与国内技术使用强度交互项与技术创新负相关，结合引进技术强度对技术密集型的影响，可认为国内技术使用强度提高能促进企业技术创新，即引进技术强度与国内技术使用强度对技术创新的影响存在一定程度的替代效应，这与 Liu、Hodgkinson 和 Chuang（2014）的研究结论基本一致。

从技术进口和国内技术创新的关系看，不分区域和产业类型的结果显示均为正相关，即二者存在互补关系，而分区域和分产业类型的结果均呈现出二者关系的相对不确定性，这印证了前述文献综述中提及的可能存在的二者关系相对不明确（Kishi and Okada，2021）。对比分区域和分产业类型的计量结果可知，分区域的结果明显优于分产业类型，即相应的多个核心变量，特别是交互项通过了显著性检验。东部地区和技术密集型产业的引进技术强度与技术创新负相关，中部地区、西部地区和其他类型产业的引进技术强度与技术创新正相关，这可能与东部地区经济发展水平更高且产业转型升级的速度与节奏明显强于中部地区和西部地区有关。

六 讨论

在构建理论模型时，技术支出的分类基于《中国科技统计年鉴》，即将之分为引进技术支出、消化吸收技术支出、国内技术使用支出、技术改造支出四类。考虑到该分类方法基于"规上工业企业技术获取和技术改造"栏目，此时，假定四类支出是相对独立的，即不会产生显性的自相关关系，这与中国在同一栏目中的数值划分存在相应标准直接相关。但是，如果获取的相关数据不是出自同一个年鉴（如《中国科技统计年鉴》），则由于统计口径和统计来源的差异，可能会造成技术支出分类的困难。此外，基于统计或研究的需要，技术支出分类标准在不同国家、不同区域、不同产业之间可能存在相应的差异（Chen，Gu，Luo，2022），这会对计量结果产生相应的影响。

在区域分类时,按照传统意义将之分为东部地区、中部地区、西部地区,但是技术进口影响创新更多是以经济发展水平为准则(Kishi and Okada,2021)。对不同发展水平区域的影响应该会存在显性的差异,而中国上述三大区域的划分没有体现这种经济发展水平的差异。例如,从经济发展水平看,东部地区既包括经济发达省份,也包括中等发达省份,在后续的研究中需要将中国按照经济发展水平进行区域分类并展开深入剖析。又如,即使按照行政区域划分,还存在东北地区、华东地区、华北地区、华中地区、华南地区、西南地区、西北地区七个区域的分类方法,而区域划分方法不同必然会导致计量结果出现相应差异。

关于本书给出的产业分类,将之分为资源密集型、劳动密集型、资本密集型、技术密集型四类,无论是学术层面还是政府制定举措层面,都不会存在明显的争议。但是,上述四类产业应该包括哪些具体产业(行业)没有达成一致的观点。此外,随着经济发展的不断推进,某个制造业具体行业也可能会出现要素密集度转换(张小蒂、曾可昕,2013),这更加大了有效分类的难度。

第七章 中国产业政策影响贸易发展的实证分析

贸易的形成源自产业发展到一定的阶段，因此，产业政策会从多重视角影响贸易的发展。补贴政策是各国为促进产业发展而采取的通行做法，无论是幼稚产业还是战略性新兴产业均是如此，而非全域性地实施选择性产业政策是各国（级）政府聚焦相关产业提升的通行做法，且出口创新水平和出口总量也应该成为研究贸易发展所需要关注的重要层面。因此，本章选定产业政策中的补贴政策和重点产业支持政策、贸易发展中的出口创新和出口额，并分别展开实证研究，以期为实证解析其他类型的产业政策如何影响贸易发展提供参考。

第一节 补贴产业政策影响出口创新的实证分析

一 问题的提出

在经济发展新常态、制造业转型升级关键期等背景下，2019年以来人均GDP超过1万美元彰显出中国进入了中等偏上收入国家行列，如何规避可能进入的"中等收入陷阱"，是中国各级政府需要面对的重要议题。改革开放以来，出口是中国经济发展的"三驾马车"之一，创新是经济社会发展的第一驱动力，进而有必要解析中国鼓励出口创新的举措，而补贴政策是产业政策的重要组成部分，特别是对制造业而言。为此，探究中国补贴政策对出口创新的影响就显得非常有必要。事实上，产业政策不仅会影响企业的长期绩效，也会影响经济增长和社会发展。例如，Choi 和 Levchenko（2021）的研究结果表明，"干中学"

(Learning by Doing) 的产业政策会增加22%—31%的社会福利。

学者从多维视角探讨了补贴政策对中国创新的影响。例如，杨洋、魏江和罗来军（2015）采取中国工业企业数据库的微观数据进行了实证研究，发现中国政府补贴更加有利于民营企业创新，市场扭曲程度越高区域的政府补贴对企业创新的影响越小。张杰等（2015）的实证研究发现，中国的政策创新补贴对中小企业的私人投资没有显著的拉动效应。Du 和 Mickiewicz（2016）基于中国的微观数据解析了补贴对企业绩效的异质性，发现私营、大型和老牌公司受到的影响最大，而新公司和小公司受到的影响明显偏小。Guo 等（2016）分析了政府创新基金对中国企业创新的影响，结果显示，两者存在明显的关联性。Yu 和 Wang（2018）的实证研究表明，政府补贴对中国创新的影响是单向的，且与创新的空间集聚效应的市场机制没有建立有效的联系。Hu 等（2019）实证解析了中国政府补贴与企业投资效率之间的关系，发现二者呈现出负向的关联。Bai 等（2019）探讨了政府研发补贴对中国能源密集型企业绿色创新的影响，发现政府研发补贴对国有企业的影响要强于中小企业。Li 等（2019）剖析了政府研发补贴对中国创新型企业获得银行融资的影响。丁重和邓可斌（2019）的实证研究结果表明，政府补贴能同时增加高新和非高新中小企业的创新产出。Sun 等（2020）实证研究了政府补贴对中国制造业上市企业研发决策的影响，发现政府补贴对非国有企业的研发决策具有显著的影响。Gao 等（2021）认为，研发补贴促进了企业的探索性创新。地方政府研发补贴的作用更显著。Liu 等（2021）利用中国 2010—2016 年上市企业的数据，研究了两种类型的政府研发补贴对创新的影响，发现与事后奖励相比，事前补贴能通过刺激私人研发投资对创新绩效产生更好的影响。张翅（2020）对中国农业上市公司的相关研究也支持了这一观点。宋砚秋等（2021）认为，创新补贴既可促进中国企业的创新产出数量，也能提升其创新产出质量。

也有学者对其他国家的补贴和创新的关系进行了相应的理论和实证研究。例如，Le 和 Jaffe（2017）分析了新西兰的研发补贴对创新的影响；González 和 Pazo（2008）采用匹配方法分析了西班牙制造业企业的公共补贴对私人研发支出的影响；Costa-Campi 等（2014）认为，补贴是西班牙能源行业创新和研发的重要驱动因素；Expósito 和 Sanchis-Llopis（2019）使用多维方法解析了不同类型创新对西班牙中小企业绩效的影响；Barbieri 等（2020）发现，公共基金和创新策略更有助于提升意大利中小企业的创新绩效；Bellucci 等（2019）以意大利两个补贴项目为例，实证研究了区域研究和创新政策对中小企业的影响；Bronzini 和 Piselli（2016）解析了意大利北部实施的研发补贴项目对企业创新的影响；Catozzella 和 Vivarelli（2016）使用微观数据实证解析了意大利公共基金对企业创新产出的影响；Cin、Kim 和 Vonortas（2017）剖析了公共研发补贴对韩国小企业生产率的影响；Choi 和 Lee（2017）实证解析了公共研发补贴对韩国制药行业私人研发投资的影响绩效；Engel 等（2019）分析了 Spitzencluster-Wettbewerb 这一种政府融资工具对德国企业研发支出的影响；Berrutti 和 Bianchi（2020）解析了乌拉圭公共资金对企业创新的影响，发现过程和组织创新中的行为外溢性会导致更高的生产率水平。

上述研究普遍认为，补贴政策对创新或企业创新有正向影响，其结论差异主要在于补贴政策对创新的影响程度和挤出效应大小，如 Choi 和 Lee（2017）发现，政府的研发补贴刺激不会排挤小型生物技术企业的私人研发活动。高质量出口是经济发展的发动机，这在全球化、逆全球化、"双循环"新发展格局等国内外环境变化背景下表现得尤为如此，而补贴政策对出口会产生相应的冲击。关于补贴政策和出口的关系，通常认为二者存在正相关或负相关（Wang，2014；Blonigen，2016；Wu，et al.，2019；田素华、王璇，2021）。例如，Lou 等（2020）评估了美国产业补贴政策对中国出口的溢出效应，发现补贴政策与中国的中高技术产品出口负相关，对资源型和低技术产品出口基本没有影响。

诸多学者从产业政策与出口创新的关系这一视角进行研究。Lu 等（2010）发现，国外关联出口商的生产率低于中国非出口商，并基于企业异质性模型进行了理论分析。Hsiao（2014）以生物医学产业为例，分析了创新资本与企业价值的互动关系。He 和 Zhu（2018）基于海关数据解析了中国出口产品目的地的演化状况，认为出口创新受区域产业多元化和路径依赖的影响。Suzigan 等（2020）指出，巴西和拉丁美洲产业政策失败的主要原因是无法促使企业出口创新行为实现持续性推进与提升。Andreoni 和 Tregenna（2020）对比分析了中国、巴西和南非在避免经济陷入"中等收入陷阱"时采取的产业政策。Hu 等（2021）分析了异质性环境规制对中国制造业出口技术复杂度的影响，指出加强环境保护是提高出口技术水平的关键。关于产业政策与企业出口创新问题，研究的主流观点集中在"产业政策促进论"与"产业政策抑制论"之争。持有"产业政策促进论"的学者认为，产业政策对企业的自主出口创新能力有促进作用（Yuan and Zhang, 2020; Liu and Li, 2021）；持有"产业政策抑制论"的学者认为，产业政策对企业的自主出口创新能力提升具有抑制作用（张杰、刘志彪和郑江淮, 2007; Handley and Limão, 2013；佟家栋、李胜旗, 2015）。

补贴政策是促进出口的重要工具，会对出口产生相应的影响。然而，关于补贴政策对出口创新影响的相关研究较少，但相关文献为如何解析补贴政策与出口创新的关系提供了有益的探索。为此，本节在构建相关模型的基础上，提出研究假设，并以中国为例实证解析补贴对出口创新的影响。

二 模型说明与研究假设

（一）模型说明

现有研究通常考虑补贴政策如何影响企业出口创新（Gao, et al., 2021），而较少考虑不同的政策交互项的影响。然而，研究结果表明，中国的补贴政策与企业规模存在内在关联（Chege, et al., 2020），且投资（特别是长期投资）也会对企业的创新能力产生直接的影响（Dai and Zhao, 2021）。为此，本节将补贴政策与长期投资和企业规模的交互项作为核心解释变量，兼顾企业持续经营时间、固定资产比重等因素的影响，构建补贴产业政策对企业出口创新影响的基本计量模型，即：

$$\text{Innov}_{it} = \alpha + \beta_1 \cdot \text{Sub}_{it} + \beta_2 \cdot \text{Sub}_{it} \cdot \text{Inv}_{it} + \beta_3 \cdot \text{Sub}_{it} \cdot \text{Size}_{it} + \chi \cdot \text{Age}_{it} + \delta \cdot \text{Fix}_{it} + \gamma_i + \gamma_t + \varepsilon_{it} \quad (7-1)$$

其中，Innov、Sub、$\text{Sub} \cdot \text{Inv}$、$\text{Sub} \cdot \text{Size}$、$\text{Age}$、$\text{Fix}$ 分别表示出口创新度、政策支持度、政策支持度和长期投资交互项、政策支持度和企业规模交互项、企业持续经营时间、固定资产比值；γ_i 是企业固定效应，表示与特定企业相关的未观察因素，用以控制企业不被观察到的、不依时间变化的差异性；γ_t 是年份固定效应，用以控制企业共同面临的宏观经济形势变化；ε_{it} 是随机误差项。

(二) 研究假设

中国企业总体表现为粗放型发展模式，因此，企业获得的补贴收入可能更多地用于扩大出口规模，而这可能会挤压高新技术产品出口，导致补贴比例越来越高和高新技术产品出口份额越来越小并存的困境。进一步地，对企业进行适度补贴而带来出口量增加的同时，可能不会有效提升出口创新水平。补贴会同时作用于非创新活动和创新活动，且会对创新活动产生明显的刺激作用。诚然，补贴产业政策对出口创新存在一定程度的挤出效应，即陷入"低加成率陷阱"（诸竹君，黄先海，2020；Dai, et al., 2018；Xu, 2019），但不会改变补贴政策对出口创新的影响方向。因此，给出假设 7.1：出口创新与补贴产业政策正相关。

化解过剩产能和落后产能是中国制造业转型升级的重大难题，而由此造成的企业产能利用率变动与要素市场扭曲会导致经济产生波动和相对无效的生产率（程俊杰、刘志彪，2015；Hu, et al., 2020；Dai and Zhao, 2021），进而不利于中国"制造强国"目标的实现。产能的提升需要以投资为要素，在中国处于全球价值链和全球产业链低端的背景下，企业的长期投资可能更多是以扩充产能为目的，而对出口创新能力提升的考虑相对较少，可能导致出口创新与企业长期投资负相关。因此，给出假设 7.2：出口创新与补贴产业政策和长期投资的交互项负相关。

无论是渐进式创新还是颠覆式创新，均需要企业投资相应的资本。规模偏小的企业，假如没有政策支持或政策支持力度不够，在一定程度上无力承担相对较大的创新成本，进而表现为企业规模和技术创新之间呈现出正相关关系（Zhu, et al., 2019；Chege, et al., 2020）。但也有学者认为，企业规模与创新投入的关系较为复杂，采取不同的指标会得出不同的结论，如与营业收入、资产总额、员工总数分别呈现出 U 形、负相关、无相关关系（Scherer, 1967；宋洋，2018）。鉴于后续研究以营业收入为指标，同时考虑到中国企业规模总体偏小且经济处于快速发展阶段，可认为可能处于 U 形曲线后端，进而出口创新与营业收入正相关。因此，给出假设 7.3：出口创新与补贴产业政策和企业规模的交互项正相关。

中国自改革开放以来经济活力得到了空前的释放，特别是 1992 年邓小平南方谈话促使经济得到进一步腾飞，从企业层面看，表现为民营经济的发展规模和小微企业的数量快速增长。而外贸经营权的六次下放，分别为 1949—1978 年的国家统一管理、20 世纪 80 年代的逐步放权、1989—1991 年的整治、20 世纪 90 年代的规范审批、20 世纪 90 年代末至 2004 年 6 月的审批制、2004 年 7 月后的备案制，[①] 促使中国的外贸主体得到了稳健增加。但是，即使在 1999 年年底，中国的外贸企业总数也仅为 23749 个。因此，一定程度上造成中国大部分企业（含贸易型与非贸易型）的存续时间相对较短，而更长生存时间的企业会有更强的竞争力，进而导致出口创新的能力更强。因此，提出假设 7.4：企业存续时间与出口创新正相关。

中国企业创新需要的相应的设备和资产，均需要通过固定资产得以体现，因此，无论是企业还是政府，都会注重固定资产的扩容、提质，这在中国还没有进入有效的创新发展阶段时显得更为重要。事实上，固定资产投资是中国经济增长的重要驱动力（Xu and Kim，2014；Mai，Zhan，Chan，2021），同时，投资是中国经济发展的"三驾马车"之一，且创新是经济发展的核心驱动，因此，中国各级政府通常会将固定资产的投资与增值协同，以推进经济的高质量发展。在中国企业发展过程中，特别是技术改造，政府的优惠政策起着重要的作用，通常采取技术改造设备进口免税和补助等举措促进企业加大固定资产投资。但是，中国经济总体处于相对粗放型的发展阶段，企业可能更多地通过加大固定资产投资实现规模的扩容，进而可能导致与创新的关联性不大。因此，提出假设 7.5：企业固定资产比重与出口创新不相关。

三 数据来源与指标说明

（一）数据来源与说明

研究需要的数据来自中国工业企业数据库，采取 2000—2013 年的相

---

① 《中国外贸经营权六次变革 经营主体不断壮大》，http://intl.ce.cn/specials/zxgjzh/200908/26/t20090826_19871691.shtml。

关数据作为数据源。考虑到后续分析是从产业和区域两个维度展开的，现对产业类别和区域做出说明，同时兼顾数据库处理的说明。

第一，将中国工业企业数据库中总资产、实收资本、固定资产净值、销售额缺失或者小于0，企业从业职工人数小于10人，总资产小于流动资产或小于固定资产净值，成立时间明显错误的企业（成立年份在报告年份之后、月份小于1或大于12），处于非正常营业状态的企业等变量栏目的相关数据删除，同时考虑到数据的连续性和降低多元回归内生性问题，最终得到2000—2013年连续营业的827471个企业，以此作为研究补贴产业政策影响企业出口创新的数据样本。

第二，将制造业分为四类，分别为劳动密集型、资源密集型、资本密集型、技术密集型。结合中国实际，将劳动密集型界定为包括行业代码13、14、15、16、17、18、19、20、21、22、24的制造业企业，资源密集型界定为包括行业代码25、30、31、32、33、42的制造业企业，资本密集型界定为包括行业代码23、29、34、35、36、37、38、41、43的制造业企业，技术密集型界定为包括行业代码26、27、28、39、40的制造业企业。上述行业代码以中国工业企业数据库给定的代码为准。

第三，考虑到西藏的制造业企业明显偏少，在中国工业企业数据库中难以得到明显体现，为此在分东部地区、中部地区、西部地区时，不将之纳入分析范畴。同时，在三大地区的分类中，通常将海南置于东部地区，但是，考虑到海南的经济发展水平明显较东部地区其他省份低，且制造业企业的发展水平总体上低于东部地区其他区域，进而将之纳入中部地区范畴。为此，东部地区包括北京、天津、河北、辽宁、上海、江苏、浙江、福建、山东、广东10个省份，中部地区包括山西、吉林、黑龙江、安徽、江西、河南、湖北、湖南、海南9个省份，西部地区包括内蒙古、广西、重庆、四川、贵州、云南、陕西、甘肃、青海、宁夏、新疆11个省份。

（二）指标说明

一是被解释变量为出口创新度。将董晓芳和袁燕（2014）、Zerenler等（2008）提出的衡量企业创新产出指标与通常使用的衡量企业创新变量的发明专利数、新产品数目等进行对比，可弥补发明或专利的数量并不一定均能投入市场转为产品或产出的缺陷,即不能准确衡量创新的产出与价值的局限性。因此,在计量分析时采用新产品产值与总出口值的比值作为出口创新度指标,以表征企业的出口创新水平。

二是核心变量为政策支持度及其交互项。补贴收入代表了政府是否对企业的出口和创新提供必要的支持,且补贴收入与企业创新之间有着内在联系(刘晨旭,2015;Gao, et al., 2021;Wu, et al., 2021)。因此,选取"政策支持度"作为核心变量,其测算方式为"补贴收入/销售收入"。此外,将与长期投资和企业规模的交互项也作为核心变量,以此强化政策支持度对企业出口创新的影响。对于企业规模的衡量指标通常有三种,即企业销售收入、企业总资产和企业员工人数,相比企业总资产和企业员工人数,企业销售收入能够较好地反映企业经营状况(Scherer, 1967)。据此,选取"产品销售收入"(在会计核算中即"主营业务收入")作为衡量企业规模的指标。

三是非核心变量。影响企业创新政策的因素很多,为更好地探究补贴产业政策对企业出口创新的互动影响,选取企业持续经营时间、固定资产比值等作为非核心变量。

针对可能存在的异方差,给出两种处理方式:一是若变量是以比值形式或时间出现时,保持不变,如政策支持度和企业持续经营时间等指标;二是若变量是以比重或原值(基于数据库获得的原始数据)出现时,则对之取对数,如出口新产品密集度、长期投资额、企业规模、固定资产比值等指标。

关于指标的详细描述,如表 7-1 所示。

表 7-1　　　　　　　　　　　　指标说明

变量分类	符号	含义	测度方法
被解释变量	Innov	出口创新度	新产品产值与总出口值的百分比值,取对数
核心变量	Sub	政策支持度	补贴收入/销售收入
	Sub×Inv	政策支持度与长期投资交互项	政策支持度×长期投资额。其中,对长期投资额取对数
	Sub×Size	政策支持度与企业规模交互项	政策支持度×产品销售收入(主营业务收入)。其中,对主营业务收入取对数

续表

变量分类	符号	含义	测度方法
非核心变量	Age	企业持续经营时间	报告年份-企业成立年份+1
	Fix	固定资产比值	企业固定资产占企业总资产的比重，取对数

四 描述性分析

基于上述数据样本筛选方法，运用Stata17.0对经过整理的2000—2013年的企业数据按相应的条件删除与保留，并对相关变量计算、处理后进行描述性统计，如表7-2所示。需要说明的是，考虑到大样本的微观企业数据会出现相对极端的样本，进而解析最大值与最小值的意义不大，但为了尊重数据输出结果，将极值报告出来。

表7-2　　　　　　　　描述性统计

变量	样本观测值（个）	均值	标准差	变异系数	最小值	最大值
Sub	827471	1.150	1.730	1.095	0.000	1.580
$Sub×Inv$	827471	1.540	1.520	0.987	0.000	9.820
$Sub×Size$	827471	1.540	1.520	0.987	0.000	9.830
Fix	827471	-1.313	0.928	-0.707	-12.338	6.631
Age	827471	2.061	0.846	0.410	0.000	5.159
$Innov$	827471	-0.305	1.813	-5.944	-10.780	10.083

中国出口企业的创新能力不高，是较为明显的事实（Guan and Ma, 2003；诸竹君、黄先海，2020；Ma and Rauf, 2020；Mauro, et al., 2020），统计结果也支持了这一观点。如新产品出口仅占总出口值的0.74%，即$Innov$的均值为-0.305。

从均值看，除企业经营持续时间偏长外，其余指标均明显偏小，如补贴收入仅占销售收入的3.16%（在表7-2中，取对数后为1.150），但企业持续经营时间均值也仅为7.854年（在表7-2中，取对数后为2.061）。事实上，中国企业成长史总体偏短致使"高龄"企业比重相对不高，但美国、日本等国家的"高龄"企业明显偏多且呈现出显性的集聚与集群化，如 2014 年日本的百年"高龄"企业高达 25321 个，美国有 11735 个，全球排名第十位的加拿大也有 828 个。① 与之相对应的是，其变异系数也总体偏小，仅企业补贴大于 1，其余指标的内部差异相对较小。

五　计量结果

选用 2000—2013 年的 827471 个出口企业作为数据源，并使用面板数据模型进行计量分析。采取 Hausman 检验发现，固定效应模型和随机效应模型的系数不存在显著差异，在接受原假设前提下的 P 值为 0.000，因此，最终拒绝原假设，即选择固定效应模型进行计量分析。因此，计量分析先采取全部样本进行总体解析，再按照三大区域和四种产业类型展开，以便探究影响差异。

（一）不分属性

将全国总体样本代入模型，同时采取 Stata17.0 进行计量分析，发现固定资产投资指标没有通过显著性检验，这与假设 7.5 一致。此外，在后续的分区域和分产业属性的模型中，同样发现该指标均没有通过显著性检验。为此，在后续关于分产业类型、分区域的模型中，均将该变量剔除并重新输出结果，且不报告该变量的结果。关于全国样本的计量结果，剔除该变量后的其他变量都通过了 1% 的显著性检验，如表 7-3 所示（但在表 7-3 中，保留了总样本的计量结果）。

从核心指标看，由计量结果可知，中国补贴政策对出口创新存在定程度的刺激效应（系数为 1.480），支持了假设 7.1。但是，中国补贴政策均值仅为 4.85%，如该值增加 1%，则会带来 1.480% 的出口创新增加，即向中国企业进行补贴没有导致"出口创新陷阱"。补贴政策与长期投资交互项的计量结果与假设 7.2 相符，即偏向于粗放型的企业长期投资会在较大程度上对出口创新造成相应的挤压效应。补贴政策与企业规模交互项的系数为正数，这与假设 7.3 一致，即与企业规模交互在一定程度上可破解"出口创新陷阱"，特别是补贴政策会向"高精特尖"企业转移，这可能与中国鼓励制造业和高新技术产业创新发展以

---

① 《为什么日本有 2.5 万家百年企业？它归结为三大条件、六大因素》，https://www.jiemian.com/article/1057073.html。

做强做大直接相关（宋怡茹、喻春娇和白旻，2021；裴长洪、刘斌和杨志远，2021；董琴，2022）。换句话说，引导性（指引性）较强的出口补贴政策在提升中国企业出口的同时，在一定程度上促成了中国由贸易大国向贸易强国转变。毛海涛、钱学锋和张洁（2019）的研究结果也表明，虽然中国的贸易强国指数排名由2007年的第18位上升到2014年的第7位，但离实现贸易强国还存在一定的距离。

从非核心指标看，企业存续经营时间指标系数为0.029，可认为企业成立时间越长，越重视企业创新，表现为新产品出口比重较高，即实证结果佐证了假设7.4。但是，系数相对较小从侧面也说明企业存续期对出口创新的影响相对不大。事实上，高新技术产业在中国通常被认为是新兴产业或战略性新兴产业，而这类企业创立（成立）时间相对较短，这也可能是系数偏小的重要原因之一。

表 7-3　　全国总体样本计量结果

	lnnov	
α	0.352	0.034
β_1	1.480 (0.000)	1.480 (0.000)
β_2	-3.640 (0.000)	-3.640 (0.000)
β_3	1.870 (0.000)	1.870 (0.000)
χ	0.029 (0.000)	0.029 (0.000)
δ	0.001 (0.673)	—
企业固定效应	Yes	Yes
年份固定效应	Yes	Yes
A-R^2	0.170	0.170
样本量（个）	827471	606367

（二）分区域

将各区域的企业数据代入模型进行计量分析，发现各指标的影响方向与全国总体样本数据基本一致，但也存在一定的差异性，如表7-4所示。如仅从样本量进行分析可知，企业数量存在显著的区域差别，2000—2013年，东部地区、中部地区、西部地区的企业数量分别为630238个、124750个、69275个，即经济越发达的区域的企业生态环境越好。

表7-4　　　　　　　　　　分区域的计量结果

	Innov		
	东部地区	中部地区	西部地区
α	0.035	-0.004	0.088
β_1	1.480 (0.000)	1.470 (0.000)	1.470 (0.000)
β_2	-3.710 (0.000)	-3.330 (0.000)	-3.340 (0.000)
β_3	1.940 (0.000)	1.590 (0.000)	1.590 (0.000)
χ	0.030 (0.000)	0.040 (0.000)	-0.002 (0.000)
企业固定效应	Yes	Yes	Yes
年份固定效应	Yes	Yes	Yes
A-R^2	0.168	0.376	0.171
样本量（个）	630238	124750	69275

从核心变量看，三大区域的补贴政策及其交互项均通过了1%的显著性检验。三大区域的补贴政策均与出口创新能力呈现出正相关关系，但影响系数的差别较小，东部地区、中部地区、西部地区分别为1.480、1.470、1.470。从与长期投资交互项的影响系数看，东部地区明显大于中部地区和西部地区，可认为东部地区企业的长期投资相对较大，但并没有有效促进出口创新，这可能与东部地区制造业企业总体为粗放型发展直接相关（王玲、陈仲常、马大来，2013）。与企业规模交互项的影响系数的变化趋势与长期投资交互项相同，也表现为东部地区显著大于中部地区和西部地区，即企业规模扩大更有利于促进出口创新，这与周黎安和罗凯（2005）的研究结论一致，如把三大区域的β_1、

β_2、β_3 简单相加,可得知东部地区、中部地区、西部地区的系数分别为-0.290、-0.270、-0.280,即总体效果基本没有差别,但不同指标存在相应的差异。事实上,中国中部地区和西部地区制造业企业的长期投资水平和企业规模相差不大,进而在计量结果上显示为系数基本相同。上述计量结果表明,符合假设 7.1、假设 7.2、假设 7.3,且补贴政策对出口创新的影响存在区域差异。

从非核心变量看,在经济越发达的区域,无论是存续时间长还是存续时间短的企业,都会更加注重出口创新能力的提升,进而使存续时间变量的影响相对较小,而实证结果也表明如此,如 χ 分别为 0.030、0.040、-0.002,即对东部地区出口创新的影响小于中部地区,但对西部地区的影响为负数,且计量得出的系数偏小。换句话说,不同区域的企业存续时间会直接影响出口创新,但与补贴政策及其交互项系数进行对比后可知,这种影响效果相当有限。从影响方向看,计量结果部分支持了假设 7.4。

(三)分产业类型

将制造业分为资源密集型、劳动密集型、资本密集型、技术密集型四类,计量结果如表 7-5 所示。实证研究结果显示,无论哪种类型的制造业,均符合假设 7.1、假设 7.2、假设 7.3、假设 7.4,且补贴政策对企业产业类型的影响存在明显的差异性,尤其体现在核心指标上。从政策支持度指标看,其对四种类型制造业影响的正向效应基本相同,且对资本密集型的影响偏大。从与长期投资交互项看,对技术密集型的影响最大(系数为-4.350),而对劳动密集型的影响最小(系数为-3.280)。从与企业规模交互项看,其对四类制造业出口创新的影响程度与长期投资交互项一致,均为技术密集型>资源密集型>资本密集型>劳动密集型。从企业存续经营时间看,其对企业出口创新的影响存在产业类型差异,但影响系数均较小,如资源密集型、劳动密集型、资本密集型、技术密集型的影响系数分别为 0.028、0.028、0.032、0.019。

对比分析表 7-4 和表 7-5 可知,关系式为:$\beta_2>\beta_3>\beta_1$,对分区域和分产业类型的计量结果均表现如此。由此可在一定程度上认为,叠加了相关交互项(如长期投资、企业规模)后,补贴政策的效果得到了明显的增强。事实上,21 世纪以来中国实施的创新驱动发展战略和经济发展水平相对较高,也为区域实现协调发展和产业转型升级提供了契机,进而无论是欠发达区域还是粗放型制造业,均要求实现稳健的提档调整。特别地,"刘易斯拐点"的出现会倒逼中国不同区域、不同产业类型的制造业实现相应的调整。诚然,学术界对于中国何时或是否进入"刘易斯拐点"存在较大的争议(孙自铎,2008;Cai and Du,2011;Zhang,et al.,2011;Kwan,et al.,2018;杨继,2021),但中国劳动力价格,即工资水平的攀升日益成为研究热点已经是事实(弓建国、张艳娟,2010)。

表 7-5　　　　　　　　　　分行业的计量结果

	Innov			
	资源密集型	劳动密集型	资本密集型	技术密集型
α	0.034	0.032	0.037	0.043
β_1	1.490 (0.000)	1.470 (0.000)	1.510 (0.000)	1.420 (0.000)
β_2	-3.930 (0.000)	-3.280 (0.000)	-3.470 (0.000)	-4.350 (0.000)
β_3	2.150 (0.000)	1.520 (0.000)	1.660 (0.000)	2.650 (0.000)
χ	0.028 (0.000)	0.028 (0.000)	0.032 (0.000)	0.019 (0.000)
企业固定效应	Yes	Yes	Yes	Yes
年份固定效应	Yes	Yes	Yes	Yes
A-R^2	0.177	0.176	0.169	0.163
样本量(个)	146452	236435	219353	147224

六　稳健性检验

本节通过替换核心变量的测度方法来对上述模型进行稳健性检验,即将核心变量(政策支持度 Sub)的计算方式变换成补贴收入/工业产值,此时将企业主营收入变成企业工业产值,而其余指标或变量均保持不变,采取 Stata17.0 进行计量分析的详细结果如表 7-6 所示。从计量结果看,除西部地区的企业持续经营时间指标未通过5%但通过10%的显著性检验、资本密集型的政策支持度指标未通过1%但通过5%的显著性检验外,其余模型中的其余指标均通过了1%的显著性检验,可认为表7-6中的所有模型均可用于分析其表示的经济含义。据此可认为,替换核心指标后的总体效果较好。

从分区域看,东部地区、中部地区、西部地区的拟合系数分别由0.168、0.376、0.171下降至0.161、0.178、0.145,即相关性均呈现出相应程度的下降。同时,结合西部地区的企业持续经营时间指标的P值较表7-4中的相应值要大,可认为采取原指标比替换后指标的效果要好。

从分产业类型看,资源密集型、劳动密集型、资本密集型、技术密集型的该系数分别由0.177、0.176、0.169、0.163调整为0.196、0.146、0.204、0.148,即出现了相关系数增加与减少的个数相同。然而,从平稳性看,原指标计算得出的各系数总体较为平滑,即维持在0.16—0.17,而替代指标的波动性较为明显。但是,上述各相关系数总体差异相对不大。

表 7-6　　　　　　　　稳健性检验结果

	分区域			分产业属性			
	东部地区	中部地区	西部地区	资源密集型	劳动密集型	资本密集型	技术密集型
α	-0.269	0.301	-2.205	-0.272	-0.265	-0.266	-0.240
β_1	4.830 (0.002)	2.380 (0.001)	4.860 (0.000)	3.390 (0.000)	2.590 (0.000)	1.410 (0.013)	4.470 (0.000)
β_2	-3.230 (0.000)	-2.790 (0.000)	-2.850 (0.000)	-3.500 (0.000)	-2.830 (0.000)	-2.920 (0.000)	-3.870 (0.000)
β_3	3.140 (0.000)	2.700 (0.000)	2.710 (0.000)	3.390 (0.000)	2.720 (0.000)	2.820 (0.000)	3.740 (0.000)
χ	0.040 (0.000)	0.050 (0.000)	0.007 (0.051)	0.040 (0.000)	0.037 (0.000)	0.041 (0.000)	0.027 (0.000)
企业固定效应	Yes	Yes	Yes	Yes	Yes	Yes	Yes
年份固定效应	Yes	Yes	Yes	Yes	Yes	Yes	Yes
$A-R^2$	0.161	0.178	0.145	0.196	0.146	0.204	0.148
样本量(个)	630238	124750	69275	146452	236435	219353	147224

由上述研究可知，计量模型选取的核心变量通过了稳健性检验，且基于中国工业企业数据库中的82万余个制造业企业数据进行实证分析，结果发现，基本符合提出的研究假设，显示出补贴政策有利于中国企业出口创新能力的提升，且影响绩效存在区域差异和产业类型差异，特别是在三大区域之间存在显著不同。基于此，实施补贴政策时需要有更强的针对性，以切实有效地提升中国企业的出口创新能力。

七　讨论

补贴政策不仅自身会影响企业出口创新，也会通过相应的交互项产生直接影响，而实证结果也表明了这一点，这是由政策传导和时滞效应等导致的。但是，在交互项的选择上没有进行系统性的研究，且没检索到补贴影响企业出口创新的交互因素的文献，为此，仅重点考虑企业长期投资和企业规模这两个交互项的影响。然而，如果将其他可能的核心交互项纳入分析，则其影响强度和方向可能会呈现出相应的改变，特别是对于已用于计量的两个交互项而言。

从微观层面分析产业政策对出口创新的影响，最理想的是采用中国工业企业数据库和中国海关数据库的面板匹配数据。但是，考虑到在因变量即出口创新指标的设定中，可直接使用中国工业企业数据库中的相关指标，进而没有将之进行配位。此时，采取新产品产值与总出口值的比值衡量出口创新水平。然而，若在其他衡量企业出口创新的指标中，需要使用中国海关数据库，则评价指标的变化会导致实证结果出现相应的调整。

政策支持度是三个核心指标均需要采取的变量，而这是表征补贴政策影响企业出口创新的关键。在具体进行实证研究时，采取补贴收入作为出口企业获取补贴红利的指标应该没有争议，但是否采取企业主营业务收入作为衡量政策支持度的部分因素则值得商榷。诚然，在稳健性检验中，用企业工业产值替代企业主营业务收入，结果显示，原有指标的实证效果更好。这是由于在中国工业企业数据库中可用于选择的替代指标相对较少。诚然，如能获取相关企业的其他指标进行替代，即使在计量模型不变的条件下，也可能导致计量结果发生改变或逆转，特别是对于不同区域和不同产业类型的制造业而言。

第二节　重点产业支持政策影响出口的实证分析

一　问题的提出

为实现"中国制造2025"、世界科技创新强国等目标，要求中国大力发展经济，同时全球经济一体化格局不可逆转也要求中国持续地实施外贸驱动战略，因此，必然需要采取产业支持政策，以实现产业尤其是制造业的国内外竞争力的提升。进一步地，选择性地实施重点产业支持政策，是各级政府加快产业转型升级、优化产业结构的重要举措，同时也是中国避免陷入"中等收入陷阱"和加快外向型经济发展的重要选择。从现有文献看，关于重点产业支持政策影响出口的研究主要归纳为三个方面：一是出口的影响因素，二是产业政策对经济发展的影响，三是特定产业政策影响出口绩效。

关于哪些因素会影响出口，因研究的切入点不同而存在显性的差异，且会得出不同的结论，通常从企业创新（Dai, et al., 2020；陈维涛、吴婷，2022）、贸易自由化（Bas and Strauss-Kahn, 2015；高云舒、尹斯斯、黄寰，2021）、劳动力成本（McCaig and Pavcnik, 2018；郑颖、齐欣，2021）、基础设施（马淑琴等，2018；Yan, et al., 2021）、企业规模（宋洋，2018；Anderson, et al., 2019）、企业生产率（张夏、汪亚楠和施炳展，2020；Fan, et al., 2021）、中间投入（刘啟仁、铁瑛，2020）、融资约束（张杰，2015；Mukherjee and Chanda, 2021）等方面展开研究。

关于产业政策如何影响经济发展，主要从两个视角展开研究，一是关注对企业创新的影响（Hsiao, 2014；Liu and Li, 2021）；二是关注特定产业工具的影响，如政府补贴（赵丽君、吴福象，2016；Dubey and Kang, 2020）、政府税收（柳光强、田文宠，2012；Wang, et al., 2021）、产业结构调整（吴滨、肖尧，2021）。

产业政策影响出口绩效的相关文献较少，主要从特定产业和特定举措两个方面展开研究。对特定产业的相关研究，如汽车（岳为众、张晶、刘颖琦，2019）、钢铁（Blonigen, 2016）等；对特定举措的相关研究，如从"加工贸易区"（Yu, 2015）、补贴（靳玉英、胡贝贝，

2017)、出口信贷（黄娟，2006）等视角展开。

国内外就产业政策影响出口进行了诸多研究，但中国经济发展的多元结构和产业特别是制造业的结构性差异，要求各级政府尤其是省级政府实施重点产业支持政策，这可能会影响企业出口，而现有的相关研究略显不足，特别是从微观视角展开分区域、分行业解析的文献不多。因此，有必要从微观层面就中国重点产业支持政策如何影响制造业企业出口进行深度应答。

二　研究假设与模型说明

（一）计量模型

在产业政策与贸易的相关研究中，表征产业政策的说法较多，如重点产业支持政策、产业支撑政策、主导产业政策等。但是，其量化方式主要分为两种，一是直接用某种具体政策的实施强度代替产业政策，如使用政府补贴、税收优惠（Aghion, et al., 2015）等；二是借助年份、行业（宋凌云、王贤彬，2013；Liu, Li, 2021）等虚拟变量来表示产业政策，通过计量模型实证估计出相关影响。结合具体研究的问题，本节采用第二种方式来表示重点产业支持政策变量。借鉴陈钊和熊瑞祥（2015）设定的指标，以出口交货值作为被解释变量用以衡量出口。同时，基于中间投入对出口量及出口利益的显性影响（刘啟仁、铁瑛，2020；Mañez, et al., 2020），采取中间投入与重点产业支持政策的交互变量来分析其对出口的影响。除上述核心变量外，企业发展的其他指标也会影响出口，如企业规模、全要素生产率、企业收益率，并将之归为非核心变量。国内外有大量研究对此进行解析，如余壮雄、丁文静和董洁妙（2021），Mukherjee 和 Chanda（2021）。

因此，将重点产业支持政策及其交互项视为核心变量，将企业规模、全要素生产率、资产收益率、固定资产率等视为非核心变量，同时兼顾行业和年份的固定效应，构建分析重点产业支持政策影响企业出口的基本计量模型，即：

$$EXPORT_{it} = \alpha + \beta_1 \cdot PIND_{it} + \beta_2 \cdot PIND_{it} \cdot Media_{it} + \chi \cdot Size_{it} + \delta \cdot Roa_{it} + \varphi \cdot Fix_{it} + \varphi \cdot TFP_{it} + \gamma_i + \gamma_t + \varepsilon_{it} \tag{7-2}$$

其中，$EXPORT$、$PIND$、$PIND \cdot Media$、$Size$、Roa、Fix、TFP 分别表示出口额、重点产业支持政策、重点产业支持政策与中间投入交互项、企业规模、资产收益率、固定资产率、全要素生产率。与此同时，所有模型均控制行业与年份，用 γ_i 和 γ_t 分别表示企业固定效应和年份固定效应。ε_{it} 是随机误差项。系数 β_1 与 β_2 为本节关注的核心系数，反映了重点产业支持政策实施及其与中间投入的交互项对企业出口的影响。

（二）研究假设

在区域资源、要素相对不变的情况下，以某种特定产业为政策着力点的重点产业支持政策，将会导致地方政府的资源配置向这类产业倾斜（张莉等，2017）。因此，在既有和潜在收益的驱动下，政府实施的鼓励产业发展的政策引致的示范效应会促使更多的企业进入，进而使该产业呈现出更快的发展势态，这对于出口同样如此。但是，重点产业支持政策会导致更多的潜在出口商以相对较低的价格出口商品，一定程度上会对市场产生干扰（余壮雄、丁文静和董洁妙，2021），这对较大规模企业的出口可能会产生抑制作用。因此，给出假设 7.6：重点产业支持政策与企业出口负相关。

中国处于制造业的转型升级关键期，而由中间品形成的垂直溢出效应有助于制造业实现技术升级（Liao, et al., 2012；丁一兵、宋畅，2020），因此，提升中间品的质量与数量，是中国各级政府提振制造业水平的重要驱动力。事实上，通过进口来满足中间品的需要，已是中国各类企业通常采取的举措，但中间品进口对提升企业竞争力的影响存在不确定性，特别是中间品进口数量的增加不利于提升中国在全球价值链中的地位与水平（Song, et al., 2021），进而企业中间投入增加可能不会有效促进出口。因此，得出假设 7.7：重点产业支持政策与中间投入的交互项与企业出口正相关。

如果政策是连续性的，政策效果会持续作用于相关产业的发展，且存在较为明显的时滞效应。事实上，中国近年来各级政府均以战略性新兴产业、高端制造业等作为制造业的主要抓手。诚然，对于战略性新兴产业具体包括哪些产业，因区域发展侧重点不同而存在相应的差异。中国自改革开放以来形成了稳定的经济发展格局，进而可认为中国各省级重点产业支持政策也存在相对一致性和连贯性，这会对相关产业的企业发展产生强化作用，在提高竞争力的同时必然会带来更大力度的出口。

因此，得出假设7.8：重点产业支持政策对企业出口的影响会随着时间的推进得到强化。

中国经济发展的多元属性，在区域之间表现得较为明显，即经济发展水平呈现出明显的落差。为此，在经济发展水平高的区域，产业发展水平和产业集聚化水平总体上也偏高（Li，2017；曲玥、赵鑫，2022）。从重点产业支持政策的实际情况看，经济发展水平更高的区域，其实施政策支持的力度也更大，更有利于提升企业的竞争力，从而提高企业的出口能力。换句话说，经济发展水平较高区域的企业，在自身发展水平总体较高和更强的重点产业支持政策的扶持下，竞争力提升更快，进而促进出口。因此，得出假设7.9：重点产业支持政策对企业出口的影响随经济发展水平提高而增强。

如不考虑纯外贸型企业，企业出口能力的提升是核心竞争力提高的结果。重点产业支持政策对不同层次产业的作用绩效不同，如劳动密集型制造业和资源密集型制造业，其竞争力的强弱与成本高低和产业转型成效有着较强的内在联系，因此，相对于资本密集型制造业和技术密集型制造业而言，相应的重点产业支持政策的成效更弱。进一步地，受制于进入门槛的偏高，资本密集型制造业和技术密集型制造业的竞争力会由于重点产业支持政策而得到强化，并可能由此产生显性的极化和强化效应，从而对企业出口起到刺激作用。因此，得出假设7.10：重点产业支持政策对企业出口的影响会随产业层次提高而增强。

三 数据来源与指标说明

（一）数据来源

数据来源于中国工业企业数据库，其基本处理与提取方法与本章第一节一致。但是，本节不同的是，在研究数据上采取2011年之前的数据。研究样本的时间区间为2001—2010年，主要研究"十五"时期、"十一五"时期重点产业支持政策的影响。该数据库涵盖国家统计局统计的全部国有企业和规模以上（主营业务收入在500万元以上）非国有工业企业的调查数据，包括企业所处的行业、年销售额、企业规模、所有制性质等指标，其财务指标单位为千元。

如何确定重点产业支持政策是研究的核心所在，且不同区域存在较大的差别，本节通过政府规划文件进行解答。本节收集并整理了30个省级政府发布的"十五"时期、"十一五"时期国民经济和社会发展"五年规划"文件（西藏由于在中国工业企业数据库中的企业样本量较少，故不纳入实证解析范畴），选出其中提及的重点制造业，将文件中以"重点支持""加快发展""大力发展""做大做强""发展壮大"等词引导的制造业视为受重点产业支持政策扶持。但是，各文件中提及的产业不一定相同，因此，在扶持产业归类方面存在相应的问题。就此问题，主要作出如下处理：其一，在多数省份的文件中，多以"装备制造业""高新技术产业"等行业总称的形式出现，通过查询国家或各省份编制的产业统计分类标准进行识别；其二，在部分省份的文件中，通常会提及四位码行业，如"汽车产业""电子信息产业"等，将四位码行业归入国民经济行业分类中的二位码行业。如将汽车归入交通运输设备制造业（行业代码37），将水泥归入非金属矿物制品业（行业代码31）。

整理后的各省份在"十五"时期、"十一五"时期的二位码重点产业如表7-7所示。经简单对比可知，各省份通常将行业代码35、36、37、39、40、41的制造业纳入重点支持产业，而这些产业以设备制造业和电子信息产业为主，这也契合了中国大力发展高端制造业和提振信息安全的国家发展主战略，致使各省级政府加大对这类产业发展的鼓励力度。

表7-7　各省份"十五"时期、"十一五"时期重点支持的制造业

	河北	山西	辽宁	吉林	黑龙江
"十五"时期（2001—2005年）	13、14、17、18、26、27、32、33、35、36、37、39、40、41	13、25、27、32、33、35、40、36、37、39、41	25、27、32、34、35、36、37、39、40、41	14、25、27、35、36、37、39、40、41	13、14、15、17、18、21、22、23、24、25、27、32、33、35、36、37、39、40、41
"十一五"时期（2006—2010年）	14、17、18、21、25、27、32、35、36、37、39、40、41	13、26、27、32、34、35、36、37、39、41	13、25、26、27、28、32、33、35、36、37、39、40、41	13、17、18、25、27、32、33、35、36、37、39、40、41	13、14、25、27、35、36、37、39、40、41

续表

	江苏	浙江	安徽	福建	江西
"十五"时期（2001—2005年）	13、14、18、22、25、27、32、33、35、36、37、39、40、41	13、14、15、17、18、21、22、23、24、25、27、32、33、35、36、37、39、40、41	13、14、17、27、32、35、36、37、39、40、41	13、14、17、18、25、35、36、37、39、40、41	13、14、17、18、25、27、31、32、33、34、35、36、37、39、40、41
"十一五"时期（2006—2010年）	17、18、27、35、36、37、39、41、40	17、18、19、22、25、27、34、35、36、37、38、39、40、41	14、17、22、25、35、36、37、39、40、41	13、14、17、18、25、27、32、33、35、36、37、39、40、41	13、14、17、18、25、27、31、32、33、34、35、36、37、39、40、41

	山东	河南	湖北	湖南	广东
"十五"时期（2001—2005年）	13、14、17、18、22、25、35、36、37、39、40、41	13、14、17、25、27、32、33、34、35、36、37、39、40、41	13、17、18、25、27、32、34、35、36、37、39、40、41	13、14、15、17、18、21、22、23、24、25、27、32、33、35、36、37、39、40、41	14、15、17、18、22、25、27、31、35、36、37、39、40、41
"十一五"时期（2006—2010年）	14、17、18、25、35、36、37、39、40、41	13、14、15、17、18、21、22、23、24、26、32、33、34、35、36、37、39、40、41	13、14、17、18、25、27、32、33、34、35、36、37、39、40、41	13、14、16、22、25、27、32、33、34、35、36、37、39、40、41	13、14、17、18、25、32、34、35、36、37、39、40、41

	海南	四川	贵州	云南	陕西
"十五"时期（2001—2005年）	13、25、27、40	13、14、15、17、18、25、27、32、33、35、36、37、39、40、41	14、27、29、35、36、37、39、40、41	13、14、16、17、27、29、25、32、33、35、36、37、39、40、41	35、36、37、39、41、40
"十一五"时期（2006—2010年）	13、14、17、18、22、25、27、32、33、37	13、17、19、25、32、33、35、36、37、39、40、41	14、15、16、25、34、35、36、37、39、40、41	13、14、16、22、25、27、32、33、35、36、37、39、40、41、	13、14、15、17、18、21、22、23、24、25、27、32、33、35、36、37、39、40、41

续表

	甘肃	青海	内蒙古	广西	宁夏
"十五"时期（2001—2005年）	13、14、17、18、25、27、32、33、35、36、37、39、40、41	13、25、27、32、33、35、36、37、39、41	13、14、17、18、26、32、33、35、36、37、39、41	13、14、17、18、22、25、27、33、35、36、37、39、40、41、	13、14、18、25、27、32、33、35、36、37、39、41
"十一五"时期（2006—2010年）	13、25、27、32、33、33、35、36、37、39、40、41	13、17、18、25、27、32、33、35、36、37、39、41	13、27、33、35、36、37、39、40、41	13、14、16、22、25、27、33、35、36、37、39、40、41	13、25、35、36、37、39、41

	新疆	北京	天津	上海	重庆
"十五"时期（2001—2005年）	13、14、15、17、18、21、22、23、24、25、27、32、33、35、36、36、37、39、40、41	27、35、36、37、39、40、41	14、15、17、18、21、22、23、24、25、26、27、35、36、37、39、40、41	25、27、32、34、35、36、37、39、40、41	14、25、27、35、36、37、39、40、41
"十一五"时期（2006—2010年）	13、14、15、17、18、21、22、23、24、25、32、33、35、36、37、39、40、41	14、15、17、18、25、27、35、36、37、39、40、41	17、25、27、35、36、37、39、40、41	27、32、34、35、36、37、39、41	35、36、37、39、40、41

注：表中数字为行业代码。

在进行实证分析时，将30个省份分为东部地区、中部地区、西部地区，将制造业分为劳动密集型、资源密集型、资本密集型、技术密集型四类，采取与前述研究内容相似的分类方法，以此分析重点产业支持政策影响的区域和行业差异。

（二）指标说明

首先，$PIND$为重点产业支持政策虚拟变量，其赋值方法为：将通过整理后的各省份"五年规划"中提及的二位码行业视为受扶持产业，若该行业属于"五年规划"实施的年份与省份，则$PIND$赋值为1，否则赋值为0。需要说明的是，由于研究时间段为2001—2010年，同省份的同一个产业在不同的"五年规划"中是否为重点支持政策，可能存在显著差别。

其次,在中国工业企业数据库中,考虑到出口交货值、中间投入、销售收入的数值明显偏大,但重点产业支持政策的取值仅为 0 和 1。为凸显重点产业支持政策的影响,将上述三个指标进行对数化处理。

最后,TFP 的计算采取了扩展的 Olley Pakes 方法(余淼杰,2010; Melitz and Polanec,2015),即以两位码行业分类为基础,分行业估算资本和劳动系数,从而计算出企业层面的全要素生产率。

关于指标的详细描述,如表 7-8 所示。

表 7-8　　　　　　　　　　指标说明

变量	符号	含义	测度方法
因变量	EXPORT	出口额	出口交货值,取对数
核心变量	PIND	重点产业支持政策	为虚拟变量
	PIND×Media	重点产业支持政策与中间投入交互项	重点产业支持政策×中间投入。其中,中间投入取对数
非核心变量	Size	企业规模	主营业务收入,取对数
	Fix	固定资产率	固定资产/总资产
	Roa	资产收益率	总利润/总资产
	TFP	全要素生产率	以 OP 方式测算得出,单位为 100%

四　描述性分析

基于上述提及的提取原则和指标,采取 Stata17.0 对 2001—2010 年的中国工业企业数据库进行筛选,得到包括中国 30 个省份(西藏除外)在内的有效样本观测值(企业)281291 个,以此形成了面板数据,描述性分析结果如表 7-9 所示。与本章第一节研究内容相似的是,此处也报告了极大值和极小值,但不对此进行深入分析。考虑到单纯分析标准差的意义不大,本节采用变异系数来解析指标的内部差异,并从均值和变异系数两个方面进行描述性分析。

从均值看,出口交货额、中间投入、主营业务收入的 2001—2010 年的均值超过 0.143 亿元、0.302 亿元、0.386 亿元,即取对数后分别为 9.568、10.314、10.560(基于中国工业企业数据库,其财务指标单位为千元)。如从国家统计局发布的《统计上大中小微型企业划分办法(2017)》标准看,营业收入超过 2000 万元但小于 4 亿元的为中型企业，由此可知其均值超过了中型企业的标准。但是，平均值并不能有效反映企业的平均水平，如 2021 年全国 500 强企业的营业收入合计为 89.83 万亿元，[①] 而 2007 年的营业收入合计为 51.98 万亿元，[②] 即企业平均营业收入分别为 1796.6 亿元、1039.6 亿元，且 500 强企业的营业收入在 2007 年基本接近 150 万个提取的样本企业的营业收入总和（此时采取将主营业务收入约等于营业收入的操作方法，仅为考量二者之间的数量关系需要），同时由于大部分 500 强企业为非制造业企业，故上述数值仅表征中国制造业企业的规模差异较大。此外，资产收益率、固定资产率、全要素生产率的均值分别为 0.126、0.326、4.936。而中国在 1995—2014 年全部企业的资产收益率维持在 10% 左右（唐朝，2019），可认为选定的制造业企业的收益率明显偏高，这从侧面表明中国的规上企业的资产收益率要总体大于非规上企业。

从变异系数看，出口额、中间投入、企业规模、全要素生产率的该值均在 5 以上，可认为是样本内部差异较大导致的结果。数据结果表明，中国不同类型企业的全要素生产率差异较大，变异系数高达 5.503 也支持了学者的研究结论（Li，2009；陈旭、邱霞，2021）。资产收益率的变异系数最小，仅为 0.214，可认为不同区域、不同产业类型的制造业的资产收益率差别较小，但最大值高达 291.263，也表明部分制造业企业的收益率非常高（也可将之视为异常值）。此外，由于固定资产率指标总体偏小，进而导致其变异系数也相对不大，仅为 1.716。

表 7-9　　　　　　　　　　描述性分析结果

	样本观测值（个）	均值	标准差	变异系数	最小值	最大值
EXPORT	281291	9.568	1.727	5.540	0.000	19.014
PIND	281291	0.529	0.499	1.060	0.000	1.000
Media	281291	10.314	1.415	7.289	0.000	18.969

---

① 《2021 中国企业 500 强名单发布 2021 年中国 500 强企业排行榜》，https：//www.maigoo.com/news/605736.html。

② 《2007 年中国企业 500 强排行榜》，https：//baike.baidu.com/item/2007%E5%B9%B4%E4%B8%AD%E5%9B%BD%E4%BC%81%E4%B8%9A500%E5%BC%BA%E6%8E%92%E8%A1%8C%E6%A6%9C/14696238?fr=aladdin。

续表

	样本观测值（个）	均值	标准差	变异系数	最小值	最大值
$PIND \times Media$	281291	5.509	5.303	1.039	0.000	18.969
$Size$	281291	10.560	1.372	7.697	8.388	19.000
Roa	281291	0.126	0.588	0.214	0.000	291.263
Fix	281291	0.326	0.190	1.716	0.000	1.000
TFP	281291	4.936	0.897	5.503	-4.670	12.862

五 计量结果

结合前述分析提出的模型和假设，采取 Stata17.0 并基于筛选出来的 2001—2010 年的 281291 个企业样本面板数据作为数据源，从全国、分区域、分产业类型三个方面实证分析重点产业支持政策如何影响企业出口。面板模型有固定效应、随机效应和混合估计三种模型，采取 Hausman 检验发现固定效应模型的效果更好，为此在随后的计量结果中，仅报告出固定效应模型的结果。在具体分析时，采取如下操作：一是解析 2001—2010 年总体效果的同时兼顾"十五"时期和"十一五"时期的差异性；二是既从不分属性视角分析，又从分区域和分产业类型视角分析，以此探究政策效果的差异性；三是计量采取的准则为若在前述设定的模型中有变量没通过检验，则全部剔除重新进行分析，但若两个核心变量均没有通过显著性检验，则不重新进行分析。

（一）从全国看

将相关数据代入，得到表征重点产业支持政策影响企业出口的计量结果，如表 7-10 所示。由此可知，在模型 1 中，所有的核心变量与非核心变量都通过了显著性检验，实证结果印证了假设 7.6 和假设 7.7，表现为 β_1 为负数，而 β_2 为正数。事实上，中国重点产业支持政策主要分为"抑制型""鼓励型"，分别对应"去产能"产业、新兴产业与装备制造业，均能有效促进企业创新（Du and Zhang，2018），由此可认为，重点产业支持政策对企业创新有着积极的效果。但是，中国企业的创新对出口存在一定程度的负向效应（邵其辉、钟昌标，2016；郝良峰、邱斌、吴飞飞，2016），进而会使重点产业支持政策与出口呈现出负相关关系，而计量结果也支持了这一观点。

表 7-10　全国重点产业支持政策影响出口的计量结果

变量	模型 1 （2001—2010 年）	模型 2 （2001—2005 年）	模型 3 （2001—2005 年）	模型 4 （2006—2010 年）
α	1.672	1.543	1.543	1.794
β_1	-0.640 (0.000)	-0.293 (0.000)	-0.293 (0.000)	-1.196 (0.000)
β_2	0.059 (0.000)	0.029 (0.000)	0.029 (0.000)	0.100 (0.000)
χ	0.785 (0.000)	0.796 (0.000)	0.796 (0.000)	0.775 (0.000)
δ	-0.010 (0.000)	-0.001 (0.833)	—	-0.270 (0.000)
ϕ	-0.171 (0.000)	-0.176 (0.000)	-0.176 (0.000)	-0.145 (0.001)
φ	-0.066 (0.000)	-0.071 (0.000)	-0.071 (0.000)	-0.03 (0.000)
企业固定效应	Yes	Yes	Yes	Yes
年份固定效应	Yes	Yes	Yes	Yes
A-R^2	0.403	0.390	0.390	0.431
样本量（个）	281291	174665	174665	86595

分时间段看，"十五"时期仅有 1 个非核心变量没有通过显著性检验，"十一五"时期的所有变量均通过了显著性检验。由此，将模型 3 和模型 4 中的 β_1 和 β_2 进行对比分析，以研究时间推进的影响。计量结果支持了假设 7.8，表现为重点产业支持政策不利于企业出口，且与中间投入的交互项强化了对出口的影响，同时政策效果均得到了提升。

（二）从区域看

关于不同区域重点产业支持政策影响出口的计量结果，如表 7-11、表 7-12、表 7-13 所示。如仅从样本数量看，2001—2010 年，东部地区、中部地区、西部地区分别为 249140 个、23326 个、8825 个，可认为经过筛选后的企业样本以东部地区为主，这从侧面也可说明东部地区的经济实力和企业活力明显强于中部地区和西部地区。

表 7-11　东部地区重点产业支持政策影响出口的计量结果

变量	模型 5 (2001—2010 年)	模型 6 (2001—2010 年)	模型 7 (2001—2005 年)	模型 8 (2006—2010 年)
α	1.464	1.465	1.443	1.336
β_1	-0.514 (0.000)	-0.514 (0.000)	-0.347 (0.000)	-0.642 (0.000)
β_2	0.052 (0.000)	0.052 (0.000)	0.033 (0.000)	0.072 (0.000)
χ	0.800 (0.000)	0.800 (0.000)	0.807 (0.000)	0.807 (0.000)
δ	0.010 (0.015)	0.010 (0.015)	0.007 (0.069)	0.070 (0.005)
ϕ	0.003 (0.859)	—	-0.040 (0.030)	0.087 (0.001)
φ	-0.049 (0.000)	-0.049 (0.000)	-0.061 (0.000)	-0.039 (0.000)
企业固定效应	Yes	Yes	Yes	Yes
年份固定效应	Yes	Yes	Yes	Yes
$A\text{-}R^2$	0.423	0.423	0.410	0.450
样本量（个）	249140	249140	155399	75643

从东部地区看，采取 2001—2010 年数据的计量模型中有 1 个指标没有通过显著性检验，但采取 2001—2005 年、2006—2010 年数据的计量模型的所有指标均通过了 10% 的显著性检验，因此，采取模型 6、模型 7 和模型 8 以验证假设 7.6、假设 7.7 和假设 7.8。关于 β_1 和 β_2，表 7-11 中的上述三个通过检验的模型与表 7-10 一致，即符合了假设 7.6、假设 7.7、假设 7.8。从中部地区看，分别将没有通过显著性检验的指标剔除后进行重新计量分析，得到可用于分析表征经济含义的模型 10 和模型 14，可知计量结果与东部地区基本相似，均支持了假设 7.6 和假设 7.7，但在"十五"时期核心变量均没有通过显著性检验。从西部地区看，模型 16、模型 18、模型 20 中的所有核心变量，即重点产业支持政策及其交互项 2 个指标，均通过了 10% 的显著性检验，且均

为仅有企业规模这一个非核心变量通过了显著性检验。由此可认为西部地区的重点产业支持政策与企业出口之间的关联性较大,即对企业出口产生明显的影响。

表 7-12　中部地区重点产业支持政策影响出口的计量结果

变量	模型 9 (2001—2010 年)	模型 10 (2001—2010 年)	模型 11 (2001—2005 年)	模型 12 (2001—2005 年)	模型 13 (2006—2010 年)	模型 14 (2006—2010 年)
α	1.758	1.743	1.312	1.158	1.642	1.622
β_1	-1.362 (0.000)	-1.371 (0.000)	-0.275 (0.125)	—	-2.219 (0.000)	-2.214 (0.000)
β_2	0.105 (0.000)	0.106 (0.000)	0.032 (0.055)	0.009 (0.147)	0.139 (0.000)	0.138 (0.000)
χ	0.692 (0.000)	0.683 (0.000)	0.706 (0.000)	0.719 (0.000)	0.725 (0.000)	0.723 (0.000)
δ	-0.305 (0.000)	-0.322 (0.000)	-0.244 (0.000)	-0.247 (0.000)	-0.379 (0.000)	-0.385 (0.000)
φ	-0.255 (0.000)	-0.228 (0.000)	-0.167 (0.008)	-0.156 (0.000)	-0.332 (0.000)	-0.317 (0.018)
φ	-0.0199 (0.170)	—	0.001 (0.964)	—	-0.008 (0.162)	—
企业固定效应	Yes	Yes	Yes	Yes	Yes	Yes
年份固定效应	Yes	Yes	Yes	Yes	Yes	Yes
A-R²	0.441	0.440	0.428	0.426	0.498	0.499
样本量(个)	23326	23509	13625	13757	8495	8537

将模型6、模型7、模型8分别与模型10、模型14,模型16、模型18、模型20进行对比分析,以探究经济发展水平对重点产业支持政策影响企业出口的差异,即比较东部地区、中部地区、西部地区的影响差异,进而判断是否支持了假设8.8。此外,由于中部地区在"十五"时期的核心变量没有通过显著性检验,故在东部地区、西部地区与中部地区进行比较时,不考虑该时间段。对比表7-11和表7-12可以发现,上述8个模型中的β_1均为负数,且东部地区该值的绝对值均小于中部地区相对应的值,而西部地区该值的绝对值均大于东部地区相对应的值;上

述 8 个模型的 β_2 均为正数，同时，东部地区该值的绝对值均小于中部相对应的值，而西部地区该值的绝对值均大于东部地区相对应的值，即三大区域的 β_1 和 β_2 的方向和大小均一致。因此，不考虑与中间投入的交互项，重点产业支持政策对企业出口的影响依次表现为中部地区>西部地区>东部地区；若仅考虑与中间投入的交互项，重点产业支持政策的影响也依次表现为中部地区>西部地区>东部地区；若将 β_1 和 β_2 简单加总（此时，不考虑2001—2005 年的结果，这与中部地区的核心指标没有通过检验直接相关），此时模型 6、模型 8、模型 10、模型 14、模型 16、模型 20 的核心变量的影响系数分别为 −0.462、−0.570、−1.265、−2.076、−0.801、−0.947，也可得出同样的结论，即中部地区>西部地区>东部地区。从中国经济发展实际看，东部地区强于中部地区，中部地区强于西部地区。因此，分区域的计量结果部分符合假设 7.9。

表 7-13　西部地区重点产业支持政策影响出口的计量结果

变量	模型 15（2001—2010 年）	模型 16（2001—2010 年）	模型 17（2001—2005 年）	模型 18（2001—2005 年）	模型 19（2006—2010 年）	模型 20（2006—2010 年）
α	2.319	2.338	2.390	2.345	1.861	1.987
β_1	−0.936 (0.000)	−0.890 (0.001)	−0.751 (0.029)	−0.663 (0.047)	−0.988 (0.049)	−1.038 (0.037)
β_2	0.094 (0.000)	0.089 (0.000)	0.085 (0.005)	0.076 (0.010)	0.088 (0.044)	0.091 (0.034)
χ	0.597 (0.000)	0.606 (0.000)	0.598 (0.000)	0.597 (0.000)	0.630 (0.000)	0.651 (0.000)
δ	0.168 (0.329)	—	0.278 (0.271)	—	0.031 (0.900)	—
φ	0.120 (0.263)	—	0.122 (0.371)	—	0.161 (0.421)	—
φ	0.013 (0.675)	—	−0.024 (0.538)	—	0.058 (0.307)	—
企业固定效应	Yes	Yes	Yes	Yes	Yes	Yes
年份固定效应	Yes	Yes	Yes	Yes	Yes	Yes
A-R^2	0.312	0.312	0.300	0.299	0.337	0.337
样本量（个）	8825	8953	5636	5746	2456	2469

(三) 从产业类型看

将相关数据代入模型，得到表征资源密集型、劳动密集型、资本密集型、技术密集型的重点产业支持政策影响企业出口的计量结果，如表7-14、表7-15所示。鉴于资源密集型和劳动密集型属于粗放型，资本密集型和技术密集型属于集约型，不同产业类型的制造业企业会呈现出不同的特征，而相同产业类型的制造业企业在诸多方面会呈现出趋同的势态。因此，将之分为粗放型和集约型并进行对比分析。

表7-14 资源密集型重点产业支持政策影响出口的计量结果

变量	模型21 (2001—2010年)	模型22 (2001—2005年)	模型23 (2006—2010年)	模型24 (2006—2010年)
α	1.535	1.412	1.568	1.565
β_1	0.680 (0.000)	1.096 (0.000)	−1.122 (0.000)	−1.081 (0.000)
β_2	−0.051 (0.000)	−0.083 (0.000)	0.084 (0.000)	0.080 (0.000)
χ	0.783 (0.000)	0.797 (0.000)	0.765 (0.000)	0.780 (0.000)
δ	−0.253 (0.000)	−0.189 (0.286)	−0.483 (0.000)	−0.455 (0.000)
ϕ	−0.242 (0.000)	−0.215 (0.000)	−0.235 (0.000)	−0.257 (0.000)
φ	−0.021 (0.052)	−0.035 (0.007)	0.029 (0.152)	—
企业固定效应	Yes	Yes	Yes	Yes
年份固定效应	Yes	Yes	Yes	Yes
A-R^2	0.374	0.359	0.409	0.410
样本量（个）	45882	28781	13782	13842

表7-15 劳动密集型重点产业支持政策影响出口的计量结果

变量	模型25 (2001—2010年)	模型26 (2001—2005年)	模型27 (2006—2010年)
α	1.806	1.575	2.162
β_1	−0.391 (0.000)	−0.076 (0.268)	−0.943 (0.000)

续表

变量	模型25 (2001—2010年)	模型26 (2001—2005年)	模型27 (2006—2010年)
β_2	0.032 (0.000)	0.008 (0.245)	0.067 (0.000)
χ	0.791 (0.000)	0.807 (0.000)	0.775 (0.000)
δ	-0.175 (0.000)	-0.153 (0.000)	-0.291 (0.000)
ϕ	-0.441 (0.000)	-0.434 (0.000)	-0.470 (0.000)
φ	-0.023 (0.000)	-0.018 (0.014)	-0.029 (0.000)
企业固定效应	Yes	Yes	Yes
年份固定效应	Yes	Yes	Yes
A-R^2	0.433	0.435	0.431
样本量（个）	108430	68081	32260

从粗放型计量结果看，资源密集型重点产业支持政策的两个核心变量均通过了显著性检验，劳动密集型重点产业支持政策也呈现出同样的趋势，即粗放型制造业重点产业支持政策对企业出口较为有效，但也存在较为显著的差别。其中，可用模型21、模型22、模型24表征对资源密集型制造业的影响，用模型25、模型26、模型27表征对劳动密集型制造业的影响。从不分年度的计量结果看，资源密集型制造业不支持假设7.6和假设7.7，而劳动密集型制造业刚好相反。分时间段看，粗放型制造业重点产业支持政策存在显著的"五年规划"差异，如资源密集型制造业2001—2005年、2006—2010年的核心变量的影响出现了转向，且重点产业支持政策的效果得到了弱化但交互项的效果得到了增强；劳动密集型制造业则出现了强化效果，即模型27中的β_1与β_2的绝对值均比模型26大。因此，粗放型制造业重点产业支持政策的影响成效均为部分符合假设7.6、假设7.7和假设7.8。

从集约型计量结果看，资本密集型制造业重点产业支持政策对企业出口影响的实证结果总体较好，可用模型29、模型31、模型33进行解析，但在模型31中仅有1个核心变量，即交叉项通过了显著性检验。对技术密集型制造业重点产业支持政策的影响进行计量分析，发现均仅有1个非核心变量没有通过显著性检验，进而可采取模型35、模型37、模型39来探究其所代表的经济含义（见表7-16、表7-17）。

表7-16　资本密集型重点产业支持政策影响出口的计量结果

变量	模型28 （2001—2010年）	模型29 （2001—2010年）	模型30 （2001—2005年）	模型31 （2001—2005年）	模型32 （2006—2010年）	模型33 （2006—2010年）
α	1.510	1.515	1.443	1.409	1.234	1.238
β_1	−0.324 （0.001）	−0.321 （0.001）	−0.025 （0.842）	—	−0.514 （0.008）	−0.517 （0.007）
β_2	0.023 （0.010）	0.023 （0.010）	−0.042 （0.000）	−0.045 （0.000）	0.075 （0.000）	0.075 （0.000）
χ	0.786 （0.000）	0.786 （0.000）	0.824 （0.000）	0.824 （0.000）	0.781 （0.000）	0.782 （0.000）
δ	0.205 （0.000）	0.208 （0.000）	0.307 （0.000）	0.300 （0.000）	−0.046 （0.495）	—
φ	0.019 （0.595）	—	−0.042 （0.352）		0.118 （0.046）	0.112 （0.055）
φ	−0.099 （0.000）	−0.100 （0.000）	−0.121 （0.000）	−0.117 （0.000）	−0.070 （0.000）	−0.075 （0.000）
企业固定效应	Yes	Yes	Yes	Yes	Yes	Yes
年份固定效应	Yes	Yes	Yes	Yes	Yes	Yes
$A\text{-}R^2$	0.334	0.334	0.314	0.314	0.376	0.376
样本量（个）	67774	67774	41238	41238	22177	22177

将表征资本密集型的模型29、模型31和模型33与表征技术密集型的模型35、模型37、模型39进行对比，以分析集约型重点产业支持政策对不同产业类型企业出口影响的差异性。从重点产业支持政策的影响效果看，对技术密集型的影响要强于资本密集型，资本密集型在2001—2010年、2006—2010年的系数分别为−0.321、−0.517（2001—2005年的计量结果没有通过显著性检验，故不报告），而技术密集型在2001—2010年、2001—2005年、2006—2010年的系数分别为

−2.064、−1.864、−2.630，可知符合假设7.6且基本符合假设7.8。从交互项的影响看，也表现为对技术密集型的影响强于资本密集型，这从总体上看也符合假设7.6且基本符合假设7.8。

从重点产业支持政策对企业出口的影响看，总体上表征为技术密集型>资源密集型>劳动密集型>资本密集型，特别是对技术密集型制造业的影响效果显著大于其他类型。然而，从粗放型和集约型看，不存在显性的产业属性影响差异，即可认为部分符合假设7.10。

表7-17　技术密集型重点产业支持政策影响出口的计量结果

	模型34（2001—2010年）	模型35（2001—2010年）	模型36（2001—2005年）	模型37（2001—2005年）	模型38（2006—2010年）	模型39（2006—2010年）
α	1.982	1.982	2.056	2.056	2.076	2.076
β_1	−2.065 (0.000)	−2.064 (0.000)	−1.865 (0.000)	−1.864 (0.000)	−2.627 (0.000)	−2.630 (0.000)
β_2	0.190 (0.000)	0.190 (0.000)	0.190 (0.000)	0.190 (0.000)	0.221 (0.000)	0.221 (0.000)
χ	0.744 (0.000)	0.744 (0.000)	0.724 (0.000)	0.723 (0.000)	0.759 (0.068)	0.762 (0.000)
δ	0.007 (0.201)	—	0.006 (0.236)	—	−0.060 (0.387)	—
ϕ	0.430 (0.000)	0.431 (0.000)	0.444 (0.000)	0.445 (0.000)	0.392 (0.000)	0.386 (0.000)
φ	−0.104 (0.000)	−0.103 (0.000)	−0.112 (0.000)	−0.111 (0.000)	−0.095 (0.000)	−0.100 (0.000)
企业固定效应	Yes	Yes	Yes	Yes	Yes	Yes
年份固定效应	Yes	Yes	Yes	Yes	Yes	Yes
A−R^2	0.437	0.437	0.417	0.417	0.480	0.480
样本量（个）	56139	56139	34665	34665	17435	17435

六　讨论

基于中国各省份"十五"时期、"十一五"时期经济和社会发展规划筛选出制造业重点支持产业，并采取Stata17.0按照相应条件进行数据提取，获取2001—2010年共计281291个制造业企业的数据。在提出相关假设的同时构建计量模型,从分区域和分产业类型两个维度实证解析重点产业支持政策对制造业企业出口的影响,即分为东部地区、中部地区、西部地区三个区域和劳动密集型、资源密集型、资本密集型、技术密集型四种产业类型。实证结果基本符合提出的假设,但也存在相应差异。从研究结果看,有两个方面值得进一步展开深入研究。

一是样本量的使用年度筛选问题。在研究初始设计时采取2001—2013年的数据,然而模型设定的相关指标在2011—2013年的缺失值较多,且采取2001—2013年数据的实证结果导致在不同区域和不同产业类型模型中的大部分核心变量没有通过显著性检验,因此,选择2001—2010年作为样本区间。此外,2011—2013年隶属于"十二五"规划,各区域的重点产业支持政策差异明显,在一定程度上会影响计量结果。

二是采取企业固定效应的有效性值得商榷。在使用中国工业企业数据库进行相关研究时,学者通常采取企业固定效应来测评各类影响绩效。然而,使用企业固定效应分析中国重点产业支持政策对企业出口的影响时,经过计量实证分析后发现,分区域、分产业类型及其相关时间段呈现出观测值不够的状况。基于研究实际选择企业固定效应。但是,若将研究时间段缩小到2001—2007年,研究结果表明,采取企业固定效应得出的计量结果会与之存在显著差异。

第八章　中国贸易政策与产业政策协调发展影响产业发展

贸易政策会对产业发展产生影响，而产业政策会对贸易发展形成相应的冲击，这在第六章和第七章的研究结果中得到了充分体现。然而，两大政策协调发展也会对产业发展造成相应的影响，进而有必要对此展开理论解答和实证分析。因此，本章在理论分析贸易政策与产业政策协调发展影响产业发展的基础上，基于异质性的微观数据进行实证剖析。

第一节　政策协调影响产业发展的理论解答

基于成本收益核算并结合效用函数演绎出不同参与主体在贸易政策与产业政策协调发展举措上的利得，并通过动态演化博弈判断不同参与主体的互动和动态均衡，为后续实证研究做铺垫。

一　贸易政策与产业政策协调影响产业发展的理论模型

产业（企业）发展是多重因素综合作用的结果，既受到自身发展状况的影响，又受到外在因素特别是政策因素的冲击。从机制层面看，主要包括市场机制和非市场机制两种，而非市场机制与政府出台的相关政策或举措直接关联。因此，企业在发展过程中，不仅要充分挖掘自身的比较优势和竞争优势，还需要积极考虑相关政策的影响绩效（马晓燕、薛俭，2022）。产业是中观层面，由微观个体即企业构成。因此，本节在分析贸易政策与产业政策协调发展举措的影响时，从企业视角进行诠释。设企业收益（红利）主要包括两个方面，分别为自身红利和政策红利，即：

$$ID = It + Po \tag{8-1}$$

其中，ID、It、Po 分别表示企业收益、自身红利、政策红利。

企业自身因素，如资源优势、成本优势、技术优势，会转化成企业发展的内在核心竞争力，进而会产生自身红利。然而，企业发展是多重因素叠加的结果，特别是各类（种）政策会对企业发展产生显性的冲击。无论哪种类型的企业，都可隶属于产业层面，进而相对内向的产业政策和相对外向的贸易政策就会与之形成直接关联。同时，为简化模型，将扶持或影响企业发展的针对内向型经济发展的政策均视为产业政策，而将影响企业发展的针对外向型经济发展的政策均视为贸易政策。此外，积极加快外向型发展，如"走出去""引进来"，是企业维持更强竞争力的重要保障（李磊、冼国明、包群，2018；Zhang and Yang，2022）。诚然，中国自 2020 年开启的"双循环"新发展格局，在一定程度上弱化了外向型经济对企业发展的影响，但在经济全球化的背景下，外向型经济的充分挖掘，即有效利用贸易政策，是企业获取政策红利的重要路径。因此，企业的政策红利与自身红利存在一定程度的联系。

基于效用理论和上述提及的发展红利双重性，将企业的效用函数表示为：

$$U = m \cdot It^{\alpha} \cdot Po^{\beta} \tag{8-2}$$

若企业要实现所获得红利的合理配置，则需要满足：

$$\partial U / \partial It = \partial U / \partial Po \tag{8-3}$$

求解一阶导数，可得：

$$\alpha / It = \beta / Po \tag{8-4}$$

将其代入式（8-1），得到：

$$Po = \frac{\beta \cdot ID}{\alpha + \beta} \tag{8-5}$$

考虑到需要研究的主要是政策红利对企业收益的影响，因此，将其他变量视为固定变量，将 β 视为可变变量。对 Po 求一阶导数，即 $\partial Po / \partial \beta = \frac{ID \cdot \alpha}{(\alpha + \beta)^2}$，鉴于 α、β 均大于 0，此时 $\partial Po / \partial \beta > 0$。对 Po 求二阶导数，得到 $\partial Po^2 / \partial \beta^2 = \frac{-2 \cdot ID \cdot \alpha}{(\alpha + \beta)^3} < 0$。由此可知，一阶导数大于零而二阶导数

小于零，显示出在将企业收益视为相对固定（不变）的情况下，Po有极大值而无极小值。此外，在其他变量保持不变的情况下，Po与β呈现出明显的正相关关系，即β增加会导致企业获得的政策红利显著增加。这从侧面也表明，在逐利性和获取更大效用的本质下，企业会在自身红利和政策红利两个方面作出相应的替代性选择。如政策红利能带来更大的效用，则基于西方经济学中的理性经济人假设，企业会遵循消费者均衡理论中的均衡条件，通过支出更多的资源或要素以获取各种政策带来的既有和潜在收益（福利）。

从中国现行的经济社会发展背景看，自美国次贷危机以来，中国经济发展的转型趋势显著，各级部门积极出台了大量促进企业发展的政策或举措，而这成为企业获得稳健发展的驱动器，且这种政策红利在现行背景下可以得到更大程度的强化。特别地，不同类型的政策如何实现"1+1>2"的效果，即实现协调发展，成为各级政府重点关注的议题。因此，从政策红利视角看，企业（产业）发展与政策协调之间应该存在动态的关系，本节采取动态演化模型进行关联性的理论解析。

二 企业发展和贸易政策与产业政策协调发展举措实施的动态演化

（一）各行为主体成本—收益假设

鉴于分析的侧重点为产业政策与贸易政策的协调发展对产业发展的影响，而各类政策的制定与实施由各级政府完成。因此，可将政策红利分为产业政策、贸易政策和两大政策协调发展三个部分。同时，为简化模型，将政府和企业的关注点聚焦于两大政策协调发展，而将产业政策和贸易政策的红利视为不变。即若企业仅为获取产业政策或贸易政策的红利，不需要额外支付其他成本，但获取两大政策协调发展需要付出相应的成本。此时，对于产业（企业）发展而言，Po为政策效果，既包括单一政策成效，也包括政策叠加导致的效果调整，即为产业政策、贸易政策、产业政策与贸易政策交互（协调发展）的效果。此外，设定贸易政策和产业政策实现协调发展会产生外部收益ER和外部成本EC，鉴于政策协调发展能产生正外溢性（张海星、孙艺，2020），此时ER应该大于EC，否则政府就没有实施贸易政策与产业政策协调发展举措的动力。考虑到政策的出台是各级政府的自主行为，且若能实现贸易政策和产业政策的协调发展，会对区域经济和社会发展带来显著的正向效果。进一步地，政府会通过各种方式鼓励或制约企业协同贸易政策与产业政策的协调发展举措，这是由政府是经济和社会的"守夜人"角色所决定的。

从政府的私人成本和私人收益看，对于贸易政策与产业政策的协调发展，政府有选择遵从与不遵从两种策略。其中，若选择遵从策略，为推进该策略需要付出额外的监督成本 gc。此外，如某企业选择了政府的协调发展举措而没有采取行之有效的举措，则会遭到政府相对抵制而产生成本 XT（在一定程度上可视为政府罚金），即获取政策红利但没有实施配套做法。

从企业的私人成本和私人收益看，若政府实施了助推贸易政策与产业政策协调发展的举措，企业有跟进与不跟进两种举措。假如企业选择了跟进举措，政府会通过各种方式给予企业补贴 ipr（如直接补贴、税收减免、用地优惠），而企业为配合实施该举措需要投入成本 $ic1$（可视为通过寻租获取协调发展举措可能产生的红利而需要付出的成本，无论政府出台相关政策与否，均将该部分支出视为额外支出，且政府无法直接获取）和付出成本 $ic2$（为跟进协调发展战略而需要对工艺、技术、生产函数等进行改造而付出的成本），且能从两大政策协调发展所导致的效率或效能提升中获取收益 ie。如没有采取跟进举措，则会由于生产效率或效能的下降而造成损失 $ic3$。此外，企业享受了协调发展举措的政策红利而没有有效实施时会被政府处罚 gp（前述所提及的政府罚金）。

对于企业而言，选择是否跟进贸易政策与产业政策协调发展举措有多方面的考量，通常会涉及资产专有性、专款专用、契合协调发展政策需要付出的努力和获得的相关收益。事实上，中国企业总体处于粗放型的发展状态，而贸易政策和产业政策及其协调发展的举措侧重于实现结构优化（如贸易结构、产业结构）（李清杨、臧旭恒、曲一申，2022）、产业升级（张玉兰、崔日明、郭广珍，2020）、淘汰过剩或落后产能（戚佰阳，2017；刘海英、钟莹，2022），这对于企业获取相关举措的红利存在较大的压力，特别是中国企业总体处于渐进式创新阶段（李玉花、简泽，2021）。诚然，中国的国家创新力在近些年得到了显著提升，如全球创新竞争力指数由 2012 年的第 34 位提升到 2021 年的第

12位，但这并没有改变中国创新能力相对不高的总体格局。此外。中国积极助推由渐进式创新向颠覆式创新转变，如大力鼓励企业加快数字创新（Simmons，Palmer，Truong，2013；胡山、余泳泽，2022），而对中国绝大部分企业而言，这种类型的创新在短期内难以有效实现。又如，从发展水平看，中国绝大部分企业处于工业1.0时代或工业2.0时代，① 这更彰显了中国企业发展水平总体相对偏低的既定事实。

为分析贸易政策和产业政策协调发展举措的影响，从企业和政府两个维度评估其效用（为简化处理，将收益视为效用），同时将 PG 和 PI 分别视为政府和企业未考虑实施或跟进协调发展举措的效用（收益）。此外，由前述假设可知，在分析各行为主体对待协调发展举措态度时，需要重点探讨企业跟进举措对其成本—收益的影响，而对于政府的成本收益分析相对弱化，这与该动态博弈的最核心或关键点是企业直接关联，即企业对贸易政策与产业政策协调发展的态度决定了政府采取协调发展举措的有效性。

（二）各行为主体策略效用评估

基于前述提及的成本—收益假设，分析各参与主体在不同策略下的利得（Payoff，支付）。有一点需要强调的是，政府在考虑收益和成本时，需要将社会成本和社会收益纳入其中，即从外部性视角进行剖析，这与政府能充分获取或需要承担由此形成的外部效应直接相关。考虑到无论是政府还是企业，均存在两种不同的策略，进而可将其纳入动态博弈模型中进行分析，其博弈支付矩阵如表8-1所示。

表8-1　　　　　　　　　博弈支付矩阵（Payoff）

		企业	
		跟进	不跟进
政府	采取	($PG+ER+ie-gc-ipr$, $PI+ipr+ie-ic1-ic2$)	($PG+ER+gp-gc-ipr$, $PI-gp-ic3$)
	不采取	($PG-EC+ie$, $PI+ie-ic1-ic2-ic3$)	($PG-EC$, $PI-ic3$)

---

① 《从工业1.0、2.0到3.0、4.0，我们的工业强国之路还有多远要走？》，https://baijiahao.baidu.com/s?id=1665118813018650734&wfr=spider&for=pc。

设 p 和 q 分别为政府实施协调发展举措和企业跟进协调发展举措的概率。政府为了提高全国或特定区域的经济社会福祉，有更大的利益动机来实现贸易政策与产业政策的协调发展，而企业更多是基于自身利益视角考虑是否选择跟进协调发展举措，且有相当一部分企业由于达不到或不愿达到设定的要求而放弃了政府倡导的协调发展举措。从这方面讲，p 大于 q，即政府实施贸易政策和产业政策协调发展举措的意愿（或概率）大于企业采取跟进协调发展举措的可能性。本节通过动态演化剖析政府和企业是否选择或跟进贸易政策与产业政策协调发展举措。为进行动态演化分析，需要给出不同行为主体在不同条件下的期望值函数，即需要给出政府和企业在不同策略条件下的期望均值。

设政府实施采取策略、不采取策略、平均期望值的效用分别为 U_{G1}、U_{G2} 和 U_G。结合表 8-1 可知，$U_{G1}=q(PG+ER+ie-gc-ipr)+(1-q)(PG+ER+gp-gc-ipr)$，即 $U_{G1}=PG+ER-gc-ipr+(1-q)\cdot gp+q\cdot ie$，$U_{G2}=q(PG-EC+ie)+(1-q)(PG-EC)=PG-EC+q\cdot ie$，$U_G=p\cdot U_{G1}+(1-p)\cdot U_{G2}$。

设企业实施跟进策略、不跟进策略、平均期望值的效用分别为 U_{E1}、U_{E2} 和 U_E。结合表 8-1 可知，$U_{E1}=p(PI+ipr+ie-ic1-ic2)+(1-p)(PI+ie-ic1-ic2-ic3)$，即 $U_{E1}=PI+ie-ic1-ic2+p\cdot ipr-(1-p)ic3$，$U_{E2}=p(PI-gp-ic3)+(1-p)\cdot(PI-ic3)=PI-ic3-p\cdot gp$，$U_E=q\cdot U_{E1}+(1-q)\cdot U_{E2}$。

需要作出说明的是，为了方便后续的模型分析，没有将 U_G 和 U_E 中的各子项（相应的 U_{i1} 和 U_{i2}，i 分别为 G 和 E）进行分拆计算，而只是给出了与各子项的关系表达式，即各自在不同策略下形成的期望值及其概率之和的汇总。

（三）各行为主体的动态均衡演化

将贸易政策和产业政策协调发展视为一个复杂的系统，将政府和企业作为参与主体。考虑到不同参与主体是否推进（或采取）协调发展举措均存在一定程度的不确定性，因此，本节从演化博弈论（Evolutionary Game Theory）中的复制动态方程（Duplicate Dynamic Equation）和演化稳定策略（Evolutionary Stable Strategy）来进行诠释。如吴克晴和冯兴来（2015）基于进入强度系数对复制动态方程的稳定性进行了改进。若仅从国内研究看，学者采取动态演化均衡从不同视角进行了剖析，如 WTO 谈判中的利益分配（2005）、企业排污（余孝军，2007）、产业融合（陆立军、于斌斌，2012）、企业成长（张永林、陈春春、王国成，2015）、再制造策略（游达明、朱邵玲，2018）、机动车保险欺诈（何奇龙、唐煦韩、唐娟红，2022）、供应链的低碳转型（黄蕾、董雨，2022）、国际市场产业联系（贺灿飞、余昌达，2022）。本节采取复制动态方程，从政府、企业及其互动三个方面解析动态演化，且判断均衡结果的稳定性。

1. 企业的复制动态方程

$$F(q) = \frac{dq}{dt} = q \cdot (U_{E1} - U_E) = q \cdot (1-q) \cdot (U_{E1} - U_{E2}) = q \cdot (1-q) \cdot$$
$$[ie-ic1-ic2+p \cdot (ipr+gp+ic3)] \tag{8-6}$$

考虑到 q 为概率，进而 $0<q<1$。为此，$F(q)$ 与 0 的关系取决于 $ie-ic1-ic2+p \cdot (ipr+gp+ic3)$。若 $ie-ic1-ic2+p \cdot (ipr+gp+ic3)=0$，即 $p=(ic1+ic2-ie)/(ipr+gp+ic3)$，此时 $F(q)=0$，可认为企业的复制动态方程处于稳态。进一步地，只有满足 $ic1+ic2>ie$ 时，企业才会有动力来跟进政府采取的贸易政策与产业政策协调发展的举措。此外，由 p 的表达式可知，其分子与分母需满足 $ic1+ic2-ie \leq ipr+gp+ic3$，即企业付出的成本差须小于企业可能由此获得的收益之和（$ic3$ 是企业没有采取协调发展举措可能带来的损失，这在一定程度上可视为采取协调发展举措带来的收益）。

当 $p \neq (ic1+ic2-ie)/(ipr+gp+ic3)$ 时，$F(q)$ 的临界值 p 为 0 或 1。当呈现出演化稳定策略时，要求 $F'(q)<0$，而一阶导数的表达式为 $(1-2q) \cdot [ie-ic1-ic2+p \cdot (ipr+gp+ic3)]$。当 $p>(ic1+ic2-ie)/(ipr+gp+ic3)$ 时，$q=1$ 是稳态均衡；当 $p<(ic1+ic2-ie)/(ipr+gp+ic3)$ 时，$q=0$ 是稳态均衡。

因此，得到结论 8.1：企业跟进行为与政府是否采取协调发展举措直接相关，其演化均衡值决定政府采取协调发展举措的概率。

2. 政府的复制动态方程

$$F(p) = \frac{dp}{dt} = p \cdot (U_{G1} - U_G) = p \cdot (1-p) \cdot (U_{G1} - U_{G2}) = p \cdot (1-p) \cdot$$

$$(ER+EC+gp-gc-ipr-q \cdot gp) \qquad (8-7)$$

考虑到 p 为概率，进而 $0<p<1$。为此，$F(p)$ 与 0 的关系取决于 $ER+EC+gp-gc-ipr-q \cdot gp$。若 $ER+EC+gp-gc-ipr-q \cdot gp=0$，即 $q=(ER+EC+gp-gc-ipr)/gp$，此时 $F(p)=0$，可认为政府的复制动态方程处于稳定状态。进一步地，只有满足 $ER+EC+gp>gc+ipr$ 时，政府才会有利益驱动来实施贸易政策与产业政策协调发展举措。此外，由 q 的表达式可知，其分子与分母需满足关系式 $ER+EC \leqslant gc+ipr$，即协调发展导致的外部效应小于政府付出的成本之和，这也可彰显出政府需要付出较大的成本，才可能有效地推动贸易政策与产业政策实现协调发展。

当 $q \neq (ER+EC+gp-gc-ipr)/gp$ 时，$F(p)$ 的临界值 p 为 0 或 1。当呈现出演化稳定策略时，要求 $F'(p)<0$，而一阶导数的表达式为 $(1-2p) \cdot (ER+EC+gp-gc-ipr-q.gp)$。当 $q>(ER+EC+gp-gc-ipr)/gp$ 时，$p=1$ 是稳态均衡；当 $q<(ER+EC+gp-gc-ipr)/gp$ 时，$p=0$ 是稳态均衡。

因此，得到结论 8.2：政府采取贸易政策与产业政策协调发展举措与企业是否采取跟进举措直接相关，其演化均衡值决定企业采取跟进举措的概率。

3. 政府与企业的博弈

为分析政府和企业对贸易政策和产业政策协调发展举措的反馈，基于角点解 A (0, 0)、B (1, 1)、C (0, 1)、D (1, 0) 和临界值★ $[(ER+EC+gp-gc-ipr)/gp, (ic1+ic2-ie)/(ipr+gp+ic3)]$，将之分为 Ⅰ、Ⅱ、Ⅲ、Ⅳ 和临界值五个区域（点）。其中，Ⅰ 包括 $q<(ER+EC+gp-gc-ipr)/gp$ 和 $p<(ic1+ic2-ie)/(ipr+gp+ic3)$ 合围的区域，Ⅱ 包括 $q<(ER+EC+gp-gc-ipr)/gp$ 和 $p>(ic1+ic2-ie)/(ipr+gp+ic3)$ 合围的区域，Ⅲ 包括 $q>(ER+EC+gp-gc-ipr)/gp$ 和 $p<(ic1+ic2-ie)/(ipr+gp+ic3)$ 合围的区域，Ⅳ 包括 $q>(ER+EC+gp-gc-ipr)/gp$ 和 $p>(ic1+ic2-ie)/(ipr+gp+ic3)$ 合围的区域（见图 8-1）。基于不同区域的稳定性，将之分为收敛区域、不确定性区域和临界值点。

从临界点来看，在★点，即 $q=(ER+EC+gp-gc-ipr)/gp$，$p=(ic1+ic2-ie)/(ipr+gp+ic3)$，此时对政府是稳定的，但对企业是不稳定的，进而可认为企业实施跟进策略是不稳定的。只有当政府实施协调发展的举措达到一定临界值后，企业才会有利益动机实施跟进举措。

168 / 中国贸易政策与产业政策的协调机制

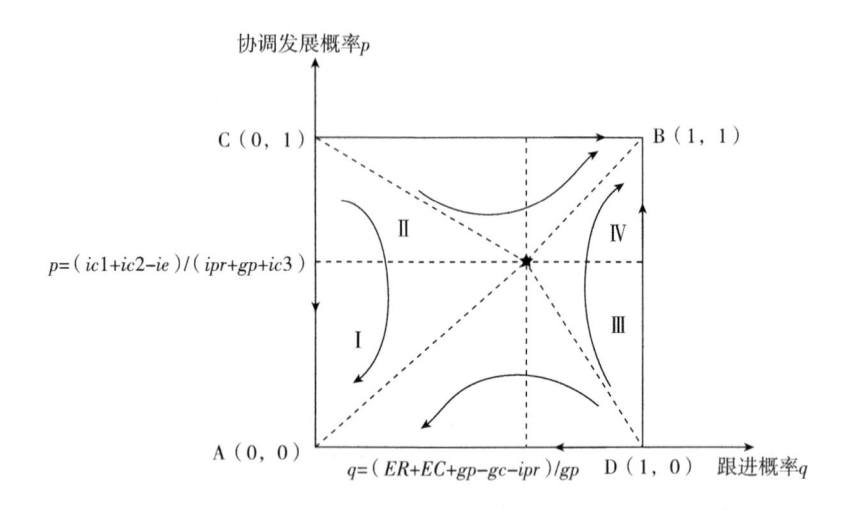

图 8-1 贸易政策与产业政策协调发展的政府与企业关系动态演化

从收敛区域来看，在区域Ⅰ，无论是政府还是企业，均存在向点 A (0, 0) 移动的趋势以实现纳什均衡，其最终结果是政府不实施协调发展举措，企业也不采取跟进策略。与之相似的是，在区域Ⅳ，均存在向点 B (1, 1) 推进的趋势以实现纳什均衡，其最终结果是政府实施协调发展举措且企业随之跟进。事实上，点 A (0, 0) 和点 B (1, 1) 均为纳什均衡，即占优均衡。

从不确定区域来看，该区域包括区域Ⅱ和区域Ⅲ，即只要企业跟进协调发展策略的概率和政府实施协调发展举措的概率，一个大于临界值而另一个小于临界值，均会导致出现"一头热、一头冷"的格局，即无法实现政府与企业在两大政策协调发展方面的占优均衡。

在中国加大经济改革以释放政策红利的背景下，实现不同政策的协调发展以促进产业提升，是重要的政策导向，这在国家和各级政府出台的各类文件（政策、举措）中已有集中的阐述，在此不再进行深入剖析。与此同时，"刘易斯拐点"、内生技术要求升级、国家加大推进产业转型调整等均会促使或要求企业与国家层面的主要政策保持一致，在获取较大的政策红利的同时实现更大的发展空间。进一步地，政府有较强的利益动机来实现贸易政策与产业政策的协调发展并采取相应的举措，因此，突破 $p=(ic1+ic2-ie)/(ipr+gp+ic3)$ 的临界值是实现经济高质量发展的理性选择。此外，企业也会在贸易政策与产业政策协调发展举措的引导下推动国内外市场、生产改进等方面的提升，进而增强与政府倡导的协调发展举措的向心力，即在采取跟进策略的概率上，超越 $q=(ER+EC+gp-gc-ipr)/gp$ 的临界值是次优或最优选择。从这点来看，政府和企业均有促使贸易政策与产业政策实现协调发展的现实要求，这在一定程度上印证了贸易政策与产业政策的协调发展会显著冲击产业的发展。随后，本章基于特定的贸易政策和产业政策，实证解析政策协调对产业发展的影响绩效。

第二节 政策协调影响产业发展的实证分析

由理论求解可知，无论是政府还是企业，都有对贸易政策与产业政策协调发展举措的内在诉求。政府出台相应举措的主要目的是服务于区域经济发展，进而有必要实证解析政策协调对产业发展的影响。

一 计量模型构建

由第六章和第七章可知，无论是贸易政策还是产业政策，均具有多重维度、多重层级的复杂性，在具体衡量不同政策绩效时无法采取统一的模型展开分析，诚然，本章第一节的研究结果表明，无论是哪类参与主体，都会有较强的利益（效用）动机来实施或跟进贸易政策与产业政策协调发展举措，即整体性（或一般性）模型显示了两大政策实现协调发展的必要性与可行性。特别地，政府对两大政策实现协调发展有着较强的利益动机（刘安国、卢晨曦、杨开忠，2019），这是由政府能充分获取协调发展所带来的较强的正外部性决定的。然而，为研究两大政策协调发展对产业发展的影响绩效，有必要明确具体的贸易政策与产业政策并采取相应的方法或模型进行测度（评价）。

为与第七章的研究时间段保持相对一致，拟采取微观数据实证解析贸易政策与产业政策协调发展举措对产业发展的影响。本节将研究的时间段设定为 2001—2010 年，即中国"十五"时期、"十一五"时期，此时需要筛选出特定的贸易政策与产业政策。在该时间段，对中国贸易产生明显扰动的政策或重大事件主要包括三个，分别为 2001 年 12 月 11 日中国加入 WTO、2004 年 7 月中国进出口经营权由审批制改为备案制、始于 2006 年年底并在 2008 年 9 月全面爆发的美国次贷危机引致的国际金融危机，均会显著影响中国贸易政策的调整。因此，为较为有效地研究中国重大贸易政策调整在特定时间段（2001—2010 年）的影响，拟不剖析加入 WTO 和美国次贷危机的冲击（与发生时间相对应设定的研究时间段过早或过晚有关），而以进出口经营权制度变更（由审批制调整为备案制）作为贸易政策的重大扰动，这在 2004 年修订的《中华人民共和国对外贸易法》中得到了集中体现。外贸经营权的放开，会刺激企业以更大力度、更大强度参与国际竞争，进而必然会对企业（产业）发展产生显性的影响。

从产业政策看，自中国经济进入发展新常态后，通过政策红利助推产业发展已是各级政府的通行做法，即会出台各种类型的相关政策以加快产业的转型提档。换言之，相对于贸易政策而言，产业政策呈现出更加复杂、多样的属性，进而在剖析两大政策协调发展时，应该更加注重不同产业政策与特定贸易政策的协调发展影响。重点产业支持政策是中国各省级部门的通行做法，且通常在"五年规划"中有着集中的阐述，而采取的种种补贴举措能为企业发展带来现实（或潜在）的收入。为与第七章保持相对一致，本节以补贴政策和重点产业支持政策作为切入点，作为解析产业政策影响产业发展的实证层面。

从贸易政策与产业政策协调发展看。经检索，没有发现有将两大政策协调发展举措作为一个指标来度量其影响绩效的相关研究。在具体实证研究中，不同政策能否协同起作用，可用不同政策的乘积即交互项来表征，即同时产生效果，而在本章第一节也指出，协调绩效产生的基本前提条件是各种政策（如贸易政策、产业政策）同时存在。进一步地，在随后的实证模型中，将贸易政策和产业政策的交互项作为衡量指标，以此解析协调发展的影响。

此外，产业发展是各种因素影响的结果，不仅包括政策层面的影响，而且包括非政策因素的冲击。与此同时，影响产业发展的政策也不仅限于产业政策和非贸易政策及其协调发展举措，还应包括非产业政策和非贸易政策举措，但在具体实证分析中将其他类型的举措均视为不变，以凸显两大政策及其协调发展的影响。而由本章第一节的理论演绎结果可知，政府会采取促进两大政策协调发展的举措，同时在政策红利的指引下，企业也会采取跟进策略，即最终达到 B（1，1）的占优均衡。由于产业政策主要表现在国内层面，而贸易政策主要表现在国外层面，且政府在实施国内举措时有着更大的灵活性与主动性，进而造成产业政策的种类多于贸易政策的既定事实。为凸显这种差异性，在随后的模型处理中，分别选取 2 种产业政策（补贴政策和重点产业支持政策）和 1 种贸易政策（外贸经营权政策调整）。在分析非政策因素的冲击时，结合第七章的模型，选择企业存续经营时间、固定资产比率、企业规模等指标作为控制变量，同时控制行业效应和年份效应。对于企业发展的具体指标，用 TFP 即全要素生产率来表征。

考虑到无论是贸易政策还是产业政策，单一的政策会影响产业（企业）的发展，且协调发展举措也会有着相应的冲击效应。进一步地，基于上述分析，得到表征贸易政策与产业政策协调发展影响产业发展的基本模型，即：

$$TFP_{it} = \alpha + \beta_1 \cdot PIND_{it} + \beta_2 \cdot Sub_{it} + \beta_3 \cdot Tr_{it} + \beta_4 \cdot PIND_{it} \cdot Tr_{it} + \beta_5 \cdot Sub_{it} \cdot Tr_{it} + \chi \cdot Age_{it} + \delta \cdot Size_{it} + \varphi \cdot Fix_{it} + \gamma_i + \gamma_t + \varepsilon_{it} \qquad (8-8)$$

其中，TFP、PIND、Sub、Tr、PIND·Tr、Sub·Tr、Age、Size、Fix 分别表示全要素生产率、重点产业支持政策、补贴政策支持度、外贸经营权改变、重点产业支持政策与外贸经营权改变交互项、补贴政策支持度与外贸经营权改变交互项、企业存续经营时间、企业规模、固定资产比率；γ_i、γ_t、ε_{it} 分别为企业固定效应、年份固定效应、随机误差项。

鉴于在实证分析时采取了中国工业企业数据库中的企业微观数据，为与第七章的内容保持一致，凡是在该模型中出现的与第七章相同的指标，均采取同样的标识或处理方法。考虑到外贸经营权在 2004 年 7 月由审批制改为备案制，而在中国工业企业数据库中只有分年度数据。进一步地，将 2001—2004 年的 Tr 取值为 0，将 2005—2010 年的 Tr 取值为 1。此外，由于已在前文就数据来源、相关指标、描述性、指标筛选标准进行了相似的解析，本节不再重复说明。

本节重点剖析贸易政策与产业政策的协调效果，由此将两个交互项指标视为核心变量，即 β_4、β_5 是重点关注对象；将三大政策本身，如重点产业支持政策、产业补贴政策、外贸经营权政策视为次核心变量，

即 β_1、β_2、β_3 是次要的关注对象；将 Age、$Size$ 和 Fix 视为影响因素变量；将 γ_i 和 γ_t 视为控制变量。

基于与第七章同样的处理方式，运用 Stata17.0 对 2001—2010 年的中国工业企业数据库进行整理，得到了 550960 个企业的面板数据。

二 描述性分析

经计量分析后发现，无论是从总体看，还是分区域或分行业看，外贸经营权改变指标均没有通过显著性检验，但衡量协调发展的指标，即政策交叉项指标总体上较为明显地通过了显著性检验。为此，在描述性分析和实证分析中，均不考虑单独的外贸经营权改变指标。

对比可知，样本观测值比第七章第二节要多，但比第七章第一节要少，即该部分的样本企业约为 55 万个，而第七章的样本企业分别约为 83 万个和 28 万个。从与第七章的相同指标对比看，该部分的全要素生产率、企业存续经营时间、企业规模、固定资产比率的均值与第七章差别不大，该部分分别为 4.886、2.020、10.271、0.360（见表 8-2），而第七章依次为 4.936、2.061、10.560、0.326。但是，补贴指标存在明显的差别，本节的均值为 0.260，而在第七章为 1.150。由于研究模型所需要的指标不同，数据样本出现了相应的变化，进而使各变量的描述性结果与第七章存在相应的差异。

表 8-2　　　　　　　　　　描述性分析结果

	样本观测值（个）	均值	标准差	变异系数	最小值	最大值
TFP	550960	4.886	0.884	0.181	-4.515	11.725
$PIND$	550960	0.517	0.500	0.967	0.000	1.000
Sub	550960	0.260	0.218	0.838	0.000	1.632
$PIND \times Tr$	550960	0.226	0.418	1.850	0.000	1.000
$Sub \times Tr$	550960	0.102	0.178	1.745	0.000	1.510
Age	550960	2.020	0.813	0.402	0.000	7.601
$Size$	550960	10.271	1.259	0.123	8.435	19.000
Fix	550960	0.360	0.211	0.586	0.000	1.425

三 计量结果

基于与第七章同样的解析维度，从总体、分区域、分产业类型三个方面进行实证分析,即将之分为东部地区、中部地区、西部地区和劳动密集型、资源密集型、资本密集型、技术密集型四种产业属性。经Hausman检验发现,该模型采取固定效应的效果较好,无论从哪方面计量都会得出同样的结果,故报告出固定效应的计量结果。为凸显政策协调的效果,给出如下判断标准:如任何一个交互项没有通过10%的显著性检验,[①] 则认为模型的整体拟合性较差。在具体报告计量结果时,不给出控制变量的具体影响值。与此同时,考虑到模型设定与第七章存在显性的差别,即此时侧重于分析政策协调对产业发展的影响,进而单一政策的影响可能会与前述不同。

（一）不分属性

将不分属性的面板数据代入计量模型,发现所有变量都通过了5%的显著性检验,且调整后的相关系数达到了0.753,具体计量结果如表8-3所示。从核心变量看,β_4 和 β_5 均为负数,分别为 -0.036 和 -0.018,可认为重点产业支持政策与外贸经营权改变交互项、补贴政策支持度与外贸经营权改变交互项均不利于企业生产效率的提高,即特定的产业政策和贸易政策协调发展没有有效促进产业发展。通常的观点认为,中国的贸易政策和产业政策存在一定程度的背离（戚佰阳,2017；丁鹏,2019）,且实证结果也佐证了学者的研究结论。从次核心变量看,重点产业支持政策通常为有针对性地促进相关产业发展,表现为影响系数为正,这与巫岑、黎文飞和唐清泉（2019）,范卫宏和郭寿良（2022）的研究结论一致；补贴政策具有的"补贴诅咒"属性,导致通常会负向影响产业生产率的提升（任优生、邱晓东,2017；蒋冠宏,2022）,而计量结果也支持了这一观点。从影响因素看,企业规模与企业生产效率表现为正相关,而企业存续经营时间和固定资产比率与企业生产效率呈现出负相关。

表8-3　　　　　　　　　　不分属性的总体计量结果

变量	模型1
α	-1.383

---

① 本节以10%的显著性水平作为判断通过检验的标准。

续表

变量	模型 1
β_1	0.007 (0.049)
β_2	−0.098 (0.000)
β_4	−0.036 (0.000)
β_5	−0.018 (0.016)
χ	−0.013 (0.000)
δ	0.645 (0.000)
ϕ	−0.822 (0.000)
企业固定效应	Yes
年份固定效应	Yes
$A\text{-}R^2$	0.753
样本量（个）	550960

考虑到本节主要分析政策协调对产业发展的影响，因此，在分区域和分产业类型的实证研究中，侧重于剖析重点产业支持政策与外贸经营权改变交互项、补贴政策支持度与外贸经营权改变交互项的影响，而对特定产业政策和影响因素不进行深入解析。但是，在具体计量结果处理过程中，报告出特定产业政策和影响因素的影响绩效。

（二）分区域

从三大区域看，东部地区的所有变量均通过了显著性检验，中部地区的重点产业支持政策和企业存续经营时间、西部地区的重点产业支持政策没有通过显著性检验，且调整后的相关系数均为 0.75 以上，如表 8-4 所示。如仅从变量通过显著性检验的个数看，模型的整体效果表现为东部地区>西部地区>中部地区。

表 8-4　　　　　　　　　分区域计量结果

变量	东部地区 模型 2	中部地区 模型 3	中部地区 模型 4	西部地区 模型 5	西部地区 模型 6
α	-1.464	-1.069	-1.078	-1.291	-1.295
β_1	0.011 (0.005)	-0.015 (0.165)	—	-0.010 (0.486)	—
β_2	-0.055 (0.000)	-0.242 (0.000)	-0.242 (0.000)	-0.181 (0.000)	-0.181 (0.000)
β_4	-0.037 (0.000)	-0.014 (0.074)	-0.018 (0.010)	-0.047 (0.000)	-0.005 (0.000)
β_5	-0.025 (0.003)	0.035 (0.092)	0.033 (0.095)	-0.045 (0.082)	-0.046 (0.076)
χ	-0.014 (0.000)	-0.003 (0.415)	—	-0.014 (0.021)	-0.013 (0.022)
δ	0.652 (0.000)	0.618 (0.000)	0.617 (0.000)	0.634 (0.000)	0.634 (0.000)
ϕ	-0.841 (0.000)	-0.711 (0.000)	-0.711 (0.000)	-0.852 (0.000)	-0.852 (0.000)
企业固定效应	Yes	Yes	Yes	Yes	Yes
年份固定效应	Yes	Yes	Yes	Yes	Yes
$A-R^2$	0.751	0.770	0.770	0.752	0.752
样本量（个）	428861	72973	72973	49122	49122

东部地区的重点产业支持政策与外贸经营权改变交互项的绩效与全国总体影响基本相同，即东部地区的系数为 -0.037，而全国的均值为 -0.036，补贴政策支持度与外贸经营权改变交互项的影响效果也与全国的均值同向且系数差异性最小，这应该与东部地区占据绝大部分的企业样本直接关联。结果显示，东部地区的企业数量达 428861 个，占样本总量的近 80%，这从侧面也说明了中国东部地区经济实力明显较强，而从第七章采取相应方法提取的企业样本量看，也能得到相同的结论。从中国经济发展水平看，西部地区低于中部地区、中部地区低于东部地区，同时，补贴政策具有的"寻租"属性（王军、张一飞，2016；徐承宇，2018）可能会极化西部地区的补贴政策支持度和外贸经营权改变交互项对企业生产效率的影响，而计量得出的系数最小

(-0.046) 凸显了这一点。然而，中部地区的补贴政策支持度和外贸经营权改变交互项的影响方向与东部地区和西部地区差异明显，该系数达到 0.033。由此可认为，贸易政策和产业政策协调发展影响产业发展的绩效在中国存在显著的区域差异，相对于重点产业支持政策和外贸经营权改变的协调效果而言，在补贴政策支持度与外贸经营权改变上表现得更为明显。

（三）分产业类型

关于分行业类型的计量结果如表 8-5 所示。其中，资源密集型、劳动密集型、资本密集型、技术密集型的企业样本数量分别约占 19.90%、30.69%、28.90%、20.51%。考虑到本节研究的侧重点为贸易政策和产业政策的协调影响，而资本密集型产业的 β_4 和 β_5 均没有通过显著性检验，因此，资本密集型产业的全要素生产率与两大政策协调发展基本无关。在资源密集型产业和技术密集型产业中，补贴政策支持度和外贸经营权改变交互项均没有通过显著性检验，且重点产业支持政策和外贸经营权改变交互项的影响效果相反，即对资源密集型产业的影响效果为正，而对技术密集型产业的影响相反。从政策协调的影响方向看，劳动密集型产业与全国的计量结果一致，重点产业支持政策和外贸经营权改变交互项、补贴政策支持度和外贸经营权改变交互项均负向影响企业生产效率，但影响强度得到了相应的增强，系数分别为 -0.043 和 -0.052，尤其体现为补贴政策支持度和外贸经营权改变协调发展的挤压效应更加明显。

表 8-5　　　　　　　　　分行业计量结果

变量	资源密集型		劳动密集型	资本密集型		技术密集型	
	模型 7	模型 8	模型 9	模型 10	模型 11	模型 12	模型 13
α	-1.430	-1.419	-1.475	-1.386	-1.383	-1.390	-1.392
β_1	-0.010 (0.337)	—	0.021 (0.001)	-0.017 (0.054)	-0.017 (0.030)	-0.003 (0.841)	—
β_2	-0.122 (0.000)	-0.120 (0.000)	-0.081 (0.000)	-0.043 (0.018)	-0.044 (0.018)	-0.108 (0.000)	-0.107 (0.000)
β_4	0.017 (0.061)	0.012 (0.079)	-0.043 (0.000)	-0.001 (0.886)	—	-0.057 (0.000)	-0.057 (0.000)

续表

变量	资源密集型 模型7	资源密集型 模型8	劳动密集型 模型9	资本密集型 模型10	资本密集型 模型11	技术密集型 模型12	技术密集型 模型13
β_5	0.017 (0.335)	—	−0.052 (0.000)	0.002 (0.915)	—	0.011 (0.562)	—
χ	−0.012 (0.013)	−0.011 (0.015)	−0.007 (0.094)	−0.016 (0.000)	−0.016 (0.000)	−0.008 (0.114)	—
δ	0.650 (0.000)	0.649 (0.000)	0.647 (0.000)	0.647 (0.000)	0.647 (0.000)	0.649 (0.000)	0.647 (0.000)
ϕ	−0.821 (0.000)	−0.821 (0.000)	−0.763 (0.000)	−0.878 (0.000)	−0.878 (0.000)	−0.922 (0.000)	−0.921 (0.000)
企业固定效应	Yes	Yes	Yes	Yes	Yes	Yes	Yes
年份固定效应	Yes	Yes	Yes	Yes	Yes	Yes	Yes
A-R^2	0.764	0.764	0.743	0.732	0.732	0.752	0.752
样本量（个）	99817	99817	153946	144958	144958	102853	102853

四 讨论

由上述关于贸易政策和产业政策协调发展影响产业发展的实证研究可知，政策协调会影响全要素生产率的提升，尤其是存在较为显性的挤出效应，但也存在区域和产业类型差异，集中表现为对东部地区和劳动密集型产业的影响效果较为明显。然而，在三个方面值得进一步商榷。

贸易政策和产业政策协调发展，涉及多种贸易政策与产业政策。在具体研究时，选择了重点产业支持政策和补贴政策支持度表征产业政策，外贸经营权改变表征贸易政策，但这些政策在多大程度上能有效代表总体上的贸易政策和产业政策值得深挖。特别地，受制于研究数据，以2004年外贸经营权改变作为影响贸易发展的政策应该有着一定的可行性。然而，如前所述，在国内外环境深度变化的背景下，还会有诸多的贸易政策会影响两大政策协调对产业发展的影响。尤其是"双循环"新发展格局、新冠疫情等，虽说不是严格意义上的外贸扰动，但会对中国的贸易发展产生深远的影响，即在一定程度上可视为促成贸易政策的重要驱动力。又如，2022年发生的乌克兰危机，会促使世界政治经济格局出现分化，而这也必然会影响中国的贸易走向与格局。

贸易政策和产业政策协调发展深受国内外环境的影响，为此在分析其对产业发展的影响时,需要采取相对较新的数据以佐证政策协调发展的冲击。然而,考虑到政策变量的选择和数据库的实际获取,以中国工业企业数据库作为主要的数据源,并以2001—2010年的微观数据进行实证剖析。基于实证研究结果,得出贸易政策和产业政策协调发展总体上会负向影响产业发展的结论。但是,当采取的特定政策随之改变,且数据源进行相应延伸或替换时,实证研究的总体结论可能会出现相应的调整。然而,本章仅在两大政策协调发展影响产业发展方面作出相应的尝试,以期为后续的相关研究提供一定的借鉴。

中国作为发展中大国,无论是在区域之间还是区域内部,或者不同产业之间,企业乃至产业的发展均存在显著差异。为此,采取何种指标来衡量产业发展是一个重要的考量。产业发展涉及的层级较多,如发展水平、发展质量、发展速度、发展节奏等,在具体研究时,本章选取全要素生产率作为衡量指标,该指标通常用于研究产业发展质量(刘强、李泽锦,2019;韩英、马立平,2022),但该指标在多大程度上能表征产业发展实际值得考究。诚然,选择不同的产业发展指标,贸易政策和产业政策协调发展的影响绩效可能会出现相应的变化,甚至可能出现影响方向的逆转。

第九章　促进中国产业政策与贸易政策协调发展的举措安排

纵观世界经济发展史可知，产业发展与贸易举措从来都是相互依存的。贸易政策通常是服务于经济和社会发展而存在的，即贸易政策在一定程度上能透视产业政策。为此，有必要在借鉴国际经验的同时，指出中国促使两大政策实现协调发展的逻辑，并基于国际借鉴和中国实际，提出两大政策协调发展的应对举措。

第一节　国际借鉴

从 2021 年 GDP 看，美国、日本、德国分别为世界第一大、第三大、第四大经济体（中国为世界第二大经济体），美国经历了由农业国向全球霸主转变的过程，日本经历了第二次世界大战后经济重建到快速崛起的过程，德国自德意志帝国建立后经济社会发生了重大的转变，这些国家的发展均与实施了组合式的产业政策与贸易政策直接相关，其两大政策的协调发展有着较强的代表性。此外，韩国建国后经济的快速发展（2021 年人均 GDP 为世界第 29 位），对于转型国家如何协调贸易政策与产业政策有着较好的借鉴意义。为此，以美国、日本、德国、韩国为例，以产业政策为主、贸易政策为辅简要说明两大政策协调发展的国际经验，以期为中国两大政策实现协调发展提供相应的借鉴。

一　美国经验
（一）产业政策和贸易政策演化

作为支撑美国建国以来发展的国民经济学说，具有生产率立国、保护性关税、国内市场、利益和谐、国民银行等基本观点的美国学派植根于美国经济和社会发展的各个层面（贾根良，2011），且奥巴马政府和特朗普政府在后金融危机时代实施的产业政策也与该学派的主要主张一致（黄阳华，2018）。从美国发展历程可知，实施贸易保护政策还是贸易自由政策与其经济（产业）所处的发展阶段及环境息息相关，即采取自由贸易政策的前提条件通常与其核心利益没有显性的冲突。事实上，2000年以来美国各届政府采取的贸易政策，如小布什政府的"竞争性自由化"（Competitive Liberalization）、奥巴马政府的"两反一保"（反倾销、反补贴、保障措施和特别保障措施）、特朗普政府的"美国优先"（America First）、拜登政府的"以工人为中心"（Worker-centered Trade Policy），均呈现出较强的贸易保护主义倾向（仲鑫、金靖宸，2019；Guliyev，2020）。在具体分析中，以美国重大事件的时间点为临界值加以考虑。然而，对于美国具体经历过哪些重大历史事件，无论是政界还是学界都没有达成统一的观点。但是，罗斯福新政促使美国从经济大萧条（The Great Depression）中走出来，布雷顿森林体系崩溃导致美国霸主地位逐渐坍塌，2008年国际金融危机导致制造业战略重调，均可视为美国产业和贸易发展进程中的重大事件。为此，以1933年、1973年、2008年作为临界值进行剖析。

第一阶段为1776—1933年，以高关税、发展幼稚产业、保护本国市场、行政指令发展特定产业为两大政策的主要特点。爆发于1861年的南北战争，其根本缘由为南北经济结构差异导致的"工业立国"与"农业立国"的分歧（刘淑满，2019），这在美国建国初期出现的汉密尔顿与杰斐逊之争也可见一斑（张少华，1994），且汉密尔顿的"工业立国论"随后成为美国经济发展的主战略。美国的高关税保护政策持续了较长时间，直到1930年胡佛总统签署的高关税政策《斯慕特—霍利关税法》失败。但是总体而言，该阶段主要以幼稚产业为借口，通过高关税进行相应的贸易保护，并通过补贴等政策助推美国的产业发展。

第二阶段为1934—1973年，在贸易政策上实施相对较低的关税政策，在产业政策上凸显对基础研究、基础技术与通用技术的扶持及强化国家安全的产业创新体系构建。在胡佛总统的高关税政策失败后，罗斯福总统向国会提交了《互惠贸易法案》，开启了美国的低关税政策之路。事实上，全球经济大萧条（1929—1933年）结束后，美国成为世界霸主，而实施低关税政策也有利于提高美国的国际市场地位。从实际操作看，第二次世界大战前后的主要举措是通过签订双边或多边协定以推进自由贸易（倪峰、侯海丽，2019）。如1962年出台的《贸易扩大法案》，旨在打开欧洲共同体市场进而推动大西洋自由贸易区建设，可认为是对西欧、日本经济快速发展造成的潜在威胁而作出相应反馈的一种贸易举措。与此同时，通过马歇尔计划、洛美计划、道奇路线、第四点方案、国际货币体系安排等，积极为本国产业的发展开拓或打开国际市场。事实上，美国在该时期主导了第二次世界大战后的全球经济重建。

第三阶段为1974—2008年，是贸易政策的调整阶段。非关税取代关税已成为国际贸易政策的通行做法，因此，美国采取了低关税和非关税壁垒为特征的新贸易保护政策。事实上，布雷顿森林体系崩塌是美国经济实力相对下降而日本、西欧经济实力快速提升的结果，因此，实施了要求其他国家开放市场且限制进口的"公平贸易政策"，以强化对国内产业的保护力度，如1974年出台的《贸易改革法》。在产业政策上，采取了加快创新要素市场化改革、构建创新发展市场制度体系、营造公平竞争和良好合作环境等以促进创新驱动为主的政策导向（沈梓鑫、江飞涛，2019），同时凸显了对知识产权的保护。例如，《杜邦法案》（1980）、《小企业创新发展法案》（1982）、《创新美国》（2004）、《超越风暴》（2005）、《美国"竞争"法》（2007）。

第四阶段为2009年至今，以奥巴马政府实施"再工业化"战略为基本标识。20世纪80年代以来，非实体经济（如金融业）对美国制造业的"挤出效应""空心化"等现象日益明显（刘建民，2012），这在美国次贷危机中得到了集中的体现。因此，如何重振制造业、回归实体经济、鼓励先进制造业，成为美国奥巴马政府、特朗普政府、拜登政府制定产业政策和贸易政策的重要关注点。事实上，无论是奥巴马政府的"再工业化"还是特朗普政府的"美国优先"，均在一定程度上为发展本国制造业采取了明显的贸易保护政策。如奥巴马政府的产业政策和贸易政策皆以推动先进制造业发展和实施国家创新为核心，并以反倾销、反补贴、保障措施为主要举措实施贸易保护。从美国现行的产业政策体系看,总体可分为产业技术政策、产业组织政策和其他产业政策等,其实践基本融合了汉密尔顿的积极干预论和杰斐逊的有限干预论(周建军,2017),如特朗普政府的产业政策呈现出保护主义、战略性减负、选择性干预等特征,[①] 在出台《美国先进制造业领先者战略》等扶持本国产业发展政策的同时,以"退群"为主要手段实施贸易保护和维护本国利益。例如,在2017年1月至2020年10月,美国退出了跨太平洋伙伴关系协定(TPP)、巴黎气候变化协定、联合国教科文组织、全球移民协议、伊朗核协议、联合国人权理事会、万国邮政联盟、武器贸易条约、中导条约、开放天空条约等诸多国际组织与协议(协定)。此外,新冠疫情出现后,特朗普政府积极加强"太关键而不能失败"产业的扶持,并将其政策的着力点直指中国,拜登政府也加强了对"中国制造"的单向约束。[②]

(二) 主要经验

南北战争之后,美国的贸易政策以服务经济发展和国家主权为主要导向。在1973年前以关税作为主要的贸易政策,之后则以非关税壁垒为主,这与世界贸易政策的主要走向一致,其政策逻辑是以自身经济利益为基本出发点。采取产业政策的目的主要是实现产业升级、技术创新、市场扩张、基础设施改进,而实施相应的贸易政策则主要是为了实现与产业发展相配套的贸易秩序。美国产业政策与贸易政策协调发展的经验主要体现为两个方面。

一是专业的协调机构。从政策导向看,产业政策主要服务于区域经济和社会的发展需要,贸易政策主要服务于外向型经济的调整,二者既有联系又存在一定程度的差异,这必然会导致两大政策在利益诉求上存在显性的偏差。1980年成立的美国贸易代表办公室(由美国特别贸易代表办公室更名而来),直接对总统和国会负责,是美国近期产业政策和贸易政策的总谋划者和协调者,其主要职责为对贸易政策提供专业的咨询与建议。两大政策由同一个部门制定和监管,能有效地消除政策立

[①] 《特朗普政府产业政策的基本特征》,https://www.sohu.com/a/275867038_485176。
[②] 《拜登敦促美国国会尽快通过新的基建法案,要对"中国制造"下手》,https://3g.163.com/dy/article/H5G48B4Q0552BOR1.html。

足点或利益群体不同导致的矛盾。

二是相同的利益集团。作为典型的资本主义国家，垄断和寡头垄断企业在美国扮演着重要的角色，如科技企业近期以 Microsoft、IBM、Apple、Alphabet、Facebook、Amazon、Intel、HP、Cisco、Oracle、Tesla 等为代表，既影响着经济发展，也影响着政治格局。事实上，2019 年第二季度的数据显示，美国最富有的 1% 人口的财富相当于中产阶级和中上阶层的总和，① 而这些富有人群可被视为美国的精英阶层。产业政策的主要指向为企业特别是大中型企业，而贸易政策主要服务于国家经济和安全的需要，因此，这些精英阶层将在此起着主导的作用，即利益集团是相同的，进而存在较大的利益动机驱动产业政策和贸易政策实现协同。一旦产业政策和贸易政策出现较大幅度的偏差，精英阶层会积极向美国的各级政府提出相应的诉求，以实现适度的调整或转向。

二　日本经验

（一）产业政策和贸易政策演化

与美国经验相似的是，日本的产业政策也是与贸易政策融合在一起的。日本真正的大发展源于 19 世纪 60 年代至 90 年代的明治维新运动，但随后较长时间国际地位相对偏低，因此，本节仅剖析日本第二次世界大战后产业政策与贸易政策的演化。对第二次世界大战后日本经济经历了哪些阶段，学术界存在不同的观点，如百度百科认为经历了战后恢复、高速增长、低速增长、长期停滞等阶段，李萍（2003）认为存在进口替代、出口导向等阶段，陈建安（2019）认为经历了复苏、高速增长、稳定增长、萧条、重振等阶段。可以看出，对于发展阶段时间节点的划分差异，主要体现在何时实现战后复苏，但李萍（2003）以进口替代和出口导向为基准的划分方法与其他学者的分类方法有着明显的不同。在具体分析中，基本采取了陈建安（2019）的划分方法。随后，选择 1992 年作为日本"失落"的临界值，这与泡沫经济在 1991 年 2 月基本结束直接相关。

在经济复苏期（1946—1960 年），以恢复遭受第二次世界大战重创

---

① 《美国最富 1% 坐拥财富几乎是中产和中上阶层总和》，https://baijiahao.baidu.com/s? id=1649867291181880620&wfr=spider&for=pc。

的国内经济为主要目标。第二次世界大战结束后，国内资源匮乏、物价飞涨、供需矛盾凸显等一系列问题导致经济和社会基本处于废墟与重建边缘，且在贸易政策上以服从当时的国际政治经济安排为主要导向。在政治体制改革、美国全面扶持、主动参与国际竞争、独特文化等驱动下，[①] 基于较好的工业根基和相对较高的人力资本存量（水平）等现实基础，通过价格控制、外汇管制、税收优惠、银行融资、金融倾斜等手段，集中资源发展钢铁、煤炭等基础产业，以优化资源配置效率和缓解国内尖锐的供需矛盾以及战后经济重建。在该阶段，产业政策以直接干预为主，且有选择性地发展特定产业。从贸易政策看，基本遵从了幼稚产业保护理论的政策主张，即国内产业发展的相对滞后，要求采取贸易保护政策和"进口替代"战略，以实现产业的相对保护性发展。

在高速增长期（1961—1972年），日本经济得到了长足的发展，占世界经济的比重由1961年的3.24%增长到1972年的8.42%。该阶段的产业政策以调整政府与企业间的关系为主，突出技术改造和幼稚产业发展（李冰、宋永刚，2003），主要通过建立有效的官民协调、大企业合并与整合、凸显新型支柱产业的规模经济效应、以重化工业驱动产业进步等方式，构建以市场机制为主导的经济体制，对日本经济潜能的挖掘和产业结构的重塑起到了较好的指引作用。在经济实力提升的同时，主要采取出口补贴和汇率补贴等鼓励出口的手段，积极鼓励企业"走出去"以拓展国际市场，在贸易政策上以自由贸易政策和"出口导向"战略为主要方向。

在平稳增长期（1973—1992年），日本经济的世界地位稳健提升，且在1992年占世界经济的比重达到了15.36%。在该阶段，日本严格控制过度的产业保护和市场干预，其产业政策呈现出三大特点：一是由政府调控为主转为市场主导为主，充分发挥企业的主观能动性；二是将以发展重点产业为目标改成各大产业全域性相对平衡发展；三是矫正主导产业的发展属性，即将侧重于发展劳动密集型和资本密集型产业转向以技术密集型和知识密集型产业为主。从贸易政策看，进口政策主要围绕

---

① 《第二次世界大战后为什么日本经济能够迅速崛起？》，https://www.sohu.com/a/130775572_689180。

"开放国内市场"展开,出口政策以鼓励产业结构调整、凸显外向型产业投资、强化"海外投资立国"、以援助带动出口等为主(秦嗣毅,2007)。

在经济萧条期(1993—2012年),由"平成景气"引发的泡沫经济破灭后,较长时间没有走出经济低迷,被称为"失落的二十年"(黄大慧,2015;Raymo and Shibata,2017)。但是,学术界对日本在该段时间是否存在显性的"经济失落",有着较大的争议,如张季风(2013)认为这是一个伪命题。在该阶段,日本的对外贸易政策主战略由"贸易立国"转变为"投资立国",即由贸易主导型向贸易与投资共同驱动让渡,在进行大量海外投资的同时兼顾国内外向型经济的发展。例如,2007年日本在美国的专利授予率高达42.9%,而德国、英国、法国分别仅为11.64%、4.23%、4.03%。[①] 从产业政策看,实施了渐进式创新的国家主战略,以环保、生命科学、电子、尖端基础材料等产业作为主要突破口,积极加快科技创新的推进力度。事实上,日本创新能力的提升也可从诺贝尔奖获得者的数量持续增加得到一定程度的佐证,如2000—2012年共有11位学者获得该奖项(日本籍学者8位)。

在经济重振期(2013年至今),以安倍经济学的"三支箭"作为发展的主战略(刘瑞,2017;Hoshi,2018),即大胆金融政策、宽松财政政策、经济增长战略(刘江永,2022)。在该时期,日本的产业政策和贸易政策均包含其中。从产业政策看,主要包括促进中小微企业或经营者生产率提升、通过强化企业收益和加大投资实现生产率革命、基于Society 5.0社会构建和颠覆式创新推动生产率革命三个方面,即生产率驱动和创新驱动是日本该时期的主要举措。从贸易政策看,主张以TPP规则作为引领,加快推进区域自贸协定战略(张建,2018),以加强与亚太、东亚、欧盟的区域合作为主要切入点,服务于日本经济发展。

(二)主要经验

第二次世界大战结束后日本处于经济重建阶段,经过20世纪60年代的快速提升后实力增强明显,但80年代末的泡沫经济破灭导致发展

---

① 《在"失去的20年",日本如何进行科技创新》,https://www.sohu.com/a/122768400_465915。

陷入相对停顿，而近期又呈现出强劲的发展势头。作为战败国，日本在较长时间内没有独立的产业政策与贸易政策及其他政策。受制于国内资源的相对短缺，日本的产业政策与贸易政策相互依存，且总体上对贸易政策采取了相对克制的举措，而2000年通产省变更为经济产业省更是凸显了其对产业政策的重视程度。日本两大政策协调发展的主要经验包括两个方面。

一是有力的政策协同管理部门。经济产业省（前身为通产省）是日本制定产业政策和贸易政策的主要部门，管理全国的经济、产业、贸易、市场流通等各项活动，且产业属性相对于贸易属性更为明显。经济产业省所属的经济产业政策局和制造产业局为产业政策的主要发起方，所属的通商政策局为贸易政策的主要发起方。贸易政策和产业政策均出自同一个部门，能有效缓解其在执行中出现的各种摩擦与争端。

二是有效的官民协作推进机制。日本重大自然灾害、社会突发事件等不断发生，使各级政府和民众具有相当强的危机意识（克非，1995），因此，如何实现官民协作、官民协调，成为解决国内外各项事务与危机的重要方式，进而构建了相对完善和快速响应的官民协作推进机制（胡澎，2020）。日本的产业政策与贸易政策的协作推进机制，以经济产业省为主导，囊括政府官员、商人、学者、退休人员等各方面的参与主体，能够较好地在社会各个层面实现上传下达，在协调的成效与时效性等方面较为显著。

三　德国经验

（一）产业政策和贸易政策演化

德国是世界贸易大国，2021年的贸易总额达3.051万亿美元，是高度依赖国际市场的经济体（寇蔻，2019），特别是高度依赖外部资源的供应，如每年需要进口大量的原材料、初级制成品、石油、天然气等。德国19世纪初期的政治制度是封建农奴制度，而1871年形成的德意志帝国把德国的历史推向了一个新的阶段，给资本主义的迅速发展创造了便利的发展条件。第一次世界大战和第二次世界大战对德国经济均造成了重大的影响，且20世纪70年代的石油危机强化了德国政府对经济的干预，同时从2006年开始进入了新的经济发展阶段。因此，本节以德意志帝国建立为起点，以1913年、1945年、1972年、2006年为临界点来分析德国贸易政策与产业政策的演化，并将之分为工业化快速发展期、经济恢复与战争准备期、经济恢复与发展期、经济高速发展期、后工业化期。

第一阶段为 1871—1913 年，是工业化快速发展期。以李斯特的幼稚产业保护理论为主要的理论支撑，政府提出了一系列保护幼稚产业和急需发展产业的措施，使德国的工业呈现出迅猛的发展势态。这一时期的贸易政策经历了由贸易自由化向贸易保护主义的转换，即在德意志帝国建立初期实行了自由贸易政策，但是低关税导致德国不仅失去了国外的粮食市场，而且其他先进工业国也加快了进入德国市场的步伐，致使其本土经济遭受到较大的冲击（郑雪飞，2009），因此，从 1879 年开始逐渐将自由贸易政策转变为贸易保护政策。从产业发展看，该阶段以扶持重工业发展为主，如重点发展鲁尔区的煤炭和钢铁产业，而这从该时期德国生铁产量的变化也可得到相应的佐证（王玮，2020）。

第二阶段为 1914—1945 年，是经济恢复与战争准备期。该时期德国的经济发展分为两个阶段，经济政策以恢复国内经济发展和为战争做准备为目标，主要包括魏玛共和国时期的市场经济和纳粹德国时期的战争经济两种模式。第一次世界大战结束后，恢复正常的社会经济发展是德国的核心问题，而通过发展对外经济贸易来促进国内产业发展是最重要的经济政策之一，如通过设立国内付款的外国特别账户、推行贸易互惠政策等措施，对经济恢复起到了重要的作用。而德国在世界经济"大萧条"时期遭遇了严重的经济困境，且魏玛共和国时期的高通货膨胀率导致了国内经济体系的相对崩溃和政治体系的相对不稳（卫志孝，2013；贾根良，何增平，2020），此时以希特勒为首的纳粹政党趁机推翻了魏玛政府，并与诸多国家签订了大量的排他性易货贸易安排以加大出口（陈弢，2019）。从产业发展看，大资本家掌握了大量的国有企业和工厂，为了积累财富、掠夺资源而选择让渡部分经济权力来支持纳粹政党，进而该时期的德国政府与资本家合作密切。而这种合作方式和运作模式，在一定程度上有利于当时德国的经济平稳和实现预定的经济目标（董庆松，2018）。

第三阶段为 1946—1972 年，是经济恢复与发展期。第二次世界大战后，德国的首要目标是恢复国民经济，发展方式主要可以从"社会市场经济"模式或"莱茵模式"得到表征（周敬青、陈小斌，2010；于雯杰，2021）。从产业政策看，主要通过对部分行业和地区进行财政补贴来保护国内产业的发展，如对煤炭业、航空航天业以及经济落后地区进行财政补贴，对科学技术研发部门进行资助，对农产品实行国家控制价格等（韩永文，1995）。从贸易政策看，以加快实现贸易自由化为主。此外，该时期德国没有专门主管对外贸易的部门或机构，而是由联邦政府、联邦经济部、联邦经济合作部等机构或部门联合制定各类涉外政策（李邦君，2003），且对进出口贸易进行适度的干预。

第四阶段为1973—2006年，是经济高速发展期。鉴于资本密集型产品存在市场日趋饱和与能源消耗偏大等属性，德国政府转变了产业发展总体战略，以战略性新兴产业和技术密集型产业为主要的支持对象，如重点发展电子、自动化、生物工程、核电技术等产业（孙敬水、张品修，1998）。而始于20世纪70年代初期的石油危机与全球滞涨，促使德国加强了对贸易的国家干预，总体上表现为对出口商品采取了企业自主经营为主的政策，但对战略物资有选择地进行控制和调整，主要采取非关税保护等措施限制进口。

第五阶段为2007年至今，是后工业化期。该时期的经济政策以应对新时期国际经济社会发展面临的挑战为目标，以支持科技创新为主（黄阳华，2015；于雯杰，2021），呈现出对内加大扶持力度、放松监管，对外加强戒备、划清界限的特点（吴妍，2020）。在产业政策和贸易政策方面都展现出一定程度的保护主义倾向，即政府对经济活动适度加大干预和引导的力度，如2006—2009年《德国高科技战略》、《高科技战略行动计划》、《德国国家工业战略（2030）》和《国家氢能战略》等政策的实施。

(二) 主要经验

德国的制造业长期以来在全球处于领先地位。德国政府坚持工业和贸易的双轮协同发展举措（樊安群，2018），产业政策以扶持制造业为主，贸易政策以扩大工业品出口、提高国际竞争力为主要目标，其产业政策与贸易政策协调发展的经验主要体现在两个方面。

一是共同的政策制定部门。联邦经济技术部是德国管理产业和贸易发展的职能部门，设有中小企业政策司、对外经济政策司、工业政策司等十个司，协同各级政府的其他职能部门，致力于实现扶持中小企业发展、助推高就业率、促进科技创新、促进贸易向好发展等产业和贸易目标。产业政策和贸易政策由同一个部门制定，可以更好地服务于经济社会发展，有助于两大政策在制定与实施过程中实现协调发展。

二是合适的政策制定指导机制。在德国的经济发展与技术进步中，竞争发挥着重要的作用，是实现稳健提升的核心驱动（韩永文，1996）。在经济发展过程中，德国努力保持市场竞争的有效性，并且为有序的市场竞争提供便利条件，如相对完备的竞争秩序以及保护市场良性竞争的法律体系。在制定产业政策与贸易政策时，政府充分考虑发挥市场竞争机制，使两大政策的配合更加有效。

四 韩国经验

（一）产业政策和贸易政策演化

自 1948 年建国以来，韩国不断调整产业政策和贸易政策，促成了经济发展史上的"江汉奇迹"（徐佳宾、徐佳蓉，2000；吴金园，2009）。然而，对于韩国经济发展经历了哪些阶段，学术界存在不同的观点，如张小兰和木艳蓉（2002）认为可划分为工业化前阶段、工业化过渡阶段、工业化阶段、后工业化阶段四个阶段，黄磊（2004）认为可划分为进口替代阶段、起飞阶段、促进重工业阶段、放弃政府对企业的干预阶段、侧重中小企业发展阶段五个阶段，李怡和罗勇（2007）将其分为轻工业阶段的替代进口工业化阶段、轻工业阶段的出口工业化阶段、重工业中间产品生产阶段的替代进口工业化阶段三个阶段。本节在分析产业与贸易政策演化时，基本采取黄磊（2004）的分法。为此，以 1961 年、1971 年、1979 年、1997 年作为临界值进行剖析。

第一阶段为 1948—1961 年，在该阶段以进口替代的政策为主，贸易政策的重点放在控制进口上。韩国建国初期以农业为主，第二次世界大战前农业在产业结构中的比重较大，且第二次世界大战基本摧毁了其工业根基，如 85% 的金属工业、80% 的机械工业、65% 的化工与纺织品工业遭到破坏（安虎森，1990）。为此，1961 年前以恢复国内生产与流通体系为主，采取相应举措鼓励发展本国产业，特别是凸显了布料、家用品、鞋类等产业的国内生产。从贸易政策看，该时期以进口替代为主，即通过高关税和配额等举措重点扶持非耐用消费品与中间品产业的发展（刘信一，2006）。韩国的贸易政策与产业政策促进了韩国经济的快速发展，如在1953—1957年，农业、工业、商业服务业的年均增长率分别为5.9%、14.6%、4.6%（金善女、邢会，2005），特别是对工业发展有着较好的引领作用，表现为工业增长速度明显高于农业和商业服务业。

第二阶段为1962—1971年，该阶段确立了贸易立国、出口第一的总体战略。该时期产业政策的主要导向为加快电力与煤炭工业发展、扩充基础工业与公共设施、增加出口（吴宗杰、孟令娟，2006），通过国内相对廉价的劳动力优势发展劳动密集型产业，佐以积极实施出口导向外贸战略以促进外向型经济的发展。事实上，该时期确认的"贸易立国""输出立国""经济增长第一"等策略，从本质上看，是出口导向外贸战略的具体体现（李常青，2001），即通过货币贬值、税收减免、出口补贴和优惠贷款等，实施"一揽子"刺激出口的贸易政策和经济政策（胡李鹏、谭华清，2016）。

第三阶段为1972—1979年，该阶段旨在通过重化工业优先发展战略发展资本密集型重化工业。韩国该时期的产业政策开始转向重工业和化学工业，包括化学、煤炭、石油、塑料、橡胶、金属制品、非金属制品、机械、设备制造等行业（金善女、邢会，2005），将中间材料与生产资料的进口替代和促进资金密集型工业发展作为两个重要的抓手，如大力发展造船、钢铁、汽车、有色金属、石油化工等产业。产业政策主要体现在两个方面，一是财政支持企业发展，二是鼓励垄断性产业做大做强（黄磊，2004）。在坚持贸易立国的基础上，实施了一系列大力发展本国重化工业的策略，如大型投资项目主要集中在炼油、石油和化学等领域，对外商直接投资采取了严格的限制，规定外国公司的持股比例不得超过50%（卫迎春，2007）。

第四阶段为1980—1996年，在该阶段主要表现为政府减少干预、强调市场调控的作用。随着经济规模的扩大和市场条件的完备，由于韩国政府在20世纪70年代后期没有及时适当地减少对经济的直接干预，在造成企业过度依赖政府的同时，也阻碍了技术进步（马嫦娥，2001）。面对产业竞争力减弱的局面，产业政策侧重于鼓励创新活动，通过市场竞争来激发产业的创新能力,投资方向也从成熟产业(主要为资本密集型产业)转向技术密集型产业,同时以技术立国为宗旨进行产业结构优化升级(张文玺,2012)。在贸易政策上,通过调整贸易管理体制来促进民间部门的竞争(沈铭辉、李天国,2017),以逐步改善出口商品结构和追求出口贸易额单一增长的现象,努力实现资本密集型产品向技术密集型产品的转型。

第五阶段为1997年至今,在该阶段更加重视企业规模并实施积极的技术支持政策。1997年亚洲金融危机后,政府加大了改革大企业的力度,积极制定相应的政策推动中小企业发展,如通过立法取消财团特权、金融扶持、税收优惠和技术支持等措施(赵彦志、杜朝晖,2003)。同时,积极实施新经济政策,重点推进高新技术产业发展和加大技术开发鼓励力度,促使产业向技术与知识密集型转型,如制订"高技术产业发展的七年计划"。尤其是在信息技术产业方面,先后制订信息通信技术开发计划、信息高速公路计划等(黄启才,2015;文华、崔基哲,2021)。在贸易政策方面,重点优化出口商品的结构,逐步由资本密集型转为技术密集型,同时积极倡导贸易自由化以改善国际收支状况,促使韩国的出口呈现出强劲的增长势态(吴相奉,2005)。以2008年为例,韩国的出口和进口增长率分别高达13.6%和22.0%,分别为4220亿美元和4352.8亿美元,贸易总额为世界第11位。[①] 而2021年的进出口贸易总额达到了1.259万亿美元,为世界第7位。[②]

(二)主要经验

从总体上看,韩国的经济发展采取了组合式的贸易政策与产业政策,特别是以外向型经济发展为主,如2021年的外贸依存度高达70.34%。产业政策侧重于实施创新驱动以挖掘新经济增长动力,贸易政策侧重于通过比较优势和竞争优势扩大国际分工以应对全球竞争和深度嵌入全球产业链的需要。产业政策与贸易政策协调发展的经验主要体现在两个方面。

一是官民并举的协调体制。随着经济发展速度的加快,韩国民众对

[①]《韩国基本经济情况分析》,http://www.qianzhengdaiban.com/gj/hanguo/chengs.html。
[②]《2021年全球贸易总额超44万亿美元!中国突破6万亿,越南跻身20强》,https://view.inews.qq.com/a/20220502A04HW900。

环境问题越来越重视，促进了政府对经济可持续发展的重视程度，官民结合的体制使韩国具有更强的可持续发展观念（王泠一，2001；申东勉，2007），因此，官民并举机制成为解决国内外重大事务的重要方式，促使韩国政府和民众团体之间的对话与合作机制逐步完善。例如，产业政策与贸易政策以"经济开发五年计划"作为总纲领和主要导向，汲取各级政府官员和各种民间团体的建议和经济发展实际情况，体现了政策的连贯性和灵活性，能较好地促进各项产业政策与贸易政策的相互协调和体系化。

二是实施配套政策的管理机构。产业政策和贸易政策必须与其他经济政策相协调，如财政政策、金融政策等，才能较好地发挥政策效果，进而促进经济社会平稳发展。为此，韩国政府通过组建经济宏观管理机构，如经济企划院和其他国家经济研究咨询机构，负责贸易政策和产业政策的制定、实施与协调，有效地干预和引导经济的发展（黄启才，2015）。

第二节　发展逻辑

中国自改革开放以来的稳健发展，推动了国家经济实力的显著上升，而贸易政策与产业政策的组合操作发挥了重要的作用。但是，在内外环境动态变化的背景下，如何有效协调贸易政策与产业政策，是促进中国经济在新时代实现高质量发展的重要议题。本节从基本目标、基本原则、行动逻辑三个方面解析中国两大政策协调发展的逻辑。

一　基本目标

中国目前处于转型升级关键期，而2019年后人均GDP突破1万美元、经济增长史上"中国奇迹"持续存在（2021年人均GDP达到了1.25万美元）以及经济发展可能陷入"中等收入陷阱"等内外部环境处于显著的动态变化中，同时处于全球价值链和全球产业链的中低端也是一个不争的事实（王硕、朱春艳，2021）。2021年提出的中国到2035年基本实现社会主义现代化的远景目标和2050年建成"六位一体"的现代化国家目标的有效实现，均需要强有力的产业作为支撑，进而要求中国要强化贸易政策与产业政策的协调推进。

产业政策目标是政策制定者为实现特定的产业发展而设定的一系列指标或体系，包括对国内整体经济发展的影响、对产业"走出去"的反馈和自身发展层级不断提升的冲击。如果产业政策是有效的，上述各方面都会存在正向的影响，因此，可认为产业政策的目标主要包括实现经济振兴与赶超、促进产业结构合理化与高级化、增强产业国际竞争力等，以助推经济实现高质量、跨越式发展。对于贸易政策的目标，通识性观点认为应至少包括影响经济发展和稳定（如助力经济实现内外均衡、成为经济发展的稳定器等）、配位经济或经济体制改革的需要（如有效的贸易政策应随着经济体制的改变而调整）、获取稳定的外部经济和社会环境（如作为国家间经济和政治合作的手段或举措）等。

从开放经济条件下宏观调控的目标看，包括经济增长、物价稳定、充分就业、国际收支平衡四个方面。鉴于贸易政策和产业政策均服务于中国经济社会发展，同时贸易政策的指向为开放型经济，而产业政策的导向既可能是发展外向型经济，也可能是直接针对国内经济，这在"双循环"新发展格局下表现得尤为明显。诚然，贸易政策也会通过影响外向型经济发展而与国内经济产生直接与间接的联系，且均以提升竞争力为基本导向。进一步地，在出台贸易政策或产业政策时，应该充分考虑二者的内在联系。为此，可将中国贸易政策与产业政策协调发展的基本目标界定为：以提高内向型和外向型经济竞争力为导向，以特定产业为主抓手，通过贸易与产业的组合政策，提升中国在全球价值链和产业链中的地位，助推中国经济实现稳健的转型升级，服务于现代化强国建设和经济高质量发展。

二　基本原则

产业为贸易发展提供内生动力，贸易为产业发展提供外部驱动，二者相互协调配合才能有效促进中国产业结构转型升级、提升国际竞争力，破解可能陷入的"中等收入陷阱"等经济发展的现实难题。产业政策的制定必须充分考虑资本国际流动、高端技术引进、国际产业链与供应链等国际经贸往来问题，而贸易政策的制定要充分考虑培育和发展本国优势产业。产业升级优化不可能单纯依靠国内要素与资源，与此同时，贸易水平的提升也离不开本国的产业发展，即二者相互交叉配合会影响一国的经济发展。产业政策与贸易政策的协调发展，既需要市场机制的调节，也需要政府的适当干预。总体来说，需遵循四个原则。

（一）着眼发展，动态协调

马克思主义唯物辩证法强调发展的观点认为："发展的实质是新事物的产生和旧事物的灭亡。"生产力会随着社会的演变而进步，从而推动上层建筑的发展。产业政策与贸易政策作为国家宏观政策，属于上层建筑层面，依照历史唯物主义的观点，政策的制定必须依照国内经济基础和发展现状展开。世界是运动的世界，且运动发展是事物的根本属性，因此，政策适配也应该随着社会经济的发展而作出相应的调整与变更。例如，在中华人民共和国成立初期至改革开放前，中国实行了严格的产业保护政策，即对所有产业均实施了较为严格的保护（黄静波，2000），并采取了贸易保护政策对对外贸易进行管制，而这种贸易保护政策是在特定的经济社会条件下促成的（盛斌、魏方，2019）。随着经济全球化的不断加深，传统的产业政策导致中国产业链"低端锁定"，已不能适应当前国际经贸往来需要，倒逼中国产业政策与贸易政策实施相应的改革。尤其是2020年以来，中国经济发展新格局逐渐形成，促使产业发展的重点转向高技术、网络经济、先进制造、现代服务、医疗卫生等领域（佟家栋等，2020；苏华、刘升学，2022），为中国稳健推进经济现代化建设奠定良好的基础。

（二）实事求是，把握具体

各国的发展现状、产业结构、市场结构等均存在一定程度的差异，需要采取的贸易政策与产业政策也会不同。从发达国家看，一方面，有着较为成熟的市场经济体制；另一方面，聚集了大量具有国际竞争力的产业，且这些产业也通常会集中在本国特定区域，进而使从事这些产业的企业能够产生显著的规模效应与外溢效应。相较于发达国家，发展中国家在市场体制、资源配置、体系发育等诸多方面都存在明显不足，且总体收入水平相对偏低、国内市场需求相对较弱等因素导致企业难以发展壮大。尽管一些发展中国家，如中国、印度是人口大国，国内需求潜力巨大，市场体系也相对成熟，但发展起来的具有规模经济的产业多是在国家高度保护下建立起来的相对幼稚产业，总体上并不完全具备以高新技术产业为主导的战略性贸易政策实施并获取规模经济的基础。因此，在制定产业政策与贸易政策时，应在借鉴国外经验的基础上，结合中国产业和贸易的具体特征，走具有中国特色的社会主义发展道路，形成具有国际竞争力的内向型与外向型经济并举的发展格局。

（三）统筹兼顾，顾全大局

中国区域之间资源禀赋存在差异，优势产业不同，产业之间的特点和发展阶段也不尽相同。制定贸易政策与产业政策的总体目标应该是实现中国整体利益（福祉）的提升，而不能只考虑某一区域或单一产业的发展。不同的区域与产业主导者之间难免出现利益冲突问题，如果没有统一的政策制定部门来统筹协调区域、产业之间的利益冲突以制定最优政策，将难以实现整体经济的稳健发展。特别地，中国较为明显的重复建设、诸侯经济和辖区竞争等属性（殷强、冯辉，2019；陈友华、苗国，2020；赵双、郝晓薇、熊慧林，2021），将会加大不同区域实现有效合作或协调的难度。政策制定与实施要以优化资源配置为目标，这就要求在产业政策和贸易政策出台时，以中国特定区域或整体的经济基础、资源禀赋、经济水平等为前置条件，出台组合的政策以充分发挥潜在的政策红利（黄群慧，2021；盛朝迅，2022）。

（四）保持限度，掌握适度

在国际经济关系中，一国采取自由贸易还是保护贸易举措，历来是学者争议的焦点（佟家栋、刘程，2017）。完全的自由贸易容易损害本国的内部利益，完全的保护贸易则可能会限制企业自身的创新能力提升，因此，无论哪个国家（区域）的贸易政策，均应该是贸易保护与自由开放并存。国际环境错综复杂，特别是在国际经济贸易规则重构、新冠疫情、"双循环"经济发展新格局等背景下，中国经济发展的挑战与机遇并存。因此，中国在选择和制定政策时应当以国家利益和发展需要作为考虑的首要因素。有必要追求自由贸易的发展趋势，但应以循序渐进为基本导向，不能阻碍中国经济发展进程，损害国家和人民的利益。自由贸易和保护贸易应当寻求一个"度"，将二者有效结合，采取适度的贸易保护是可行且必要的。

三　行动逻辑

中国产业政策与贸易政策实现协调发展，要以能有效服务中国梦的实现为条件，在助推产业稳健转型升级的同时实现贸易能力的提升，促成中国破解处于"微笑曲线"两端、全球供应链低端和全球价值链锁定等困局。因此，两大政策实现协调发展的行动逻辑，要着重从提升制造水平、培育新兴产业、产业转型调整、提高贸易水平等视域进行应答。

（一）服务于实现制造强国

在国际逆全球化趋势明显、国内国际双循环新发展格局等宏观背景下，中国经济与社会的发展环境均发生了明显的变化，这必然会对中国的产业政策与贸易政策产生深远的影响。为实现"中国制造2025"、世界科技创新强国等目标，要求中国大力发展经济尤其是制造业，同时，全球经济一体化格局不可逆转也要求中国持续适度地实施外贸驱动战略。

随着经济的快速发展，国与国之间的经贸往来越发频繁，进而产业政策与贸易政策的协调发展就变得尤为重要。鉴于美国南北战争后、日本经过第二次世界大战后、韩国建国后的经济发展战略，为推动国家经济实力的提升，均以发展制造业为关键所在（通常认为工业是立国之本），进而应该将产业政策与贸易政策协调发展以推进制造业发展。中国于2015年5月19日印发的《中国制造2025》，是近期全面推进实施制造强国战略的纲领性文件，旨在通过推动和促进制造业转型升级，达到跻身于世界制造业强国之列，促成"中国制造"向"中国创造"与"中国智造"的转变。而实现制造强国的发展目标，需要系统性的政策支持体系（江飞涛，2015）。因此，产业政策与贸易政策协调发展应该把提升制造业作为重要的切入点。

（二）服务于培育新兴产业

中国粗放型的经济发展模式决定了在产业结构和贸易结构中以劳动密集型和资源密集型为主、资本密集型和技术密集型为辅的发展格局在短期内难以实现有效逆转。尤其是目前全球的技术、创新以超乎摩尔定律的速度被激发、被研发出来，必然会催生各种新产品、新产业、新业态、新模式。而如何有效挖掘新兴产业，是中国经济社会实现跨越式高质量发展的重要引擎，也是中国在国际竞争中凸显比较优势与竞争优势、提高竞争力的关键举措（牛婷，2020）。因此，需要通过组合式的产业政策和贸易政策，加快新兴产业发展。

对于如何发展新兴产业，通常认为需要加快相关政策的开发与使用,且在一定程度上可将之归类为幼稚产业,即可从幼稚产业保护理论的视角进行诠释。学者通常认为需要加大产业政策的支持力度,但对于政策效果如何则存在较大的争议(戚湧、张锋,2020)。特别地,新兴产业政策的不确定性及其不确定性成效的预期(南晓莉、韩秋,2019),如新兴产业的时期界限不确定、各区域对新兴产业的界定没有统一口径等,造成事实上的"各自为政"的管理格局,必然会影响产业政策绩效的发挥。考虑到新兴产业的国际竞争力相对偏弱,国际上通常采取相对保护的贸易政策,即通过适度保护促使其发展壮大并达到最终实现自由贸易的举措。而科技的快速发展会带来越来越多的新兴产业,这对于经济社会发展的贡献是不可忽视的(步晓倩、韩跃,2014),为此,贸易政策与产业政策需协同发力,以促进新兴产业即相对幼稚产业的发展。

(三)服务于产业转型发展

产业转型升级、产业结构调整与优化是中国在较长时间内经济发展的主旋律,且中国产业转型升级理论意义上的逻辑也可从工业的使命与价值中得到一定程度的诠释。无论是传统产业的转型提档(严瑾等,2020),还是城市经济发展的"腾笼换鸟"产业转型(王颖、段霞、吴康,2020;本刊编辑部,2022),或者传统农业向现代农业转变(宋常迎、郑少锋、郑雯雯,2022),甚至服务业高级化和现代化发展(张钰,2022),在中国经济发展的各个层面,都需要通过加快转型升级来实现相应结构的优化,而中国目前处于产业转型升级的关键期也彰显了政策协同推进的紧迫性和必要性。与此同时,世界经济联系的日益加强,也要求各种产业加强国际经贸合作,为此需要实施组合的产业政策和贸易政策来推进产业转型升级。

对于产业包括哪些属性(类型),因其分类方法不同而会出现明显差别。例如,从国民经济结构看,通常将之分为第一产业、第二产业、第三产业;从要素禀赋看,通常将之分为劳动密集型、资源密集型、资本密集型、技术密集型、知识密集型;从发展层次看,通常将之分为传统型、现代型(或高端型)。中华人民共和国成立后,中国在经济发展的诸多层面存在明显的多元结构,进而不同维度、不同层级、不同层次的产业,其发展水平也会呈现出相应的属性,这就要求采取差异性的内向政策（如产业政策）和外向政策（如贸易政策）来实现不同产业的转型发展。因此，内外向政策的相向融合需要产业政策和贸易政策保持协调性，以更好地服务于产业转型发展。

（四）服务于贸易竞争提升

中国经济总量目前排名全球第二位，但并不能否认贸易竞争力偏低的既定事实，表现为国际竞争力相对脆弱。从贸易结构看，粗放型产业如劳动密集型与资源密集型制造业、传统型的农业和服务业，依然占据绝大部分的出口份额或比重，即对外贸易长期陷入"低端锁定陷阱"的困境（王海燕、滕建州、颜蒙，2014；邵敏、武鹏，2019），进而不利于中国在全球价值链和全球产业链中地位的提高（许美菊，2017）。

贸易能力的提升是多重合力的结果，要求既要提高贸易品的质量（如技术含量、知识含量），又要有较稳健的对外经贸发展环境，即需要内力和外力协同推进。此时，内力提升需要相应的产业政策支撑，而外力提升需要配位的贸易政策对接。因此，一方面，要通过积极的产业政策来推动相关产业（贸易部门）的发展；另一方面，要求采取稳健的贸易政策来扶持贸易发展或平抑贸易的相对不公平，进而产业政策和贸易政策会在贸易能力提升方面产生相应的关联。从中国现实看，无论是"一带一路"倡议还是全面开放新格局的形成，抑或国际经贸秩序的新旧动能转换（曹广伟，2014），均需要不断提升中国各类贸易（如货物贸易、服务贸易、技术贸易）在全球的话语权，进而要求两大政策加快实现协调发展，以助推中国实现由"贸易大国"向"贸易强国"的转变。

第三节 制度安排

在中国面临"双循环"新发展格局、逆全球化、新冠疫情等国内外环境变化的背景下，贸易和产业存在的相互依存要求二者在政策上实现协同推进，这是中国经济实现有效转型升级的重要驱动，而发达国家的成功经验也为中国实现两大政策协调发展提供了有益的参考。本节结合中国贸易政策和产业政策协调发展实际及国际借鉴，从强化响应机制、鼓励创新发展、促进结构优化、凸显载体搭建、加快制度完善五个方面提出相应的制度安排。

一 强化政策协调的响应机制

从国际借鉴看,能较为有效地保障产业政策与贸易政策实现协同驱动,其核心是有掌控两大政策的统一管理机构,如美国为贸易代表办公室、日本为经济产业省、德国为联邦经济技术部,能将两大政策非协同可能产生的矛盾内部化。与此同时,由普通民众、学者、大型企业、工会、行业协会等协同参与构建了较系统的中观、微观响应体系,特别是大型企业和行业协会在其中也起着重要的作用。因此,如何实现响应机制的微观、中观、宏观层面体系化,值得中国各级部门深思。从中国实际看,产业政策和贸易政策的制定者隶属于不同部门,不利于二者实现快速响应,这就要求各级政府采取相应的举措以打造产业政策和贸易政策命运共同体。

首先,加快成立统一的管理部门。针对中国制定贸易政策与产业政策的部门间无统一管理部门且政出多头的困境,应强化统筹产业政策与贸易政策制定的各子属部门,形成统一的管理与调度。因此,建议建立两大政策的法定协调机构,统筹两大政策的制定、发布、实施、监管、反馈等效能,将中国两大政策在协调发展过程中出现的问题,从行政管辖权上实现内部化。该机构还应该承担的一个重要职责是协调两大政策在微观、中观、宏观三个层面的各主要参与方的相关诉求,提升中国两大政策协调发展的响应效能。

其次,激活多元化的协调响应参与主体。贸易政策与产业政策实现协调发展涉及产业链、供应链、价值链在内的企业、行业等微观、中观主体,也与个人、协会等密切相关,还与各级政府(可视为宏观主体)直接相关,即贸易政策与产业政策协调响应参与系统是一个多元构成、多元组合的复杂系统。要通过有效的制度设计,提升各微观、中观、宏观参与主体参与的广度与深度,特别是充分挖掘企业和个体户这一核心微观主体对两大政策实现协调发展的积极性和主观能动性。例如,截至 2021 年年底,中国的企业为 4842 万家,[①] 个体工商户为

[①] 《工信部:截至 2021 年末,全国企业数量达 4842 万户中 99%以上都是中小企业》,https://t.ynet.cn/baijia/32913492.html。

1.03 亿家，① 共计解决了 6.76 亿的就业人口，进而企业和个体工商户及其相关从业人员构成中国两大政策能否实现协调发展的关键。因此，建议政府加大政策引导，促使全民参与、全社会参与，形成快速、有效的协调参与机制，且与协调发展管理部门实现无障碍、扁平化的对接与融合，助力两大政策实现更加有效的协调发展，以增强两大政策及其协调发展举措制定的有效性、针对性与及时性。

最后，加快信息化与数据库系统建设。两大政策实现协调发展，无论是政策决策还是个人参与，抑或企业对接，均需要大数据作为决策支撑。因此，建议鼓励企业加快信息化特别是 ERP（Enterprise Resource Planning）、BPR（Business Process Re-engineering）建设，完善电子政务（各级政府部门）的数据平台建设与管理，以夯实数据库建设的信息化基础；加快构建服务于贸易与产业发展一体化的数据库并形成扁平化的直报和信息反馈系统，且分层级定期或不定期向各类（社会）参与主体公开。将国资委、财政部、发改委等职能部门的相关数据并入，协同学者（专家）、行业协会、企业等产业和贸易发展的各类参与主体以及各级部门发布的贸易政策、产业政策及协调发展政策（举措），有利于两大政策协调发展。

二 鼓励政策协调创新发展

中国企业和国家的创新能力相对不足，在一定程度上已成为产业提升和贸易发展的重要制约（刘金全、郑荻，2022）。因此，有必要在协调产业政策与贸易政策时，充分考虑通过鼓励技术创新、差异性创新和激活创新活力等举措来提高创新能力。

首先，鼓励技术创新以提高自主创新能力。国际形势动态变化明显会导致各国在技术输出与技术合作等方面更加谨慎与保守、国际技术与创新链条相对短化，要求中国加快实施技术引进向自主创新的主战略转变（张永旺、宋林、祁全，2019），即加快技术的内生创新，以助推产业政策与贸易政策的协调发展。因此，建议通过更加精细化、精准化的多种路径提升中国的技术创新水平，不仅包括技术引进，而且包括自主

---

① 《全国个体工商户超 1 亿户 约占市场主体总量 2/3》，https://baijiahao.baidu.com/s?id=1724453912317381755&wfr=spider&for=pc。

创新。例如，在财政、税收等方面给予先进技术引进和企业自主创新的政策优惠，引导形成服务于中国产业发展所需的创新技术；瞄准关键技术、核心技术、"卡脖子"技术，加快技术的内源性开发，夯实中国自主创新的核心竞争力；加大对知识产权的保护力度，强化技术创新的科研投入，不断促使中国企业拥有更多的自主知识产权；各参与主体特别是政府要加快提升技术创新服务经济和社会发展的能力，努力破解技术创新与转化应用的"最后一公里"。

其次，引导差异性创新以提升企业创新能力。中国经济发展呈现出多元属性，且在西方势力明显对抗中国以及"双循环"新发展格局的背景下，创新发展也应该存在相应的差异性，且自主创新作为中国经济发展的重要驱动（单元媛、石晗，2022），应该得到更大程度的彰显。因此，建议通过强化政策引领，在引进创新时凸显技术消化和吸收能力，服务于中国自主创新能力的提升；中国不同区域的创新发展水平差别较大，在产业转型升级过程中要凸显不同类型创新的作用，以促进中国不同区域创新的梯度升级。

再次，激活创新活力构架政策协调内外环境。科技是第一生产力，创新是经济发展的源泉。党的十八大报告明确指出，"科技创新必须摆在国家安全发展全局的核心位置"，标志着中国创新驱动发展战略的全面实施。为激活中国发展的活力，要从内环境和外环境的优化两个方面加快科技创新，这就要求分别从产业政策和贸易政策着手。因此，要在全社会形成更加尊重创新、重视创新、引领创新的社会氛围和环境，充分发挥中国人口优势和经济发展水平相对较高而形成的大市场效应，促成中国形成渐进式创新（以相对欠发达区域为主）和颠覆式创新（以相对发达区域为主）的吸纳池和缘起地，以实现打造全球差异性创新集散地的目标；通过导向性的产业政策，强化研发创新与公平竞争，充分发挥市场机制配置资源的决定性作用，激发创新活力的国内产业基础；在外部环境营造上，实施鼓励创新的贸易政策和强化知识产权的保护，加快引导创新型产品、知识产权等的引入，凸显中国对创新的重视和保护。

三 促进政策协调的结构优化

产业发展和贸易提升是中国经济社会提高内外竞争力的重要靶向，

而优质外资也会对激活中国经济稳健提升形成显性的"鲇鱼效应"和示范效应（郝红梅，2018），这在国际形势变化显著和中国突围转型升级关键期的背景下显得相当重要。为此，需要从提速产业转型、优化贸易结构、吸纳优质外资、注重适度保护四个方面促进产业结构优化，助推贸易政策与产业政策的协调发展。

首先，提速产业转型。《中国制造2025》是目前中国实现制造强国的纲领性文件，旨在通过推动和促进中国的制造业升级，跻身世界制造强国之列。然而，中国制造业"大而不强"的属性相当明显，这与中国长期以来形成的劳动密集型和资源密集型的粗放型制造业增长方式直接相关（吴伟，2008；李平等，2019）。因此，建议产业政策和贸易政策的协同配合要侧重于制造业关键技术、关键产品、关键领域的突破，强化中国制造业提升的内生和外生驱动，以促成中国制造强国目标的实现；将落后产能和过剩产能逐渐向节地经济、绿色经济、创新经济、智造经济转变，加快实现从劳动密集型和资源密集型产业为主向资本密集型和技术密集型产业为主的转换、从低附加值产业向高附加值产业转变（张小溪，2020）、从低加工度产业向高加工度产业演变等（张欣，2011），加速中国制造业的转型调整；加快战略性新兴产业的培育和引导力度，实现各区域竞争力的协同提升，以优化产业结构的调整。

其次，优化贸易结构。逆全球化和国际政治经济秩序的新旧转换会对全球产品流造成相应的阻断，需要通过优化贸易结构来提升外贸竞争力，进而为国内产业的发展寻求外部市场，即贸易结构优化必然会要求产业实现相应的配位。因此，建议中国积极通过财政补贴、税收优惠、政策松绑等举措加快产业结构的转型提档，基于优化的产业结构以促进贸易结构的提升；通过适当的关税和非关税举措尤其是非关税措施，引导参与主体特别是企业在资源要素配置上实现相应的调整，以优化的贸易结构助力中国贸易强国、产业结构有效调整转型目标的实现。

再次，吸纳优质外资。全球政治经济环境的相对不稳定会制约全球的资本流，但优质外资特别是大型跨国公司的资本注入会对流入地的经济发展带来较强的倒逼效应。中国产业结构调整的优势较为明显（殷红、张龙、叶祥松，2020），而外资对产业结构失调有着长期和短期的修复作用（唐晓华、刘相锋，2016），有必要通过引进优质的外资以助推产业结构和贸易结构升级。因此,对于外资引进,要规避进入中国规定的市场准入负面清单范畴,具体以国家发改委、商务部 2022 年 3 月发布的《市场准入负面清单(2022 年版)》为准[①];对于市场准入负面清单之外的产业和领域,基于全国和区域经济和社会发展的主导产业、支柱产业、战略性新兴产业等,结合既有的"双循环"经济发展新格局和"一带一路"倡议等,通过鼓励国内企业与跨国企业展开深度合作、国际资本设立生产与研发中心等方式,提速优质外资的引入,形成国内资本和国际资本协同助推产业结构和贸易优化与升级的新格局。

最后,注重适度保护。适度保护幼稚产业和新兴产业是 WTO 规则允许的,但对于如何界定幼稚产业和新兴产业特别是幼稚产业没有明确的边界,为此,中国在产业发展过程中,应该用好、用足、用活这一国际通行规则,即应该在这两类产业上加大相关政策的支持与开发力度。因此,凸显对幼稚产业的适度保护性发展,强化对重点和主导产业新兴领域的识别,加大对高科技幼稚(新兴)产业发展的引导,以幼稚产业和新兴产业政策为指引,结合重点产业支持政策并融合适度的贸易保护政策(如关税、出口补贴等)应该成为中国产业政策和贸易政策实现协调发展的重要层面。

四 凸显政策协调的载体搭建

贸易政策与产业政策实现融合发展需要凸显抓手,这就要求从多维度、多视角探析相应的平台和载体,以积极应对内外环境变化带来的相应影响。"信用中国"的顺利推进将优化中国产业和贸易发展的生态环境,同时也应该积极加快产业和服务平台以及贸易载体的开发力度,因此,本节从信用平台、产业平台、贸易载体三个方面提出搭建载体(平台)的应对举措。

首先,加强信用平台打造。《中华人民共和国国民经济和社会发展

---

① 基于《市场准入负面清单(2022 年版)》,禁止进入事项包括 6 项,分别为法律、法规、国务院决定等明确设立且与市场准入相关的禁止性规定,国家产业政策明令淘汰和限制的产品、技术、工艺、设备及行为,不符合主体功能区建设要求的各类开发活动,禁止违规开展金融相关经营活动,禁止违规开展互联网相关经营活动,禁止违规开展新闻传媒相关业务;许可准入事项包括 111 项。两类合计 117 项。

第十四个五年规划和 2035 年远景目标纲要》中多次提及社会信用体系建设，"信用中国"的建设是中国推进社会主义现代化建设的重要层面。因此，在贸易和产业发展过程中也应该强化"信用中国"，即社会信用体系建设（曹雨阳、孔东民、陶云清，2022），通过政策支持努力实现高信用的产业和贸易，为二者实现协调发展提供公平竞争的环境。因此，要加快建立和完善产业主体和贸易主体"红黑榜"，构建完善的行为主体信用链；加强系统性的数据库建设与挖掘，凸显各个国家和区域主要企业的信用风险管理与预警，为企业"走出去"和"引进来"提供平台支撑；在"信用中国"架构下建设"开放性信用区域"，建设若干个高信用的高水平开放区域、贸易与产业协调发展示范区，为中国其他区域实现高信用的贸易政策与产业政策协调发展提供借鉴与参考。

其次，加快产业平台挖掘。贸易政策与产业政策协调发展的着力点是产业，因此，应该积极拓宽产业的发展空间，而产业平台是实现产业提升的重要支撑。所以，要从国家和省级政府层面，建设一批产业发展促进中心，以加快产业的转型提档发展；要以主导产业、支柱产业作为主抓手，加大重点产业支持力度，且强化内向型和外向型经济发展平台和创新平台建设，以助推区域核心产业更加集聚、集群发展；要强化幼稚产业和新兴产业的孵化平台建设，以促使中国产业实现更好的可持续发展；要强化大型产业（企业）发展的孵化器建设，助力"独角兽""准独角兽""小型巨人"企业的培育；要凸显战略性新兴产业的发展平台与载体建设，以应对国际形势相对不稳定（尤其是中国经济实力提升导致的"中国威胁论"论调的日益抬头）对中国经济安全、社会安全等方面的影响。

最后，积极推进贸易载体。基于中国不断提高的经济实力，通过积极的贸易政策与产业政策，以中国贸易的主要市场为依托载体，促使形成更加开放、更加安全、更加健康的贸易发展格局，以推动中国产业与企业转型升级（章海源、刘牧茜，2017）。因此，要加速形成一个以中国周边为基础、辐射"一带一路"、面向全球的自贸试验区网络（格局），充分发挥自贸试验区对贸易投资的推动作用，积极引进新技术、管理方式以及商业模式；加快构建中国外贸市场服务统一平台，将之分为优势外贸市场和非优势外贸市场两大板块，职能部门定期或不定期地发布相关资讯，且将中国驻各国大使馆经济商务参赞处链接到该平台，以服务于中国提升全球贸易竞争力；以深度推进"双循环"新发展格局为契机，积极建设一批国家级自营贸易、加工贸易转型升级基地，促进外向型产业与内向型产业的协同推进；由商务部牵头，协同各职能部门，建设并完善一批国际营销服务渠道与平台建设，推动中国制造业向价值链高端跃升。

五 加快政策协调的制度完善

强化支持产业发展和有效应对国际环境变化的制度体系，是中国构建法治社会的重要一环，特别是涉外法律法规体系迫切需要加大调整力度，以适应中国产业实现有效转型升级的需要。因此，本节从完善制度体系、适应国际规则、融入国际社会三个方面加以剖析。

首先，要加快完善产业与贸易发展相关制度。自 2001 年加入 WTO 以来，中国出台或调整涉外和促进产业发展的法律法规的速度明显加快，如《中华人民共和国价格法》《中华人民共和国反不正当竞争法》《中华人民共和国对外贸易法》《对外贸易经济合作部关于处罚低价出口行为的暂行规定》《国务院关于加快培育和发展战略性新兴产业的决定》《国务院关于促进国家高新技术产业开发区高质量发展的若干意见》，强化反倾销、反补贴等的参与力度，以更加契合新形势下国内产业发展和国际贸易推进的需要。但不可否认的是，中国在贸易政策和产业政策协调举措方面还有较大的提升空间（李钢，2013）。因此，要加快国内相关法律法规制度完善的速度与节奏，完善各类贸易扶持、贸易救济举措，为中国企业参与国际竞争提供更健全的保障制度；从国家层面完善促进贸易政策与产业政策协调发展的指导性意见（或举措），鼓励两大政策各参与主体积极融入其中；加快完善全国形成统一大市场、有序调控重复建设、适度引导辖区竞争的政策，促使贸易和产业在全国范围内形成更加良性的国内分工格局，以更大的协同优势参与国际分工与竞争。

其次，要更加凸显制度体系与国际规则的契合性。多变的国际政治经济环境要求中国的贸易政策制度与产业要更加契合国际规则，这对于目前中国处于转型升级关键期和复杂的国际背景下表现得尤为必要。因此，中国的制度体系要更加与国际性、区域性的贸易协定或协议相协调，如 WTO、TIIP、CPTPP、USMCA；要预研预判国际经贸形势，尤其是大国经济实力逆转导致的国际经贸秩序重构，如发展中国家（特别是中国）与发达国家在全球的经济地位变化，以提升中国产业竞争力为主要切入点，提前谋划、前瞻考虑，促使中国的贸易政策与产业政策契合国际经贸的发展趋势。

最后，要更积极地融入国际经济与政治组织或集团。目前的国际竞争是国家实力的竞争，对贸易政策和产业政策乃至政策协调均会产生深远的影响，而且积极融入各种国际或区域性组织，是提升中国各种政策实效的重要举措。因此，要更大力度地融入各种国际或区域组织、协议、协定，积极参与各类国际或区域法律、法规、举措的制定，通过参与构建国际产业与贸易体系来反哺中国法律法规体系的完善；以中国在国际上的经济和政治影响不断加强为前置条件，积极拓展或构建相应的区域合作组织，成为国际政治经济新秩序的倡导者与引领者。

第十章　研究结论

在复杂的国内外环境下，促成贸易政策与产业政策的协调发展，是中国实现经济发展中长期目标乃至2050年基本实现现代化的重要抓手。基于研究框架，本章从理论解析、实证分析、制度安排三个方面得出相应的结论。

一　理论解析

本书第二、三、四、五章为理论解析部分，主要分析了贸易政策与产业政策协调发展的核心概念与逻辑关系、理论基础与机制、两大政策协调发展的演化逻辑与成因、内外环境变化对两大政策协调发展的影响、两大政策协调发展的影响等。

第一，剖析了两大政策协调发展涉及的主要概念及其逻辑关系。基于内涵解析，给出了三大核心概念的定义，同时指出了不同核心概念的内在关联性（逻辑关系）。将产业政策定义为政府为实现产业发展而采取的各种显性与隐性政策、举措的总和；将贸易政策定义为主体国家在特定时期综合考虑国内外环境及自身实际，明晰对外贸易政策的方针与原则，通过制定系统的外贸管理体系对贸易主体和贸易活动进行协调规范管理，以达到保证经济市场正常运行、有效应对国际贸易摩擦等目的的政策、措施的总和；将协调机制定义为以服务产业发展和贸易提升为目标，实现贸易与产业发展协同推进的制度安排。

第二，贸易政策与产业政策实现协调发展，可从相关的国际贸易理论得到诠释。例如，幼稚产业保护理论、绝对利益理论、相对利益理论、要素禀赋理论、雁行理论、技术差距理论、产品生命周期理论、战略性贸易理论、内生比较优势理论、产业纵向一体化理论，可视为两大政策实现协调发展的理论基础，且基于提及的相关理论，从结构优化、利益分配、产业转移、路径依赖等视角考察两大政策的协调机制。

第三，中国自1949年以来的经济发展阶段较为明显，且通常以1978年、1992年、2001年、2008年为时间节点，分别对应着开始实施改革开放、邓小平南方谈话、加入WTO、国际金融危机发生，进而导致不同类型的政策出现适度的协同，这与政策应该以服务经济社会发展的导向有关。研究结果表明，中国贸易政策与产业政策的协调发展较为明显，但也存在政策目标匹配、管理部门协调、参与主体融入等方面的非协调性，这可能与思想认识有待统一、体制建设有待完善、法规建设有待加快等成因直接关联。

第四，国内产业的发展和国际贸易的顺利推进深受国内外环境变化的影响。结合近期中国面临的主要国内外环境，从逆全球化、经济全球化、"双循环"新发展格局方面分析环境变化对贸易和产业实现协调发展的影响，并采取了"成因—对贸易发展的影响—对产业发展的影响—对协调发展的影响"的分析范式。逆全球化主要受国际格局发生转变、经济问题政治化、技术革命与数字化经济发展、移（难）民问题突出等因素的影响，会从国际贸易规则重塑、贸易保护主义抬头、发展中国家高端贸易受阻等方面影响贸易发展，且会从产业供应链相对断裂、产业转型升级受阻、产业发展环境恶化等方面冲击产业提升，同时会在经贸规则重塑路径、全球价值链重构路径、高新技术产业发展路径选择等方面影响贸易与产业的协调发展。经济全球化主要受科学技术进步、跨国公司发展、经济体制改革等因素的影响，会从提速贸易发展、优化贸易结构、贸易方式多样化等方面影响贸易发展，且会从产业全球化、全球产业链重构、加快产业转型升级等方面冲击产业提升，同时会在重构国际贸易体系、产业价值链、产业发展驱动转换路径等方面影响贸易与产业的协调发展。"双循环"新发展格局主要受经济发展格局转型、逆全球化趋势发展等因素的影响，会从维护国际贸易平衡发展、重构国际贸易新秩序、重塑中国与世界经济关系等方面影响贸易发展，且会从产业转移提速、产业链转型升级、产业数字化发展等方面冲击产业提升，同时会在产业政策与竞争政策协同、需求侧与供给侧协同、产业链与供应链协同等方面影响贸易与产业的协调发展。

第五，从贸易政策对产业发展影响、产业政策对贸易发展影响、贸易政策与产业政策的互动等方面剖析了贸易政策与产业政策协调发展的影响。通过研究发现，贸易政策通过产业技术创新、人力资本积累、产业转型升级等方式影响产业发展，而产业政策通过对外贸易结构、对外贸易竞争力、对外贸易市场等层面影响贸易提升，同时采取不同理论解析了两大政策的互动影响，如比较优势理论、幼稚产业保护理论、战略性贸易理论等，进而认为贸易政策和产业政策间存在显性的互动联系。

二 实证分析

本书第六、七、八章为实证分析部分，通过构建理论模型分别分析贸易政策对产业发展的影响、产业政策对贸易发展的影响、贸易政策与产业政策协调发展对产业发展的影响，即实证分析不同政策的影响绩效。

第一，以出口退税政策影响投资、技术引进政策影响产业创新为例，实证解析贸易政策对产业发展的冲击。在出口退税政策影响投资的部分，建立以出口退税当前期、滞后一期、滞后二期为自变量，以经济发展水平、进口、出口为控制变量，以外商直接投资为因变量的面板数据模型，从分区域（东部地区、中部地区、西部地区）和经济发展水平（发达区域、中等发达区域、欠发达区域）两个方面基于2004—2019年的统计数据进行实证分析，结果表明，出口退税的影响总体上呈现出互补性、滞后性、地理与发展水平差异。在技术进口政策影响创新的部分，建立以产业创新作为被解释变量，以技术进口及相关交互项作为核心解释变量，以研发人员投入、研发质量等作为控制变量，同时兼顾时间效应虚拟变量影响的计量模型，基于2011—2019年的统计数据，从分区域和分产业类型两个方面进行实证研究，结果表明，技术进口政策的影响存在相对不确定性，分区域的计量结果要相对优于分产业类型，且经济发展水平较好的区域和相对集约化的产业（如技术密集型产业）的引进技术强度与技术创新总体呈负相关关系，而其余区域和其他类型产业的总体效果为正相关。

第二，采取中国工业企业数据库中的微观数据，从产业补贴政策影响出口创新、重点产业支持政策影响出口额两个方面，在提出相关假设的基础上构建计量模型，从分区域和分产业类型两个方面实证解析产业政策对贸易发展的影响。在产业补贴政策影响出口创新部分,将产业补贴政策与长期投资和企业规模的交互项作为核心解释变量,兼顾企业持续经营时间、固定资产比重等的影响,建立考察产业补贴政策对企业出口创新影响的模型,并以2000—2013年的827471个出口企业形成的面板数据为样本进行计量分析,结果表明,基本符合提出的研究假设,该政策有利于提升中国企业的出口创新能力,但区域和产业类型差异较为明显(尤其体现在三大区域之间),且计量采取的核心指标通过了稳健性检验。在重点产业支持政策影响出口部分,将重点产业支持政策及其交互项视为核心变量,将企业规模、全要素生产率、资产收益率、固定资产率等视为非核心变量,兼顾行业和年份的固定效应,并基于2001—2010年的281292个企业形成的面板数据实证剖析了重点产业支持政策的影响,其影响总体表现为中部地区>西部地区>东部地区、技术密集型>资源密集型>劳动密集型>资本密集型,且在粗放型与集约型产业方面不存在显著差异。

第三,从理论推演和实证分析两个方面分析贸易政策与产业政策协调发展如何影响产业发展。从政府和企业两个维度,采取动态演化模型剖析两大政策实现协调发展的一般模型,表明政策采取协调发展举措达到一定概率后,企业会采取跟进策略,进而实现动态博弈的占优均衡,且政府有着较强的达成协调发展的利益动机,彰显出两大政策实现协调发展是各参与主体的必然抉择。以全要素生产率作为衡量产业发展的指标,以重点产业支持政策和补贴政策为产业政策,以外贸经营权改变为外贸政策,以重点产业支持政策与外贸经营权改变的交互项、补贴政策支持度与外贸经营权改变的交互项为衡量两大政策协调发展的指标,以企业存续经营时间、企业规模、固定资产比率等为控制变量,构建衡量贸易政策与产业政策协调发展影响产业发展的实证模型,并基于中国工业企业数据库2001—2010年的550960个企业面板数据从分区域和分产业类型两个方面进行解析,结果表明,政策协调会影响全要素生产率的提升,尤其是会存在较为显著的挤出效应,但也存在区域和产业类型差异,集中表现为对东部地区和劳动密集型产业的影响效果较为明显。

三 制度安排

本书第九章为制度安排部分,基于理论与实证分析,借鉴相关国家促进贸易政策与产业政策协调发展的典型做法，并在给出两大政策实现协调发展逻辑的基础上，提出了促使中国贸易政策与产业政策协调发展的举措。

第一，以美国、日本、德国、韩国为例，在解析相应国家贸易政策和产业政策演化的同时，提出两大政策实现协调发展的国际借鉴，以期为中国出台协调发展的举措提供参考。其中，美国的典型经验为专业的协调机构、相同的利益集团，日本的典型经验为有力的政策协同管理部门、有效的官民协作推进机制，德国的典型经验为共同的政策制定部门、合适的政策制定指导机制，韩国的典型经验为官民并举的协调体制、实施配套政策的管理机构。

第二，从基本目标、基本原则、行动逻辑等方面剖析了中国两大政策实现协调发展的逻辑。结合中国实际，指出了贸易政策与产业政策协调发展的基本目标，提出了着眼发展、动态协调，实事求是、把握具体，统筹兼顾、顾全大局，保持限度、掌握适度四大基本原则，并认为两大政策实现协调发展的行动逻辑应该为服务于实现制造强国、培育新兴产业、产业转型发展、贸易竞争提升的需要。

第三，基于中国两大政策协调实际、国际借鉴、协调发展逻辑，从强化响应机制、鼓励创新发展、促进结构优化、凸显载体搭建、加快制度完善等方面提出如何促使中国两大政策实现协调发展的对策。在强化响应机制部分，提出建立一体化的协调管理机构、加快多元协调体系构建、增设经济贸易委员会、凸显数据库建设等举措；在鼓励创新发展部分，提出鼓励技术创新、激活创新活力等举措；在促进结构优化部分，提出提速产业转型、优化贸易结构、吸纳优质外资、注重适度保护等举措；在凸显载体搭建部分，提出加快信用平台打造、加快产业平台挖掘、积极推进贸易载体等举措；在加快制度完善部分，提出加快完善产业与贸易发展相关制度、更加凸显制度体系与国际规则的契合性、更加积极融入国际经济与政治组织或集团等举措。

参考文献

一 中文文献

(一) 著作

安虎森主编:《南朝鲜经济的腾飞》,延边大学出版社1990年版。

韩明谟:《社会系统协调论(第25卷)——关于社会发展机理的研究》,天津人民出版社2002年版。

刘小龙:《当代中国人的社会关系发展与协调机制》,知识产权出版社2019年版。

唐朝:《价值投资实战手册》,中国经济出版社2019年版。

中国百科大辞典编委会编:《中国百科大辞典》,华夏出版社1990年版。

(二) 期刊

白让让:《跨国公司"强制性"转让技术的动因、模式与效应——来自中美汽车合资合作企业的多案例研究》,《产业经济评论》2022年第1期。

白雪洁、闫文凯:《中国新兴产业产能过剩的形成机理及疏解策略——基于光伏行业的案例分析》,《南开学报》(哲学社会科学版)2017年第1期。

白杨、郇昌店:《我国体育产业中政府与市场关系演变研究——基于"林张之争"的框架》,《山东体育学院学报》2018年第4期。

白重恩、王鑫、钟笑寒:《出口退税政策调整对中国出口影响的实证分析》,《经济学》(季刊)2011年第3期。

包群、许和连、赖明勇:《出口贸易如何促进经济增长?——基于全要素生产率的实证研究》,《上海经济研究》2003 年第 3 期。

本刊编辑部:《宁波启动新一轮制造业"腾笼换鸟、凤凰涅槃"》,《宁波经济》(财经视点) 2022 年第 4 期。

卜伟、谢臻、赵坚:《中国产业政策的特点、效果与演变——产业政策问题研讨会会议综述》,《经济与管理研究》2017 年第 4 期。

步晓倩、韩跃:《山东省战略性新兴产业财政贡献研究——基于企业财务数据的视角》,《齐鲁珠坛》2014 年第 6 期。

蔡冬冬等:《基于准自然实验的中美贸易政策不确定性与企业技术创新》,《沈阳工业大学学报》(社会科学版) 2021 年第 5 期。

蔡昉:《比较优势与农业发展政策》,《经济研究》1994 年第 6 期。

蔡明阳:《逆全球化背景下的中国对外开放策略》,《当代经济管理》2017 年第 5 期。

蔡旺春、吴福象、刘琦:《研发补贴与中国高技术细分行业出口竞争力比较分析》,《产业经济研究》2018 年第 6 期。

曹广伟:《国际经贸秩序的变革及中国的战略选择》,《亚太经济》2014 年第 3 期。

曹虹剑、李虹辰、张慧:《经济治理能力、出口贸易与中国高新技术产业自主创新》,《财经理论与实践》(双月刊) 2020 年第 6 期。

曹雨阳、孔东民、陶云清:《中国社会信用体系改革试点效果评估——基于企业社会责任的视角》,《财经研究》2022 年第 2 期。

曹玉平:《出口贸易、产业空间集聚与技术创新——基于 20 个细分制造行业面板数据的实证研究》,《经济与管理研究》2012 年第 9 期。

陈爱贞、闫中晓:《资源配置视角下出口强度对产业结构升级的影响》,《东南学术》2022 年第 1 期。

陈贵富、何喆:《产业政策对中国制造业全球价值链地位攀升的影响》,《经济研究参考》2020 年第 1 期。

陈惠中、赵景峰:《产业链对贸易附加值的影响:理论机制与实证研究》,《中国软科学》2022 年第 3 期。

陈建安:《产业政策的有效性:来自日本的实证》,《现代日本经济》2019 年第 1 期。

陈建军:《中国现阶段的产业区域转移及其动力机制》,《中国工业经济》2002 年第 8 期。

陈立敏、杨振、侯再平：《出口带动还是出口代替？——中国企业对外直接投资的边际产业战略检验》，《财贸经济》2010 年第 2 期。

陈明艺、李娜：《中国经济高质量发展绿色检验——基于省级面板数据》，《上海经济研究》2020 年第 5 期。

陈培如、冼国明：《中国对外直接投资的出口效应——对"替代"和"互补"效应并存的一种解释》，《当代财经》2018 年第 9 期。

陈平、郭敏平：《中间品进口来源地与中国企业全要素生产率：基于贸易网络地位的研究》，《国际贸易问题》2020 年第 11 期。

陈平、黄健梅：《我国出口退税效应分析：理论与实证》，《管理世界》2003 年第 12 期。

陈若鸿：《从效率优先到安全优先：美国关键产品全球供应链政策的转变》，《国际论坛》2021 年第 5 期。

陈树志：《美国贸易保护政策促进经济发展的经验与启示》，《价格月刊》2019 年第 9 期。

陈弢：《贸易争端与美国和纳粹德国敌对的起源》，《同济大学学报》（社会科学版）2019 年第 2 期。

陈维涛、吴婷：《企业创新与中国企业出口决策——理论与实证分析》，《华东经济管理》2022 年第 4 期。

陈伟光：《后疫情时代的全球化与全球治理：发展趋势与中国策略》，《社会科学》2022 年 1 期。

陈伟光、聂世坤：《构建新发展格局：基于国家治理与全球治理互动的逻辑》，《学术研究》2022 年第 1 期。

陈玮、耿曙：《发展型国家的兴与衰：国家能力、产业政策与发展阶段》，《经济社会体制比较》2017 年第 2 期。

陈旭、邱霞：《成本粘性对企业全要素生产率的影响研究》，《重庆理工大学学报》（社会科学）2021 年第 10 期。

陈尧：《西方"双重标准"的多重根源》，《人民论坛·学术前沿》2020 年第 3 期。

陈友华、苗国：《隔离的城市际性与都市圈一体化》，《探索与争鸣》2020 年第 5 期。

陈煜明、杨锐：《产业链竞争优势的内涵与源泉——治理视角》，《改革与战略》2014年第7期。

陈钊、熊瑞祥：《比较优势与产业政策效果——来自出口加工区准实验的证据》，《管理世界》2015年第8期。

陈志恒、纪希春：《全球价值链重构视角下吸引外商直接投资的国际经验与国内对策》，《理论探讨》2019年第2期。

陈子烨、李滨：《中国摆脱依附式发展与中美贸易冲突根源》，《世界经济与政治》2020年第3期。

陈紫若、刘林青：《企业跳跃距离、出口多样性对出口二元边际的影响研究》，《国际贸易问题》2022年第2期。

谌仁俊、周双双：《节能目标政策与区域协调发展：来自中国企业的证据》，《世界经济》2022年第7期。

程进、韩玉启、陈小文：《我国技术引进创新时滞的实证分析》，《科研管理》2005年第4期。

程俊杰、刘志彪：《产能过剩、要素扭曲与经济波动——来自制造业的经验证据》，《经济学家》2015年第11期。

程李梅等：《产业链空间演化与西部承接产业转移的"陷阱"突破》，《中国工业经济》2013年第8期。

程永林：《全球失衡下中国参与全球经济治理研究：基于SWOT分析框架》，《战略决策研究》2012年第4期。

程永林、蒋基路：《贸易冲突、利益集团与美国对华贸易政策》，《美国问题研究》2019年第2期。

迟福林：《以高水平开放赢得未来》，《中国经济评论》2022年第Z1期。

仇焕广、蔡亚庆、白军飞：《基于路径依赖视角对中国苹果产业区域发展模式异化的解释——对陕西和山东苹果产业发展路径的比较研究》，《经济社会体制比较》2011年第2期。

崔广慧、姜英兵：《环保产业政策支持与企业环境治理动机——基于重污染上市公司的经验证据》，《审计与经济研究》2020年第3期。

戴宏伟：《产业转移研究有关争议及评论》，《中国经济问题》2008年第3期。

戴翔、张二震、王原雪：《特朗普贸易战的基本逻辑、本质及其应对》，《南京社会科学》2018年第4期。

邓光娅：《中国对外贸易内生比较利益的实证分析——基于引力模型的"母市场效应"再推导》，《中央财经大学学报》2011年第11期。

邓宏图、徐宝亮、邹洋：《中国工业化的经济逻辑：从重工业优先到比较优势战略》，《经济研究》2018年第11期。

邓靖：《贸易便利化、中间品进口与创新发展——基于"一带一路"沿线区域的实证检验》，《统计与决策》2021年第12期。

狄振鹏、王为东：《我国产业政策转型研究》，《新疆社会科学》2020年第6期。

丁蕾：《R&D投入对我国劳动密集型加工贸易升级影响的实证研究》，《科技管理研究》2011年第16期。

丁鹏：《贸易政策与产业政策的协调探究——以聚氯乙烯产业为例》，《对外经贸实务》2019年第5期。

丁一兵、宋畅：《中间投入品垂直技术溢出与中国制造业技术升级》，《社会科学辑刊》2020年第1期。

丁重、邓可斌：《中小企业的政府补贴与技术创新》，《当代经济科学》2019年第5期。

董琴：《从制造大国到制造强国：中国标准化战略的新使命与战略调整》，《经济学家》2022年第1期。

董晓芳、袁燕：《企业创新、生命周期与聚集经济》，《经济学》（季刊）2014年第2期。

董一凡：《德国如何抵挡产业空心化》，《瞭望》2021年第24期。

樊安群：《国际贸易强国的政策战略选择及启示》，《陕西理工大学学报》（社会科学版）2018年第5期。

范金民：《郑和下西洋在世界航海史上的地位》，《江苏社会科学》2005年第1期。

范卫宏、郭寿良：《重点产业政策、学科支撑与高校科技创新效率提升——基于"十大产业振兴规划"的准自然试验》，《财经科学》2022年第5期。

范文祥、齐杰：《中国外贸政策与产业政策协调分析》，《石家庄经济学院学报》2013 年第 5 期。

范子英、田彬彬:《出口退税政策与中国加工贸易的发展》,《世界经济》2014 年第 4 期。

封凯栋、李君然、付震宇:《隐藏的发展型国家藏在哪里?——对二战后美国创新政策演进及特征的评述》,《公共行政评论》2017 年第 6 期。

冯国强、孙瑞、张新然:《民粹主义如何影响执政党的贸易政策选择——来自欧洲 31 个国家的经验证据》,《经济社会体制比较》2022 年第 2 期。

冯科、曾德明:《技术标准的路径依赖和路径突破:产业创新网络结构嵌入性的 TES 作用机制》,《系统工程》2016 年第 11 期。

冯阔、唐宜红:《增值税多档税率、出口退税与国际经济效应》,《经济研究》2021 年第 5 期。

冯锐、陈蕾、刘传明:《自贸区建设对产业结构高度化的影响效应研究》,《经济问题探索》2020 年第 9 期。

冯昭奎:《科技革命发生了几次——学习习近平主席关于"新一轮科技革命"的论述》,《世界经济与政治》2017 年第 2 期。

傅元海、林剑威:《FDI 和 OFDI 的互动机制与经济增长质量提升——基于狭义技术进步效应和资源配置效应的分析》,《中国软科学》2021 年第 2 期。

甘行琼、蒋炳蔚:《出口退税对我国产业结构影响的实证研究——以传统劳动密集型产业为例》,《中南财经政法大学学报》2017 年第 4 期。

高奇琦、陈志豪:《从安全困境到全球治理:量子科技的国际政治博弈》,《国际展望》2021 年第 4 期。

高翔、黄建忠:《政府补贴对出口企业成本加成的影响研究——基于微观企业数据的经验分析》,《产业经济研究》2019 年第 4 期。

高云舒、尹斯斯、黄寰:《出口贸易自由化、企业异质性与出口企业产品配置》,《世界经济研究》2021 年第 1 期。

耿楠:《金融危机后中国促进经济增长的空间还有多大——从贸易政策到产业政策》,《当代经济管理》2010 年第 12 期。

弓建国、张艳娟：《我国劳动力价格的上升对企业成本竞争力的影响分析》，《企业研究》2010年第14期。

辜娜、吴磊：《出口退税政策对出口贸易影响的实证分析》，《统计与决策》2017年第9期。

顾秉维：《亚洲金融风暴后的反思：再论雁行模式》，《国内外经济管理》1998年第3期。

顾振华：《贸易政策与产业政策双重作用导致对华出口制造业的反倾销》，《世界经济研究》2020年第9期。

郭惠君、王黎瑶：《全球价值链重构下我国贸易高质量发展的机制及对策》，《国际经济合作》2020年第6期。

郭江兰：《"双循环"新发展格局下强化竞争政策基础性地位研究》，《价格理论与实践》2020年第12期。

郭克莎：《对中国外贸战略与贸易政策的评论》，《国际经济评论》2003年第5期。

郭连成：《面向21世纪的经济全球化——概念、成因、回顾与展望》，《国外社会科学》2001年第2期。

郭强：《逆全球化：资本主义最新动向研究》，《当代世界与社会主义》2013年第4期。

郭周明、李姣、邹浩：《逆全球化背景下国际经贸治理困境及中国路径选择》，《国际经贸探索》2020年第2期。

韩博然：《FDI与高技术产业效率——技术创新和市场竞争的中介效应》，《社会科学家》2022年第2期。

韩超、朱鹏洲、王震：《外资产业准入政策对企业全要素生产率的溢出效应——逆全球化思潮下吸引外商投资政策再思考》，《财经问题研究》2018年第7期。

韩慧霞、金泽虎：《贸易政策不确定性对中国外贸产业升级影响作用机制分析——基于中美贸易政策博弈的检验》，《商业研究》2019年第10期。

韩慧霞、金泽虎：《贸易政策不确定性影响高技术产业技术进步的机制与检验——基于知识产权保护的门限分析》，《统计与信息论坛》2020年第7期。

韩乾、洪永淼:《国家产业政策、资产价格与投资者行为》,《经济研究》2014年第12期。

韩英、马立平:《基于成本Malmquist模型的产业全要素生产率测算研究——以京津冀地区为例》,《数理统计与管理》2022年第2期。

韩永文:《德国的产业结构变化、支柱产业和产业政策》,《经济改革与发展》1995年第11期。

韩永文:《产业政策必须引入竞争——德国产业结构变化评判》,《中国软科学》1996年第8期。

郝红梅:《实施负面清单,吸引优质外资》,《中国经济周刊》2018年第27期。

郝良峰、邱斌、吴飞飞:《企业创新是否促进了出口边际的增长》,《经济问题探索》2016年第6期。

郝亮:《厂商决策顺序、贸易转移效应与最优反倾销税的确定》,《国际贸易问题》2017年第5期。

郝晓燕、臧麟山、翟羽佳:《我国战略性新兴产业激励政策演进规律分析——基于政策结构视角》,《科技管理研究》2022年第1期。

何奇龙、唐煦韩、唐娟红:《基于演化博弈的机动车保险欺诈问题研究》,《保险职业学院学报》2022年第2期。

何添锦:《我国区域经济发展格局与政策演变的回顾及启示》,《经济论坛》2010年第5期。

贺灿飞、董瑶、周沂:《中国对外贸易产品空间路径演化》,《地理学报》2016年第6期。

贺灿飞、余昌达:《多维邻近性、贸易壁垒与中国——世界市场的产业联系动态演化》,《地理学报》2022年第2期。

贺俊:《产业政策批判之再批判与"设计得当"的产业政策》,《学习与探索》2017年第1期。

洪俊杰、张宸妍:《产业政策影响对外直接投资的微观机制和福利效应》,《世界经济》2020年第11期。

胡大立、刘志虹、谌飞龙:《全球价值链分工下我国加工贸易转型升级的政策绩效评价》,《当代财经》2018年第3期。

胡俊文、戴瑾:《基于技术创新的比较优势动态演进与中国外贸转型升级研究》，《中国市场》2017 年第 34 期。

胡李鹏、谭华清：《韩国产业升级的过程与经验》，《现代管理科学》2016 年第 1 期。

胡澎：《日本"官民协作"的危机治理模式及其启示》，《日本学刊》2020 年第 2 期。

胡山、余泳泽：《数字经济与企业创新：突破性创新还是渐进性创新？》，《财经问题研究》2022 年第 1 期。

黄大慧：《从"村山谈话"到"安倍谈话"：日本在历史认识上"失去的二十年"》，《现代国际关系》2015 年第 8 期。

黄静波：《WTO 贸易政策规范及其扩展与中国贸易政策》，《中山大学学报》（社会科学版）2000 年第 3 期。

黄娟：《中国出口鼓励贸易政策的经济效率问题》，《财贸经济》2006 年第 10 期。

黄磊：《韩国德国产业政策比较及对我国的启示》，《国际经贸探索》2004 年第 2 期。

黄蕾、董雨：《政府约束激励政策下供应链低碳转型的演化博弈分析》，《黑龙江工业学院学报》（综合版）2022 年第 4 期。

黄启才：《韩国产业发展政策适变及对突破"中等收入陷阱"的启示》，《东南学术》2015 年第 2 期。

黄群慧：《新发展格局的理论逻辑、战略内涵与政策体系——基于经济现代化的视角》，《经济研究》2021 年第 4 期。

黄群慧、陈创练：《新发展格局下需求侧管理与供给侧结构性改革的动态协同》，《改革》2021 年第 3 期。

黄先海、金泽成、余林徽：《出口、创新与企业加成率：基于要素密集度的考量》，《世界经济》2018 年第 5 期。

黄先海、卿陶：《出口贸易成本与企业创新：理论机理与实证检验》，《世界经济研究》2020 年第 5 期。

黄阳华：《德国"工业 4.0"计划及其对我国产业创新的启示》，《经济社会体制比较》2015 年第 2 期。

黄阳华：《从美国学派看后全球金融危机时代的美国产业政策》，《学习与探索》2018 年第 10 期。

黄兆银：《论战略性贸易和产业政策的理论及其意义》，《经济评论》2001年第1期。

惠宁、刘鑫鑫：《新中国70年产业结构演进、政策调整及其经验启示》，《西北大学学报》（哲学社会科学版）2019年第6期。

姬妍婷、吴丰：《可持续发展原则视域下稀土贸易冲突问题研究》，《西昌学院学报》（社会科学版）2021年第1期。

吉亚辉、祝凤文：《技术差距、"干中学"的国别分离与发展中国家的技术进步》，《数量经济技术经济研究》2011年第4期。

贾根良：《贸易平衡、财政赤字与国内大循环经济发展战略》，《财经问题研究》2020年第8期。

贾根良：《美国学派：推进美国经济崛起的国民经济学说》，《中国社会科学》2011年第4期。

贾根良、何增平：《现代货币理论与通货膨胀》，《学术研究》2020年第2期。

江飞涛：《实施中国制造强国战略的政策体系研究》，《中国工程科学》2015年第7期。

江飞涛：《中国竞争政策"十三五"回顾与"十四五"展望——兼论产业政策与竞争政策的协同》，《财经问题研究》2021年第5期。

江飞涛、李晓萍：《当前中国产业政策转型的基本逻辑》，《南京大学学报》（哲学·人文科学·社会科学）2015年第3期。

江飞涛、李晓萍：《改革开放四十年中国产业政策演进与发展——兼论中国产业政策体系的转型》，《管理世界》2018年第10期。

江小涓、孟丽君：《内循环为主、外循环赋能与更高水平双循环——国际经验与中国实践》，《管理世界》2021年第1期。

江兴：《基于战略性贸易政策的人工智能产业发展研究》，《经济体制改革》2018年第6期。

姜丽：《国际贸易对中国产业结构优化的影响分析》，《辽宁师范大学学报》（社会科学版）2012年第4期。

蒋冠宏：《中国产业政策的均衡效应分析——基于政府补贴的视角》，《中国工业经济》2022年第6期。

蒋宁、张维、倪玉婷：《动态环境下我国产业政策体系建设研究》，

《科技与经济》2010 年第 5 期。

金芳:《产业全球化及其对中国产业发展的影响》,《世界经济研究》2004 年第 9 期。

金善女、邢会:《韩国产业政策的成功演变及其启示》,《河北工业大学学报》2005 年第 6 期。

靳玉英、胡贝贝:《出口退税政策对出口贸易的持续影响效应研究——来自异质性企业出口生存率的证据》,《财经研究》2017 年第 6 期。

康妮、陈林:《产业政策实施下的补贴、竞争与企业生存》,《当代经济科学》2018 年第 2 期。

康增奎:《幼稚产业的选择标准及测度》,《经济纵横》2012 年第 10 期。

康志勇:《资本品、中间品进口对中国企业研发行为的影响:"促进"抑或"抑制"》,《财贸研究》2015 年第 3 期。

克非:《日本人的危机意识与两次"百年韬晦"》,《当代亚太》1995 年第 1 期。

孔茗等:《中小企业如何在全球价值链重构中突围》,《清华管理评论》2020 年第 3 期。

孔祥利、谌玲:《供给侧改革与需求侧管理在新发展格局中的统合逻辑与施策重点》,《陕西师范大学学报》(哲学社会科学版)2021 年第 3 期。

寇蔻:《产业政策能否提高企业绩效?——基于德国高科技战略的实证分析》,《欧洲研究》2019 年第 4 期。

寇宗来:《从共识出发:"特惠"视角下产业政策的关键问题》,《探索与争鸣》2017 年第 2 期。

兰宜生、刘晴:《对我国出口退税政策效果的实证分析及反思》,《财贸经济》2011 年第 9 期。

雷达、马骏:《国际经济秩序演进与主流经济思想的周期性更迭》,《江海学刊》2018 年第 6 期。

雷兴长、葛林:《中国飞机制造业战略性贸易政策和产业政策理论分析》,《社科纵横》2010 年第 10 期。

黎绍凯、李露一：《自贸区对产业结构升级的政策效应研究——基于上海自由贸易试验区的准自然实验》，《经济经纬》2019年第5期。

李柏洲、张美丽：《数字化转型对区域经济高质量发展的作用机理——区域创新能力的调节作用》，《系统工程》2022年第1期。

李邦君：《中国和德国对外贸易制度与政策的比较及启示》，《国际商务研究》2003年第3期。

李保红、吕廷杰：《从产品生命周期理论到标准的生命周期理论》，《世界标准化与质量管理》2005年第9期。

李冰、宋永刚：《日本经济高速发展时期的产业政策及其对中国的启示》，《山东财政学院学报》2003年第6期。

李秉强：《辖区竞争与可持续发展战略选择》，《工业技术经济》2008年第5期。

李常青：《韩国"入关"期间的贸易政策》，《宏观经济管理》2001年第7期。

李成明、李亚飞、董志勇：《资本市场开放与产业政策有效性——基于企业创新视角》，《产业经济研究》2022年第3期。

李翀：《超绝对利益学说的构建以及与相关学说的比较》，《福建论坛》（人文社会科学版）2005年第3期。

李翀：《具有垄断性的重要资源——生物技术与国际贸易的"超绝对利益"》，《国际贸易》2004年第11期。

李春顶、尹翔硕：《我国出口企业的"生产率悖论"及其解释》，《财贸经济》2009年第11期。

李丹、夏岩磊：《农产品贸易结构与长三角经济发展耦合研究》，《蚌埠学院学报》2019年第3期。

李钢：《强化贸易政策和产业政策协调若干问题研究》，《国际贸易》2013年第3期。

李国学：《贸易战的理论逻辑及其应对：全球生产网络视角》，《学海》2019年第5期。

李宏佳、王宏禹、严展宇：《国际公共产品供给：中国稀土产业的经济外交策略》，《东北亚论坛》2017年第2期。

李怀印：《历史地认识新中国前30年的经济发展战略——与"比

较优势"论者商榷》,《开放时代》2019 年第 5 期。

李俊华:《新常态下我国产业发展模式的转换路径与优化方向》,《现代经济探讨》2015 年第 2 期。

李俊江、焦国伟、黄浩政:《从全球化到逆全球化思潮下的欧美发达国家制造业回归效果分析》,《吉林大学社会科学学报》2018 年第 4 期。

李磊、冼国明、包群:《"引进来"是否促进了"走出去"?——外商投资对中国企业对外直接投资的影响》,《经济研究》2018 年第 3 期。

李丽等:《中国服务业发展政策的测量、协同与演变——基于 1996—2018 年政策数据的研究》,《中国软科学》2020 年第 7 期。

李敏、刘阳:《我国产业政策、贸易政策协同发展的实施路径文献述评》,《商业经济研究》2020 年第 9 期。

李敏飞:《经济全球化下产业经济发展研究——国际产业转移新趋势与中国产业发展新思路》,《海峡科学》2011 年第 10 期。

李平:《论国际贸易与技术创新的关系》,《世界经济研究》2002 年第 5 期。

李平等:《中国经济新常态下全要素生产率支撑型模式转变》,《数量经济技术经济研究》2019 年第 12 期。

李平、姜丽:《贸易自由化、中间品进口与中国技术创新——1998—2012 年省级面板数据的实证研究》,《国际贸易问题》2015 年第 7 期。

李萍:《日本"入关"后产业政策与贸易政策的调整》,《亚太经济》2003 年第 2 期。

李强:《中国进口贸易政策的演进:特征与启示》,《经济体制改革》2020 年第 4 期。

李清杨、臧旭恒、曲一申:《产业政策与贸易政策协同作用下制造业结构优化升级研究》,《亚太经济》2022 年第 3 期。

李琼、宗刚:《战略性贸易政策中的产业政策及其绩效》,《中国软科学》2003 年第 3 期。

李世刚、周泽峰、吴驰:《贸易开放与人力资本配置——基于公共部门与私人部门就业选择的视角》,《经济学》(季刊)2021 年第 4 期。

李树祯、张峰：《FDI 会促进制造业服务化转型吗?》，《经济问题探索》2020 年第 7 期。

李天宇、王晓娟：《数字经济赋能中国"双循环"战略：内在逻辑与实现路径》，《经济学家》2021 年第 5 期。

李雯轩：《新中国成立 70 年产业政策的研究综述》，《产业经济评论》2021 年第 2 期。

李雯轩、李晓华：《新发展格局下区域间产业转移与升级的路径研究——对"雁阵模式"的再探讨》，《经济学家》2021 年第 6 期。

李想、徐艳梅：《引进购买外部技术对专利产出与新产品销售收入影响的异质性分析——以高技术产业为例》，《科学学与科学技术管理》2019 年第 11 期。

李晓钟、叶昕：《自贸试验区对区域产业结构升级的政策效应研究》，《国际经济合作》2021 年第 4 期。

李新烽：《郑和远航非洲与中非文明互鉴》，《中国社会科学》2022 年第 5 期。

李旭轩：《雁行理论在西部产业结构升级中的应用探讨——以粤桂合作特别试验区为例》，《技术经济与管理研究》2013 年第 5 期。

李雪慧：《区域产业转移对我国能源消费的影响》，《当代财经》2016 年第 11 期。

李燕、张波：《我国产业政策与贸易政策的协调问题研究——基于制度性贸易摩擦背景下的分析》，《现代经济探讨》2012 年第 2 期。

李怡、罗勇：《韩国工业化历程及其启示》，《亚太经济》2007 年第 1 期。

李永友、沈坤荣：《辖区间竞争、策略性财政政策与 FDI 增长绩效的区域特征》，《经济研究》2008 年第 5 期。

李玉花、简泽：《从渐进式创新到颠覆式创新：一个技术突破的机制》，《中国工业经济》2021 年第 9 期。

李豫新、代敏、王鹏：《中国内外贸发展与产业结构互动关系的实证检验》，《统计与决策》2022 年第 2 期。

梁碧波：《贸易保护与幼稚产业的成长——国际的经验与中国的选择》，《国际经贸探索》2004 年第 2 期。

林青宁、毛世平：《互补还是替代？——技术引进、自主创新与涉农企业科技成果转化效率》，《科技管理研究》2022年第3期。

林毅夫：《产业政策与我国经济的发展：新结构经济学的视角》，《复旦学报》（社会科学版）2017年第2期。

林毅夫、蔡昉、李周：《比较优势与发展战略——对"东亚奇迹"的再解释》，《中国社会科学》1999年第5期。

林媛媛、车璐：《中国对外贸易政策变迁研究——基于2001—2019年的文本计量分析》，《集美大学学报》（哲学社会科学版）2021年第1期。

刘安国、卢晨曦、杨开忠：《经济一体化、集聚租和区际税收政策协调》，《经济研究》2019年第10期。

刘常青：《相对优势论取代绝对优势论的悖论》，《生产力研究》2005年第11期。

刘闯：《基于比较优势和幼稚产业保护理论的区域视角：浅析中部地区城镇工业化的新发展及启示》，《现代管理科学》2019年第5期。

刘海英、钟莹：《环境规制在产能过剩治理中能否形成"优质产能"》，《吉林大学社会科学学报》2022年第2期。

刘航、孙早：《城镇化动因扭曲与制造业产能过剩——基于2001—2012年中国省级面板数据的经验分析》，《中国工业经济》2014年第11期。

刘洪铎、陈和：《双边贸易成本抑制了中国制造业企业的对外直接投资吗？》，《世界经济研究》2016年第8期。

刘焕鹏、严太华：《我国高技术产业R&D能力、技术引进与创新绩效——基于省际动态面板数据模型的实证分析》，《山西财经大学学报》2014年第8期。

刘吉瑞、陈漭：《经济协调机制和体制类型》，《浙江学刊》1988年第3期。

刘建民：《欧美行业协会应对国际贸易争端机制及其启示》，《上海商学院学报》2012年第1期。

刘江永：《战后日本国家战略演进及岸田内阁战略走向》，《东北亚论坛》2022年第1期。

刘金全、郑荻：《中国在全球价值链中的地位变迁与路径升级》，《西安交通大学学报》（社会科学版）2022年第2期。

刘鹃、施曼、韦倩青：《由GVC转向NVC——我国沿海代工企业产业升级新路径探析》，《现代管理科学》2014年第8期。

刘林青等：《国际贸易依赖网络的演化及内生机制研究》，《中国工业经济》2021年第2期。

刘美玲：《产业结构升级背景下我国对外贸易核心问题研究》，《价格月刊》2020年第7期。

刘啟仁、铁瑛：《企业雇佣结构、中间投入与出口产品质量变动之谜》，《管理世界》2020年第3期。

刘强、李泽锦：《全要素生产率与区域产业发展质量不平衡——基于京津冀和长三角的实证分析》，《统计与信息论坛》2019年第9期。

刘瑞：《长期结构性困境下的"安倍经济景气"——日本经济的幻象与事实》，《国外理论动态》2017年第11期。

刘淑春：《中国数字经济高质量发展的靶向路径与政策供给》，《经济学家》2019年第6期。

刘淑满：《WTO视角下"中国制造2025"产业政策的调整路径》，《对外经贸实务》2019年第10期。

刘似臣：《中国对外贸易政策的演变与走向》，《中国国情国力》2004年第8期。

刘晓静等：《东北地区产业升级路径依赖研究——基于比较优势演化视角》，《经济问题》2017年第11期。

刘新争：《区域产业联动与产业转移——基于内生比较优势的视角》，《江汉论坛》2016年第12期。

刘信恒：《出口退税与出口国内附加值率：事实与机制》，《国际贸易问题》2020年第1期。

刘信一：《韩国经济发展中的对外贸易》，《中国工业经济》2006年第7期。

刘晔：《新型经济全球化与国际经济新秩序的构建》，《管理学刊》2019年第2期。

刘怡、耿纯：《出口退税对出口产品质量的影响》，《财政研究》

2016 年第 5 期。

刘义圣、詹琉璐:《"奖出限入"外贸政策的适变与推新》,《东南学术》2013 年第 6 期。

刘勇:《新时代传统产业转型升级:动力、路径与政策》,《学习与探索》2018 年第 11 期。

刘志彪:《产业基础高级化:动态比较优势运用与产业政策》,《江海学刊》2019 年第 6 期。

刘志东、高洪玮:《中国制造业出口对美国企业创新的影响》,《中国工业经济》2019 年第 8 期。

刘志雄:《出口退税政策对我国出口贸易的影响探微》,《财会月刊》2015 年第 35 期。

柳光强、田文宠:《完善促进战略性新兴产业发展的税收政策设想——从区域税收优惠到产业优惠》,《中央财经大学学报》2012 年第 3 期。

柳思维、陈薇、张俊英:《把握机遇 突出重点 努力推动形成双循环新发展格局》,《湖南社会科学》2020 年第 6 期。

龙瑜清、汤晓军:《双循环下我国高技术产业链发展影响因素及应对思路》,《国际贸易》2021 年第 12 期。

卢剑峰:《行政协调的现实与规范》,《宁波大学学报》(人文科学版)2020 年第 6 期。

卢馨、丁艳平、唐玲:《我国国资预算支出的"体内循环"及其治理》,《会计之友》2016 年第 13 期。

陆立军、于斌斌:《传统产业与战略性新兴产业的融合演化及政府行为:理论与实证》,《中国软科学》2012 年第 5 期。

陆善勇、叶颖:《中等收入陷阱、比较优势陷阱与综合优势战略》,《经济学家》2019 年第 7 期。

逯东、朱丽:《市场化程度、战略性新兴产业政策与企业创新》,《产业经济研究》2018 年第 2 期。

吕祥伟、刘秉镰:《新发展理念下自贸区对人力资本投资影响的实证检验——基于自贸区建立的准自然实验》,《软科学》2021 年第 5 期。

罗振兴:《美国经济政策协调机制分析》,《四川大学学报》(哲学社会科学版）2017 年第 3 期。

马常娥：《韩国的产业结构调整及其启迪》，《世界经济与政治论坛》2001 年第 2 期。

马捷：《国际多市场寡头条件下的贸易政策和产业政策》，《经济研究》2002 年第 5 期。

马良华：《林、张政府之争所引申出的认识论问题》，《江淮论坛》2014 年第 6 期。

马淑琴等：《基础设施对出口产品质量非对称双元异质性影响——来自中国省际数据的证据》，《财贸经济》2018 年第 9 期。

马晓燕、薛俭：《"一带一路"倡议下中国沿线省份 OFDI 的影响效果评估》，《统计与信息论坛》2022 年第 3 期。

马永军：《中国战略性新兴产业发展绩效分析——兼论产业政策的重要性》，《生产力研究》2019 年第 8 期。

毛海欧、刘海云：《中国对外直接投资对贸易互补关系的影响："一带一路"倡议扮演了什么角色》，《财贸经济》2019 年第 10 期。

毛海涛、钱学锋、张洁：《中国离贸易强国有多远：基于标准化贸易利益视角》，《世界经济》2019 年第 12 期。

毛锦凰、喻亭：《"双循环"新发展格局下我国产业转移新趋势与对策分析》，《天水师范学院学报》2020 年第 4 期。

梅冠群：《关于美国对中国产业政策质疑的几点分析》，《国际经济合作》2019 年第 6 期。

南晓莉、韩秋：《战略性新兴产业政策不确定性对研发投资的影响》，《科学学研究》2019 年第 2 期。

倪峰、侯海丽：《美国高关税及贸易保护主义的历史基因》，《世界社会主义研究》2019 年第 1 期。

聂文星、朱丽霞：《企业生产率对出口贸易的影响——演化视角下"生产率悖论"分析》，《国际贸易问题》2013 年第 12 期。

牛建国：《跨国公司与经济全球化》，《中国经贸导刊》2003 年第 9 期。

牛勇平：《战略性贸易政策与产业政策实施的国际经验及其启示》，《山东社会科学》2005 年第 11 期。

潘旦：《行业组织政策参与现状及影响因素——基于温州行业组织的实证研究》，《华东经济管理》2011年第11期。

潘沁、徐康宁：《论战略性贸易政策的理论基础与方法体系》，《东南大学学报》（哲学社会科学版）2006年第1期。

潘珊、黄莉：《垂直结构、产业政策与社会福利》，《财经研究》2021年第12期。

潘文轩：《我国出口退税影响出口增长的动态效应及其特征——基于1985—2013年数据的实证分析》，《经济问题探索》2015年第11期。

裴长洪、刘斌、杨志远：《综合竞争合作优势：中国制造业国际竞争力持久不衰的理论解释》，《财贸经济》2021年第5期。

彭波、韩亚品：《新中国对外开放与外贸发展回顾：阶段性与连续性的统一》，《济南大学学报》（社会科学版）2020年第3期。

戚佰阳：《中国铜板纸产业：从进口依赖走向产能过剩的演变——从我国产业政策与贸易政策协调的视角探讨》，《对外经贸实务》2017年第2期。

戚湧、张锋：《基于内容分析的战略性新兴产业政策评价研究》，《科技进步与对策》2020年第17期。

钱娟：《能源节约偏向型技术进步对工业节能减排的门槛效应研究》，《科研管理》2020年第1期。

秦嗣毅：《日本入关后对外贸易政策演变述析》，《现代日本经济》2007年第4期。

曲凤杰：《从群马模式中突围 构筑新雁群模式》，《宏观经济管理》2016年第9期。

曲玥、赵鑫：《中国制造业区域梯次升级及演进路径分析——基于区域产业集聚水平变动及其对全要素生产率的影响》，《产业经济评论》2022年第2期。

任优生、邱晓东：《政府补贴和企业R&D投入会促进战略性新兴产业生产率提升吗》，《山西财经大学学报》2017年第1期。

任志成、刘梦、戴翔：《价值链分工演进如何影响贸易增长：现象、理论及模拟》，《国际贸易问题》2017年第2期。

单元媛、石晗：《研发国际化与全球价值链地位提升——基于中国制造业自主创新能力的中介效应检验》,《管理现代化》2022 年第 2 期。

邵敏、武鹏:《出口贸易、人力资本与农民工的就业稳定性——兼议我国产业和贸易的升级》,《管理世界》2019 年第 3 期。

邵其辉、钟昌标:《创新投入对出口贸易的影响——基于知识产权保护的视角》,《科技与管理》2016 年第 2 期。

申东勉:《向往"可持续发展的社会政策"》,《当代韩国》2007 年第 4 期。

申亮:《财政分权、辖区竞争与地方政府投资行为》,《财经论丛》2011 年第 4 期。

沈剑光、许世建:《西部农村地区职业教育与地方政府、产业的伴生互动——走出"离农为农"与"后发优势"悖论》,《中国职业技术教育》2020 年第 12 期。

沈坤荣、赵倩:《以双循环新发展格局推动"十四五"时期经济高质量发展》,《经济纵横》2020 年第 10 期。

沈坤荣、周力:《地方政府竞争、垂直型环境规制与污染回流效应》,《经济研究》2020 年第 3 期。

沈立人、戴园晨:《我国"诸侯经济"的形成及其弊端和根源》,《经济研究》1990 年第 3 期。

沈铭辉、李天国:《韩国对外贸易战略与 FTA 政策的演变》,《亚太经济》2017 年第 2 期。

沈伟:《WTO 框架下的产业政策:规则约束和政策优化——基于对"301 报告"及〈中国制造 2025〉的分析》,《上海对外经贸大学学报》2019 年第 4 期。

沈梓鑫、江飞涛:《美国产业政策的真相:历史透视、理论探讨与现实追踪》,《经济社会体制比较》2019 年第 6 期。

盛斌、魏方:《新中国对外贸易发展 70 年:回顾与展望》,《财贸经济》2019 年第 10 期。

盛朝迅:《推进我国产业链现代化的思路与方略》,《改革》2019 年第 10 期。

盛朝迅:《从产业政策到产业链政策:"链时代"产业发展的战略选择》,《改革》2022 年第 2 期。

盛朝迅：《新发展格局下产业政策创新转型的基本逻辑与方向》，《中国发展观察》2022 年第 4 期。

师博、王勤：《丝绸之路经济带能源产业链一体化合作研究》，《经济问题》2016 年第 1 期。

石军伟：《比较优势陷阱、创新偏差与后发大国全球价值链突破——一个新的理论视角与经验证据》，《产业经济评论》（山东大学）2020 年第 1 期。

石奇、谢啸：《公共品供给的产业政策与贸易政策协调效应研究》，《南京财经大学学报》2014 年第 1 期。

石卫星：《基于制造业技术创新的战略性贸易政策与我国产业结构优化研究》，《工业技术经济》2017 年第 4 期。

舒建中：《战后国际秩序的演进与启示：制度改革的视角》，《国际问题研究》2021 年第 1 期。

舒建中、孙路：《金融危机、制度改革与国际经济新秩序》，《世界经济与政治论坛》2011 年第 6 期。

宋常迎、郑少锋、郑雯雯：《"十四五"时期数字农业关键技术发展的创新路径》，《科学管理研究》2022 年第 1 期。

宋凌云、王贤彬：《重点产业政策、资源重置与产业生产率》，《管理世界》2013 年第 12 期。

宋学义：《贸易政策与产业政策的协调》，《国际经济合作》2013 年第 4 期。

宋砚秋等：《政府创新补贴、企业创新活力与创新绩效》，《经济学家》2021 年第 6 期。

宋洋：《企业规模及出口强度与 R&D 投入》，《管理观察》2018 年第 3 期。

宋怡茹、喻春娇、白旻：《中国高技术产业如何参与全球价值链重构?》，《科学学研究》2021 年第 9 期。

宋亦明、张经纬：《产业联盟与"能源诅咒"：委内瑞拉与俄罗斯的现代化"宿命"》，《外交评论》（外交学院学报）2020 年第 2 期。

宋跃刚、郑磊：《中间品进口、自主创新与中国制造业企业出口产品质量升级》，《世界经济研究》2020 年第 11 期。

苏华、刘升学：《供给外部性、市场潜力与中国城市高新技术产业集聚》，《城市问题》2022 年第 2 期。

孙佳文、赵海东：《提高科技创新能力加快西部地区承接产业转移研究——基于 120 家企业的问卷调查数据》，《科学管理研究》2021 年第 3 期。

孙金秀、杨文兵：《经济增长：产业结构和贸易结构互动升级之结果》，《现代财经》（天津财经大学学报）2011 年第 9 期。

孙敬水、张品修：《德国经济增长方式转变的经验及借鉴》，《世界经济与政治》1998 年第 8 期。

孙灵希、曹琳琳：《中国装备制造业价值链地位的影响因素研究》，《宏观经济研究》2016 年第 11 期。

孙自铎：《中国进入"刘易斯拐点"了吗？——兼论经济增长人口红利说》，《经济学家》2008 年第 1 期。

覃成林、李超：《幼稚产业保护与"李斯特陷阱"——一个文献述评》，《国外社会科学》2013 年第 1 期。

谭正航：《我国区域产业政策法律制度演进历程与完善路径》，《生态经济》2016 年第 6 期。

谭志雄、罗佳惠、韩经纬：《比较优势、要素流动与产业低端锁定突破：基于"双循环"新视角》，《经济学家》2022 年第 4 期。

汤志伟、李昱璇、张龙鹏：《中美贸易摩擦背景下"卡脖子"技术识别方法与突破路径——以电子信息产业为例》，《科技进步与对策》2021 年第 1 期。

唐东波：《贸易政策与产业发展：基于全球价值链视角的分析》，《管理世界》2012 年第 12 期。

唐坚、刘文川：《逆全球化浪潮与中国的开放之路——基于世界贸易平衡视角》，《经济问题探索》2019 年第 12 期。

唐未兵、傅元海、王展祥：《技术创新、技术引进与经济增长方式转变》，《经济研究》2014 年第 7 期。

唐晓华、刘相锋：《中国装备制造业产业结构调整中外资修复作用的实证研究》，《数量经济技术经济研究》2016 年第 2 期。

陶爱萍、吴文韬、蒯鹏：《进出口贸易抑制了企业创新吗——基于收入差距的调节作用》,《国际贸易问题》2020 年第 3 期。

陶涛:《全球产业链变革下的中国新机遇》,《人民论坛》2021 年第 2 期。

陶冶、刘思彤:《"黑天鹅"翻飞下的中国动漫产业路径依赖研究——基于长三角和珠三角地区的调研》,《当代动画》2020 年第 2 期。

田晖、程倩、李文玉:《进口竞争、创新与中国制造业高质量发展》,《科学学研究》2021 年第 2 期。

田素华、王璇:《贸易联系与生产性补贴的出口促进效应——基于 HS-6 位码产品的中国微观数据实证分析》,《国际贸易问题》2021 年第 6 期。

田素华、王璇、李筱妍:《行业鼓励政策对中国外商直接投资进入的促进作用——基于〈外商投资产业指导目录〉和微观企业数据分析》,《复旦学报》(社会科学版) 2020 年第 1 期。

田玉红:《美日贸易政策与产业政策协调体制的比较与启示》,《财经问题研究》2008 年第 5 期。

田云清:《论社会发展协调机制》,《福建论坛》(经济社会版) 1992 年第 1 期。

田政杰、董麓:《"逆全球化"背景下的中国对外贸易格局:问题与应对策略》,《河南社会科学》2019 年第 8 期。

佟家栋、李胜旗:《贸易政策不确定性对出口企业产品创新的影响研究》,《国际贸易问题》2015 年第 6 期。

佟家栋、林力:《金融危机与中国对外贸易政策和产业政策的思考》,《南开学报》(哲学社会科学版) 2009 年第 6 期。

佟家栋、刘程:《与对外贸易政策相连接的产业政策——试论产业政策与政府干预》,《南开学报》(哲学社会科学版) 2017 年第 6 期。

佟家栋、王艳:《国际贸易政策的发展、演变及其启示》,《南开学报》(哲学社会科学版) 2002 年第 5 期。

佟家栋、张俊美、赵思佳:《贸易自由化能否促进城市人力资本积累》,《山西财经大学学报》2021 年第 7 期。

佟家栋、周燕:《二元经济、刘易斯拐点和中国对外贸易发展战略》,《经济理论与经济管理》2011 年第 1 期。

佟家栋等：《"逆全球化"与实体经济转型升级笔谈》，《中国工业经济》2017年第6期。

佟家栋等：《新冠肺炎疫情冲击下的全球经济与对中国的挑战》，《国际经济评论》2020年第3期。

涂圣伟：《我国产业高质量发展面临的突出问题与实现路径》，《中国发展观察》2018年第14期。

万广华、朱美华：《"逆全球化"：特征、起因与前瞻》，《学术月刊》2020年第7期。

万卫红：《经济全球化对产业发展的影响及其差异性分析》，《当代财经》2006年第12期。

汪彬、阳镇：《双循环新发展格局下产业链供应链现代化：功能定位、风险及应对》，《社会科学》2022年第1期。

汪亚楠、周梦天：《贸易政策不确定性、关税减免与出口产品分布》，《数量经济技术经济研究》2017年第12期。

王本强：《中国对外贸易政策演变及其完善对策》，《价格月刊》2020年第6期。

王昶等：《地方政府发展战略性新兴产业的政策组合研究》，《科学学研究》2020年第6期。

王传荣、付婷婷：《中国文化贸易政策对文化产业竞争力的影响——基于双重差分法的经验分析》，《山东财经大学学报》2019年第2期。

王弟海、龚六堂：《幼稚产业的发展路径及其政府政策的分析》，《数量经济技术经济研究》2006年第3期。

王海燕、滕建州、颜蒙：《强化我国对外贸易政策与产业政策协调的研究》，《经济纵横》2014年第7期。

王捷、陈少晖：《国内国际双循环新发展格局研究：综述与展望》，《财会月刊》2022年第10期。

王军、李萍：《新常态下中国经济增长动力新解——基于"创新、协调、绿色、开放、共享"的测算与对比》，《经济与管理研究》2017年第7期。

王军、张一飞：《政府研发补贴对企业创新以及经济增长的影响——理论依据与政策选择》,《经济社会体制比较》2016 年第 5 期。

王君斌、刘河北:《提高出口退税能够"稳就业"和"稳外贸"吗?》,《金融研究》2021 年第 12 期。

王泠一:《韩国经济的可持续发展战略》,《上海经济研究》2001 年第 7 期。

王玲、陈仲常、马大来:《节能减排、全要素能源生产率及行业异质性研究——基于中国制造业 28 个行业的实证分析》,《当代财经》2013 年第 10 期。

王明成:《国际技术扩散为何制约了 TFP 增长》,《贵州财经大学学报》2015 年第 1 期。

王鹏、吴思霖、李彦:《国家高新区的设立能否推动城市产业结构优化升级?——基于 PSM-DID 方法的实证分析》,《经济社会体制比较》2019 年第 4 期。

王秋红、李文文:《进口中间品技术复杂度对全要素生产率的影响研究》,《天津商业大学学报》2021 年第 2 期。

王世超:《经济全球化对发展中国家的影响及其对策》,《武汉理工大学学报》2002 年第 2 期。

王恕立、吴楚豪:《制造企业"服务化"能否提升出口国际竞争力?——来自中国制造企业的证据》,《产业经济研究》2020 年第 4 期。

王硕、朱春艳:《构建中国主导的国际产业链:模式与机制》,《科学管理研究》2021 年第 6 期。

王玮:《产业结构与对外政策选择:英国、美国和德国的历史经验》,《当代美国评论》2020 年第 2 期。

王文瑜、胡求光:《产业纵向一体化对水产品出口贸易的影响研究》,《国际贸易问题》2015 年第 5 期。

王文治、扈涛:《FDI 导致中国制造业价格贸易条件恶化了吗?——基于微观贸易数据的 GMM 方法研究》,《世界经济研究》2013 年第 1 期。

王孝松、张瑜:《企业规模与创新效率——基于中国高技术产业的经验分析》,《吉林大学社会科学学报》2021 年第 3 期。

王孝松、周钰丁:《经济政策不确定性、企业生产率与贸易高质量发展》,《中国人民大学学报》2022 年第 2 期。

王新刚、李祖兰:《全球市场产品召回双重标准研究:公平感知偏差视角》,《江西财经大学学报》2022 年第 2 期。

王寅龙:《产业政策和贸易政策的协调探讨——以钢铁产业遭遇的摩擦为例》,《对外经贸实务》2018 年第 2 期。

王莹、成艳萍:《山西省对外贸易结构与产业结构关系的实证分析》,《经济问题》2018 年第 6 期。

王颖、段霞、吴康:《城市"腾笼换鸟"产业转型升级的困境与出路——基于北京市的调查研究》,《地理科学》2020 年第 5 期。

卫迎春:《韩国引进外商直接投资政策的变迁及其对我国的启示》,《国际贸易问题》2007 年第 10 期。

卫志孝:《德国魏玛共和国早期的通货膨胀和应急货币的发行》,《江苏钱币》2013 年第 4 期。

魏浩、张二震:《对我国现行外贸政策的反思与重新定位》,《国际贸易问题》2004 年第 11 期。

魏际刚:《新时期中国产业政策调整思路》,《北京交通大学学报》(社会科学版) 2019 年第 2 期。

魏际刚:《中国产业政策风雨兼程 40 年》,《经济》2018 年第 17 期。

魏婕、任保平:《新发展阶段国内外双循环互动模式的构建策略》,《改革》2021 年第 6 期。

温太璞:《发达国家战略性产业政策和贸易政策的理论思考和启示》,《商业研究》2001 年第 10 期。

文华、崔基哲:《韩国信息产业的发展现状、政策措施及经验借鉴》,《东北亚经济研究》2021 年第 1 期。

《我国产业结构政策研究》课题组:《产业结构政策的条件、背景及其特点》,《中央财经大学学报》2003 年第 5 期。

巫岑、黎文飞、唐清泉:《产业政策与企业资本结构调整速度》,《金融研究》2019 年第 4 期。

吴白乙:《中国对"炸馆"事件的危机管理》,《世界经济与政治》2005 年第 3 期。

吴滨、肖尧：《人口红利衰减、产业结构调整对中国工业经济发展影响研究》，《统计与信息论坛》2021年第6期。

吴波、肖迪：《集群企业迁移理论述评——兼对区域政府"腾笼换鸟"政策的反思》，《科学学研究》2011年第1期。

吴朝晖：《四元社会交互运行，亟须深化数字治理战略布局》，《浙江大学学报》（人文社会科学版）2020年第2期。

吴朝阳、陈雅：《企业出口、竞争效应与自主技术创新》，《当代财经》2020年第8期。

吴金园：《韩国经济起飞的经验及其对中国的启示》，《财贸研究》2009年第5期。

吴敬琏：《产业政策面临的问题：不是存废，而是转型》，《兰州大学学报》（社会科学版）2017年第6期。

吴克晴、冯兴来：《改进的复制动态方程及其稳定性分析》，《纯粹数学与应用数学》2015年第3期。

吴鹏、夏楚瑜、何冲冲：《区域产业结构贸易结构的关联匹配研究——基于灰色关联算法》，《系统科学与数学》2020年第11期。

吴伟：《贸易政策和产业政策协调的思考——以铜版纸行业反倾销为例》，《对外经贸实务》2008年第11期。

吴相奉：《韩国产业的主要课题与今后产业结构变化的方向》，《当代韩国》2005年第3期。

吴妍：《德国产业政策新动向：走向保护主义？》，《国别和区域研究》2020年第1期。

吴艳秋、张曙霄：《我国贸易质量演进及其现状评价》，《经济问题探索》2021年第5期。

吴杨伟、王胜：《再论比较优势与竞争优势》，《经济学家》2018年第11期。

吴宗杰、孟令娟：《日本、韩国产业政策演变对我国的启示》，《经济纵横》2006年第8期。

武敬云：《出口退税与中国出口贸易增长——基于季度数据VEC模型的实证检验》，《中央财经大学学报》2011年第9期。

习近平：《勠力战疫 共创未来——在二十国集团领导人第十五次峰

会第一阶段会议上的讲话》,《中华人民共和国国务院公报》2020 年第 34 期。

夏飞、肖扬、朱小明:《出口退税对企业出口技术复杂度的影响》,《税务研究》2020 年第 4 期。

夏诗园:《"双循环"新发展格局下产业链升级机遇、挑战和路径选择》,《当代经济管理》2022 年第 5 期。

相晨曦、陈占明、郑新业:《环境外部性对出口结构和贸易政策选择的影响——基于中国高耗能产业的证据》,《中国人口·资源与环境》2021 年第 6 期。

向书坚、徐应超:《对外贸易开放、人力资本积累与企业技术创新》,《产经评论》2021 年第 1 期。

[日] 小宫隆太郎、余昺鹏:《日本产业政策争论的回顾和展望》,《现代日本经济》1988 年第 3 期。

肖利平、谢丹阳:《国外技术引进与本土创新增长:互补还是替代——基于异质吸收能力的视角》,《中国工业经济》2016 年第 9 期。

谢聪敏:《"一五计划"期间中国共产党与钢铁工业的发展(一)》,《中国钢铁业》2021 年第 6 期。

谢红军等:《鼓励关键设备进口的创新效应——兼议中国企业的创新路径选择》,《中国工业经济》2021 年第 4 期。

谢建国、徐婷:《产出波动、需求转移与出口退税的出口激励效果——一个基于中国出口面板数据的研究》,《世界经济研究》2012 年第 6 期。

谢申祥、冯玉静:《21 世纪中国制造业出口产品的规模、结构及质量》,《数量经济技术经济研究》2019 年第 11 期。

谢申祥、刘培德、王孝松:《价格竞争、战略性贸易政策调整与企业出口模式选择》,《经济研究》2018 年第 10 期。

谢众、李婉晴:《技术进步路径转变下的出口产品质量研究——基于产业结构优化与制造业服务化视角的分析》,《技术经济》2020 年第 11 期。

熊光清:《经济全球化进程中的国际数字鸿沟问题:现状、成因和影响》,《国际论坛》2009 年第 3 期。

熊李力、刘丹阳:《供需失衡与右翼极化:欧洲社会移民融入困境探析》,《当代世界与社会主义》2020年第1期。

徐博、杨来科、常冉:《中间品关税减让对企业全球价值链生产长度的影响》,《世界经济研究》2021年第4期。

徐滇庆:《入世之后 究竟谁是狼?》,《财经界》2002年第1期。

徐慧超等:《数字化对于国际贸易发展及竞争格局的影响》,《调研世界》2022年第6期。

徐佳宾、徐佳蓉:《产业调整中的政策基点分析——韩国的工业化历程及其对中国的启示》,《中国工业经济》2000年第12期。

徐洁香、邢孝兵:《出口贸易、所有制结构与技术创新投入——基于中国高技术产业的实证分析》,《山东财经大学学报》2020年第3期。

徐康宁、陈健:《跨国公司价值链的区位选择及其决定因素》,《经济研究》2008年第3期。

徐绍元、史春林:《马克思恩格斯对资本主义国际贸易政策本质的分析及现实启示》,《湖湘论坛》2021年第4期。

徐元康:《我国高铁产业的战略性贸易政策分析》,《宁夏社会科学》2016年第2期。

许和连、王海成:《简政放权改革会改善企业出口绩效吗?——基于出口退(免)税审批权下放的准自然试验》,《经济研究》2018年第3期。

许经勇:《刘易斯拐点与城乡二元结构并存引起的思考》,《黄河科技学院学报》2021年第3期。

许开鹏等:《基于主体功能区的环境红线管控体系初探》,《环境保护》2015年第23期。

许培源:《贸易结构与贸易溢出的技术创新效应》,《亚太经济》2012年第1期。

薛继亮:《从供给侧判断"刘易斯拐点":到来还是延迟》,《中央财经大学学报》2016年第9期。

闫磊、朱文:《我国产业政策的演变与未来取向——基于产业结构升级视角》,《经营与管理》2014年第5期。

闫云凤:《全球价值链位置决定价值获取程度吗?——基于长度和

强度的产业"微笑曲线"检验》,《南京财经大学学报》2018年第5期。

严冰:《中国贸易自由化与工业企业产品创新——基于熊彼特增长范式的分析》,《湖北行政学院学报》2015年第1期。

严瑾等:《以科技支撑激发产业内生动力——来自南京农业大学产业扶贫的经验》,《南京农业大学学报》(社会科学版)2020年第4期。

严鹏:《战争与幼稚工业保护理论——基于抗日战争时期中国民生机器厂演化的检验》,《财经问题研究》2019年第1期。

阳结南:《拜登时代中美贸易摩擦前景展望》,《国际贸易》2021年第4期。

杨本建、毛艳华:《产业转移政策与企业迁移行为——基于广东产业转移的调查数据》,《南方经济》2014年第3期。

杨春媛:《对外贸易与产业结构转型升级相互促进的路径选择——以四川省外贸行业为例》,《经济论坛》2016年第4期。

杨继:《基于"刘易斯拐点"的我国农村人口转移趋势》,《宏观经济管理》2021年第11期。

杨阔、郭克莎:《产业政策争论的新时代意义:理论与实践的考量》,《当代财经》2020年第2期。

杨敏、赵丹妮:《双寡头垄断下的产业结构与对外贸易商品结构调整》,《产业与科技论坛》2013年第8期。

杨乔乔:《全球性经济问题演变逻辑的政治经济学分析》,《福建师范大学学报》(哲学社会科学版)2020年第2期。

杨小凯、张永生:《新贸易理论、比较利益理论及其经验研究的新成果:文献综述》,《经济学》(季刊)2001年第1期。

杨洋、魏江、罗来军:《谁在利用政府补贴进行创新?——所有制和要素市场扭曲的联合调节效应》,《管理世界》2015年第1期。

杨子潞、张光慧:《"大健康"理念下健康农业发展路径与引导政策》,《社会科学家》2019年第9期。

殷红、张龙、叶祥松:《中国产业结构调整对全要素生产率的时变效应》,《世界经济》2020年第1期。

殷强、冯辉:《中国式财政分权、辖区竞争与地方政府投资——基于省级面板数据的分析》,《经济经纬》2019 年第 5 期。

殷晓鹏、肖艺璇、王锋锋:《中国共产党对外贸易政策演进:成就与展望》,《财经科学》2021 年第 5 期。

银温泉、才婉茹:《我国地方市场分割的成因和治理》,《经济研究》2001 年第 6 期。

尹智超、彭红枫:《新中国 70 年对外贸易发展及其对经济增长的贡献:历程、机理与未来展望》,《世界经济研究》2020 年第 9 期。

游达明、朱邵玲:《基于演化博弈的再制造策略选择动态分析》,《科技管理研究》2018 年第 17 期。

于雯杰:《德国产业政策的路径变迁与启示——基于〈国家工业战略 2030〉的分析》,《财政科学》2021 年第 7 期。

余官胜:《我国出口贸易和技术创新关系实证研究——基于联立方程组》,《科学学研究》2011 年第 2 期。

余淼杰:《中国的贸易自由化与制造业企业生产率》,《经济研究》2010 年第 12 期。

余孝军:《企业排污行为的进化博弈分析》,《统计与决策》2007 年第 21 期。

余壮雄、丁文静、董洁妙:《重点产业政策对出口再分配的影响》,《统计研究》2021 年第 1 期。

俞立平等:《市场分割、创新政策与高技术产业创新》,《中国软科学》2022 年第 5 期。

袁其刚、朱学昌、王玥:《〈对外投资国别产业导向目录〉对企业 OFDI 行为的影响及其生产率效应的检验》,《国际贸易问题》2016 年第 6 期。

袁欣:《中国对外贸易结构与产业结构:"镜像"与"原像"的背离》,《经济学家》2010 年第 6 期。

袁子馨、尹诚明、肖光恩:《人力资本、工资地区异质性与中国城市利用外商直接投资》,《现代经济探讨》2019 年第 5 期。

岳利萍、严汉平、李冀:《我国区域经济差异变动的阶段性特征——基于区域经济政策演变的视角》,《未来与发展》2011 年第 11 期。

岳为众、张晶、刘颖琦：《产业政策与市场表现关联研究——以中国电动汽车充电基础设施为例》，《经济与管理研究》2019年第2期。

翟婵：《论中国在世界经济治理体系的"准中心"地位和作用》，《政治经济学研究》2021年第1期。

张翅：《政府补贴的技术创新激励效应——来自农业上市公司的证据》，《农业技术经济》2020年第1期。

张春勋、赖景生：《技术创新、路径依赖与主导产业演替的障碍及突破研究》，《生产力研究》2008年第3期。

张峰、宋晓娜、任娟娟：《黄河三角洲乡村承接城市产业转移潜力及趋势》，《北京理工大学学报》（社会科学版）2020年第3期。

张国臣：《产业集群内生演进超边际模型分析——基于迂回生产视角》，《华东经济管理》2014年第3期。

张海星、孙艺：《宏观审慎政策与货币政策目标协调效应分析——基于叠加和抵消效应的经验实证》，《经济与管理》2020年第4期。

张红霞、王悦：《经济制度变迁、产业结构演变与中国经济高质量发展》，《经济体制改革》2020年第2期。

张会恒：《论产业生命周期理论》，《财贸经济》2004年第6期。

张季风：《重新审视日本"失去的二十年"》，《日本研究》2013年第6期。

张建：《安倍经济学时期的日本外贸战略分析》，《日本问题研究》2018年第5期。

张杰：《金融抑制、融资约束与出口产品质量》，《金融研究》2015年第6期。

张杰：《进口对中国制造业企业专利活动的抑制效应研究》，《中国工业经济》2015年第7期。

张杰、陈容：《产业链视角下中国关键核心技术创新的突破路径与对策》，《南通大学学报》（社会科学版）2022年第2期。

张杰、刘志彪、郑江淮：《中国制造业企业创新活动的关键影响因素研究——基于江苏省制造业企业问卷的分析》，《管理世界》2007年第6期。

张杰、吴书凤：《"十四五"时期中国关键核心技术创新的障碍与突破路径分析》,《人文杂志》2021年第1期。

张杰等:《中国创新补贴政策的绩效评估:理论与证据》,《经济研究》2015年第10期。

张军:《产品生命周期理论及其适用性分析》,《华北电力大学学报》(社会科学版)2008年第1期。

张军旗:《我国自由贸易试验区中产业补贴政策的调整》,《上海财经大学学报》2019年第1期。

张莉等:《重点产业政策与地方政府的资源配置》,《中国工业经济》2017年第8期。

张楠迪扬:《"全响应"政府回应机制:基于北京市12345市民服务热线"接诉即办"的经验分析》,《行政论坛》2022年第1期。

张鹏飞、徐朝阳:《干预抑或不干预?——围绕政府产业政策有效性的争论》,《经济社会体制比较》2007年第4期。

张倩肖、李佳霖:《新时期优化产业转移演化路径与构建双循环新发展格局——基于共建"一带一路"背景下产业共生视角的分析》,《西北大学学报》(哲学社会科学版)2021年第1期。

张庆彩、卢丹、张先锋:《国际贸易的低碳化及我国外贸突破"高碳锁定"的策略》,《科技管理研究》2013年第6期。

张少华:《汉密尔顿"工商立国"与杰斐逊"农业立国"之争》,《历史研究》1994年第6期。

张维迎:《产业政策争论背后的经济学问题》,《学术界》2017年第2期。

张伟:《中国铜材行业"走出去"的现状、挑战及路径选择》,《对外经贸实务》2021年第6期。

张文玺:《中日韩产业结构升级和产业政策演变比较及启示》,《现代日本经济》2012年第4期。

张文学、王思敏:《RCEP范围内中国贸易潜力与贸易效率探究——基于随机前沿引力模型》,《吉林工商学院学报》2021年第6期。

张夏、汪亚楠、施炳展:《事实汇率制度、企业生产率与出口产品质量》,《世界经济》2020年第1期。

张小蒂、曾可昕:《基于企业家才能提升的市场规模内生性扩大研究——以浙江义乌产业集群为例》，《财贸经济》2013 年第 5 期。

张小兰、木艳蓉：《战后韩国产业结构演变的成功经验对我国的启示》，《商业研究》2002 年第 14 期。

张小溪：《中国价值链升级的对策研究——基于"双循环"发展的视角》，《福建论坛》（人文社会科学版）2020 年第 11 期。

张晓晶：《增长放缓不是"狼来了"：中国未来增长前景展望》，《国际经济评论》2012 年第 4 期。

张欣：《辽宁省对外贸易转型与产业结构升级的对策》，《大连民族学院学报》2011 年第 2 期。

张秀芳：《我国贸易政策和产业政策变化对进出口影响的实证研究——以玉米贸易为例》，《中国经贸导刊》（中）2018 年第 26 期。

张亚鹏：《中国产业政策的国家行动与进路转型——基于国家治理的视角》，《中共福建省委党校学报》2019 年第 3 期。

张彦、刘德学：《从"流散"到"重塑"：主导国权力嬗变与全球价值链重构》，《当代亚太》2022 年第 1 期。

张焰朝、孙光国、陈思阳：《产业政策、资源配置与企业战略激进度》，《宏观经济研究》2021 年第 6 期。

张杨勋：《产业政策、技术比较优势与创新产出——基于战略性新兴产业政策实施的分析》，《广东财经大学学报》2020 年第 2 期。

张永林、陈春春、王国成：《"复制动态方程"能解释微观企业的成长行为吗？——基于中国制造业上市公司动态面板数据模型的实证研究》，《财贸研究》2015 年第 1 期。

张永旺、宋林、祁全：《逆全球化背景下技术引进向自主创新转变的理论逻辑与现实路径》，《科学管理研究》2019 年第 2 期。

张幼文等：《40 年中国开放型发展道路的理论内涵》，《世界经济研究》2018 年第 12 期。

张雨微、赵景峰、刘航：《生产分割下的国际价值转移及对中国新型开放战略的启示》，《马克思主义研究》2015 年第 11 期。

张玉兰、崔日明、郭广珍：《产业政策、贸易政策与产业升级——基于全球价值链视角》，《国际贸易问题》2020 年第 7 期。

张钰：《人力资本结构高级化、要素市场水平与服务业高质量发展》,《商业经济研究》2022年第2期。

张兆华:《美英欧的波音与空客关税之争暂时休战》,《国际航空》2021年第3期。

张志强、张玺:《我国高新技术细分行业技术创新驱动出口贸易发展效率异质性研究》,《科技管理研究》2020年第17期。

章海源、刘牧茜:《加快推进外贸与产业协调发展》,《国际贸易》2017年第12期。

赵楚:《必然中的偶然,战略棋盘上的战术问题——中美南海撞机事件再分析》,《国际展望》2001年第9期。

赵春明、范雅萌、熊珍琴:《贸易政策不确定性对中国地区产业结构升级的影响》,《亚太经济》2020年第5期。

赵坚:《东北振兴背景下的高端产品进口替代》,《中国经济评论》2021年第10期。

赵景艳、计小青:《结构型社会资本对城市群专业化分工的影响研究——基于比较优势理论分析的视角》,《经济问题探索》2022年第7期。

赵丽君、吴福象:《政府研发补贴与经济发展质量研究——基于供给侧结构性改革的视角》,《经济问题探索》2016年第12期。

赵丽娜:《世界经济格局大调整与我国外贸高质量发展》,《理论学刊》2021年第1期。

赵俏姿、孙文涛:《绝对优势论在国际贸易中的普遍规律性》,《上海电力学院学报》2002年第4期。

赵双、郝晓薇、熊慧林:《地方税收竞争、资本要素流动与金融发展——基于中国31省市的实证研究》,《兰州财经大学学报》2021年第6期。

赵彦志、杜朝晖:《韩国产业组织政策的转变及对我国的启示》,《宏观经济管理》2003年第9期。

郑江淮、冉征:《智能制造技术创新的产业结构与经济增长效应——基于两部门模型的实证分析》,《中国人民大学学报》2021年第6期。

郑雪飞:《贸易政策的国内政治分析——以1879年德国贸易政策转

变为例》,《世界经济与政治》2009 年第 11 期。

郑颖、齐欣:《长期贸易关系下劳动力成本对出口价格的影响——兼论专用性资产的调节效应》,《当代财经》2021 年第 11 期。

智晓婷、何怡婷:《出版产业对外贸易政策演进与绩效评估——基于政府规制视角的分析(1992—2020 年)》,《出版科学》2022 年第 1 期。

钟昌标:《逆全球化动向与国际经贸规则重构的中国响应》,《阅江学刊》2017 年第 6 期。

钟昌标:《外贸对区域产业结构演进的效应》,《数量经济技术经济研究》2000 年第 10 期。

钟慧中:《中国贸易型对外直接投资的方式选择——基于交易治理与集聚理论的研究》,《国际贸易问题》2013 年第 2 期。

仲鑫、金靖宸:《中国入世后美国贸易保护政策的演变及对策》,《国际贸易》2019 年第 2 期。

周佰成、王晗、王姝:《货币政策、非对称效应与产业内部结构升级》,《财经科学》2020 年第 10 期。

周建军:《美国产业政策的政治经济学:从产业技术政策到产业组织政策》,《经济社会体制比较》2017 年第 1 期。

周建军:《全球产业链的重组与应对:从防风险到补短板》,《学习与探索》2020 年第 7 期。

周敬青、陈小斌:《"莱茵模式"发展现状研究》,《上海行政学院学报》2010 年第 5 期。

周骏宇:《世贸组织谈判与利益分配——一种非对称进化博弈论分析》,《国际贸易问题》2005 年第 6 期。

周黎安、罗凯:《企业规模与创新:来自中国省级水平的经验证据》,《经济学》(季刊)2005 年第 2 期。

周密:《技术差距理论综述》,《经济社会体制比较》2009 年第 3 期。

周强:《逆全球化压力下国家反应的异同——从政治制度角度的分析》,《教学与研究》2018 年第 10 期。

周世军、周勤:《中国中西部地区"集聚式"承接东部产业转移了吗?——来自 20 个两位数制造业的经验证据》，《科学学与科学技术管理》2012 年第 10 期。

周小川、杨之刚：《谈产业政策的概念与选择》，《财贸经济》1992 年第 7 期。

周新苗、唐绍祥：《自主研发、技术引进与企业绩效：基于平均处理效应估计的微观考察》，《财贸经济》2011 年第 4 期。

周艳、王子龙：《我国风电产业制度变迁路径依赖的演化博弈分析》，《科学学与科学技术管理》2012 年第 9 期。

朱富强：《为何需要产业政策：张维迎和林毅夫之争的逻辑考辩》，《社会科学战线》2017 年第 4 期。

朱富强：《现代发展经济学如何发展：兼论林毅夫的"比较优势战略"》，《社会科学战线》2016 年第 3 期。

朱海就：《理性与道德：协调的视角》，《学术界》2017 年第 8 期。

诸竹君、黄先海：《中国出口跨越了"低加成率陷阱"吗》，《国际贸易问题》2020 年第 5 期。

邹蕾、叶华平：《中国技术创新能力与对外贸易关系的实证研究——基于专利授权量数据的分析》，《技术经济与管理研究》2006 年第 5 期。

邹振环：《际天极地云帆竞：作为"大航海时代"前奏的郑和下西洋》，《江海学刊》2020 年第 2 期。

（三）论文

陈晋玲：《中国外贸结构推动产业结构优化效应的统计测度》，博士学位论文，山西财经大学，2015 年。

董庆松：《苏德经济发展模式比较研究（20 世纪 20—40 年代）》，硕士学位论文，曲阜师范大学，2018 年。

范亚亚：《中国在东亚区域价值链中的分工地位及影响因素研究》，硕士学位论文，昆明理工大学，2019 年。

郝亚婷：《中国 OFDI 政策的有效性与外部性研究：以〈对外投资国别产业导向目录〉为例》，硕士学位论文，中南财经政法大学，2019 年。

何慧冬：《出口贸易对我国人力资本积累的影响——基于制造业企

业微观数据的实证研究》，硕士学位论文，东南大学，2019年。

姬梦雅：《出口贸易对中国企业技术创新的影响研究——基于双差分模型的分析》，硕士学位论文，西南财经大学，2019年。

刘晨旭：《出口对工业企业创新的影响——基于企业异质性视域的研究》，硕士学位论文，安徽财经大学，2015年。

刘可：《出口退税、FDI和外部影响——来自中国的经验证据》，博士学位论文，北京大学，2006年。

刘真：《出口退税政策对我国出口贸易的影响研究》，硕士学位论文，华中科技大学，2012年。

卢灿生：《中国纺织服装行业经济高质量发展研究》，博士学位论文，深圳大学，2020年。

罗军：《比较优势理论：一个批评性研究》，硕士学位论文，四川大学，2007年。

马霞：《出口退税政策调整对中国FDI流入的效应分析》，硕士学位论文，辽宁大学，2012年。

马小钧：《微观企业视角下中国出口企业依市定价行为研究》，硕士学位论文，湖南大学，2018年。

牛蓉琴：《云南文化产业政策的演进及路径依赖研究》，硕士学位论文，云南大学，2019年。

牛婷：《协同创新下战略性新兴产业与传统产业耦合发展研究》，硕士学位论文，燕山大学，2020年。

单丹：《1949年以来中国钢铁产业政策研究》，硕士学位论文，北京工商大学，2008年。

宋丹丹：《出口贸易、技术创新和中国产业结构升级》，硕士学位论文，西北大学，2018年。

宋志刚：《客户价值视角下物流服务供应链利益协调机制研究》，博士学位论文，北京交通大学，2016年。

田朔：《出口贸易对中国技术创新的影响研究》，硕士学位论文，山东理工大学，2011年。

王晨愉：《国内附加值对中国出口企业依市定价行为的影响分析》，硕士学位论文，湖南大学，2018年。

吴佳磊:《中国高技术产业战略性贸易政策研究》,硕士学位论文,云南财经大学,2021年。

吴丽君:《基于浙江省纺织产业集群的产学协同创新研究》,硕士学位论文,浙江理工大学,2015年。

许美菊:《"低端锁定"与中国制造业价值链地位提升研究》,硕士学位论文,福建农林大学,2017年。

徐承宇:《政府补贴促进了企业实质性创新吗?——基于补贴公平的视角》,硕士学位论文,武汉大学,2018年。

闫雪花:《产业结构与贸易强国的关系及其对中国的启示》,硕士学位论文,复旦大学,2006年。

杨曼曼:《新时期中国对外贸易政策演变研究》,硕士学位论文,山东轻工业学院,2012年。

袁梦成:《金融发展对出口复杂度影响的实证研究——基于增加值技术差异的跨国面板数据》,硕士学位论文,大连理工大学,2016年。

周佩英:《出口退税对我国出口贸易影响的研究》,硕士学位论文,湘潭大学,2014年。

周影:《贸易政策不确定性对企业生产率的影响——基于中美贸易实证分析》,硕士学位论文,浙江财经大学,2019年。

朱尔佳:《我国出口退税对出口贸易的影响分析》,硕士学位论文,浙江大学,2012年。

庄桂诚:《出口贸易对技术创新的影响机制研究——以我国高技术产业为实证》,硕士学位论文,中国海洋大学,2015年。

二 英文文献

Aghion P., et al., "Industrial Policy and Competition", *American Economic Journal: Macroeconomics*, 7 (4), 2015: 1-32.

Alviarez V., "Multinational Production and Comparative Advantage", *Journal of International Economics*, 119, 2019: 1-54.

Anderson M. A., et al., "Firm Heterogeneity and Export Pricing in India", *Southern Economic Journal*, 85 (3), 2019: 985-1004.

Andreoni A., Tregenna F., "Escaping the Middle-income Technology Trap: A Comparative Analysis of Industrial Policies in China, Brazil and

South Africa", *Structural Change and Economic Dynamics*, 54, 2020: 324-340.

Antonelli C., Feder C., "The Schumpeterian Creative Response: Export and Innovation: Evidence for OECD Countries 1995-2015", *Economia Politica*, 38, 2021: 803-821.

Anwar S., et al., "China's Export Tax Rebate and the Duration of Firm Export Spells", *Review of Development Economics*, 25 (1), 2019: 376-394.

Asunka B. A., et al., "Analysis of the Causal Effects of Imports and Foreign Direct Investments on Indigenous Innovation in Developing Countries", *International Journal of Emerging Markets*, 17 (5), 2022: 1315-1335.

Babich V., Lobel R., Yücel A., "Promoting Solar Panel Investments: Feed-in-Tariff vs. Tax-Rebate Policies", *Manufacturing & Service Operations Management*, 22 (6), 2020: 1148-1164.

Bai Y., et al., "The Impacts of Government R&D Subsidies on Green Innovation: Evidence from Chinese Energy-intensive Firms", *Journal of Cleaner Production*, 233, 2019: 819-829.

Bao Q., et al., "The Impact of Tax Rebates on Export Performance: China's Textile Exports to the USA", *Asian-Pacific Economic Literature*, 31 (1), 2017: 79-89.

Barbieri L., et al., "Public Funding and Innovation Strategies. Evidence from Italian SMEs", *International Journal of the Economics of Business*, 27 (1), 2020: 111-134.

Bas M., Strauss-Kahn V., "Input-trade Liberalization, Export Prices and Quality Upgrading", *Journal of International Economics*, 95 (2), 2015: 250-262.

Bayanduryan G. L., et al., "Industrial and Trade Policy in Agricultural Engineering: Russian Specifics and Problems of Harmonization", *Economic Studies Journal*, 8, 2021: 114-132.

Bellucci A., Pennacchio L., Zazzaro A., "Public R&D Subsidies:

Collaborative Versus Individual Place-based Programs for SMEs", *Small Business Economics*, 52 (1), 2019: 213-240.

Berrutti F., Bianchi C., "Effects of Public Funding on Firm Innovation: Transforming or Reinforcing a Weak Innovation Pattern?", *Economics of Innovation and New Technology*, 29 (5), 2020: 522-539.

Blonigen B. A., "Industrial Policy and Downstream Export Performance", *The Economic Journal*, 126 (595), 2016: 1635-1659.

Bogatyrev I. F., "Harmonization of Trade and Industrial Policy and State Support", *Economy, Organization and Management of Organization*, 199 (5), 2021: 33-43.

Bronzini R., Piselli P., "The Impact of R&D Subsidies on Firm Innovation", *Research Policy*, 45 (2), 2016: 442-457.

Cai F., Du Y., "Wage Increases, Wage Convergence, and the Lewis Turning Point in China", *China Economic Review*, 22 (4), 2011: 601-610.

Carol N., et al., "Exporting and Productivity: Learning from Vietnam", *Journal of African Economies*, 26 (1), 2017: 67-92.

Catozzella A., Vivarelli M., "The Possible Adverse Impact of Innovation Subsidies: Some Evidence from Italy", *International Entrepreneurship and Management Journal*, 12 (2), 2016: 351-368.

Celik L., Karabay B., Mclaren J., "Trade Policy-making in a Model of Legislative Bargaining", *Journal of International Economics*, 91 (2), 2013: 179-190.

Chege S. M., Wang D. P., Suntu S. L., "Influence of Technology Innovation Intensity on Firm Performance: Technology Innovation on Firm Performance—Case of Kenya", *International Journal of Technology and Human Interaction*, 16 (2), 2020: 34-52.

Chen B. Z., Feng Y., "Openness and Trade Policy in China: An Industrial Analysis", *China Economic Review*, 11, 2000: 323-341.

Chen C., Gu J. J., Luo R. X., "Corporate Innovation and R&D Expenditure Disclosures", *Technological Forecasting and Social Change*, 174,

2022: 121230.

Chen C. H., Mai C. C., Yu H. C., "The Effect of Export Rebates on Export Performance: Theory and Evidence from China", *China Economic Review*, 17 (2), 2006: 226-235.

Chen K. H., Guan J. C., "Mapping the Functionality of China's Regional Innovation Systems: A Structural Approach", *China Economic Review*, 22 (1), 2011: 11-27.

Chen Z. Y., Zhang J., Zheng W. P., "Import and Innovation: Evidence from Chinese Firms", *European Economic Review*, 94, 2017: 205-220.

Chevassus-Lozza E., Gaigné C., Mener L. L., "Does Input Trade Liberalization Boost Downstream Firms Exports? Theory and Firm-level Evidence", *Journal of International Economics*, 90 (2), 2013: 391-402.

Choi J., Lee J., "Repairing the R&D Market Failure: Public R&D Subsidy and the Composition of Private R&D", *Research Policy*, 46 (8), 2017: 1465-1478.

Choi J., Levchenko A. A., "The Long-Term Effects of Industrial Policy", *NBER Working Papers*, 2021, No. 29263.

Cin B. C., Kim Y. J., Vonortas N. S., "The Impact of Public R&D Subsidy on Small Firm Productivity: Evidence from Korean SMEs", *Small Business Economics*, 48 (2), 2017: 345-360.

Costa C. J., Garcia-Cintado A. C., "Rent-seeking in an Emerging Market: A DSGE Approach", *Economic Systems*, 45 (2), 2021:100775.

Costa-Campi M. T., Duch-Brown N., Garcia-Quevedo J., "R&D Drivers and Obstacles to Innovation in the Energy Industry", *Energy Economics*, 46, 2014: 20-30.

Dai M., Chen Y., "R&D, Technology Imports and Innovation Capacity—Evidence from High-Tech Industry of China", *American Journal of Industrial and Business Management*, 6 (1), 2016: 24-32.

Dai M. L., Liu H. Y., Lin L. T., "How Innovation Impacts Firms' Export Survival: Does Export Mode Matter?", *The World Economy*, 43

(1), 2020: 81-113.

Dai X. Y., Sun Z., Liu H., "Disentangling the Effects of Endogenous Export and Innovation on the Performance of Chinese Manufacturing Firms", *China Economic Review*, 50 (c), 2018: 42-58.

Dai X. Y., Zhao Z. Y., "Can Exporting Resolve Overcapacity? Evidence from Chinese Steel Companies", *Economic Modelling*, 102, 2021: 105578.

Dhingra S., Meyer T., "Leveling the Playing Field: Industrial Policy and Export-Contingent Subsidies in India-Export Related Measures", *World Trade Review*, 20 (4), 2021: 606-622.

Dragana R., Khurshid D., "The Impact of Technological and Non-technological Innovations on Export Intensity in SMEs", *Journal of Small Business and Enterprise Development*, 26 (4), 2019: 612-638.

Du J., Mickiewicz T., "Subsidies, Rent Seeking and Performance: Being Young, Small or Private in China", *Journal of Business Venturing*, 31 (1), 2016: 22-38.

Du J. L., Zhang Y. F., "Does One Belt One Road Initiative Promote Chinese Overseas Direct Investment?", *China Economic Review*, 47, 2018: 189-205.

Dubey R. S., Kang M., "Industrial Subsidy Policy and the Optimal Level of Specialization", *Economic Modelling*, 91, 2020: 81-88.

Eaton J., Grossman G. M., "Optimal Trade and Industrial Policy Under Oligopoly", *The Quarterly Journal of Economics*, 101 (2), 1986: 383-406.

Ederington J., McCalman P., "Technology Adoption, Government Policy Tariffication", *Journal of International Economics*, 90 (2), 2013: 337-347.

Engel D., Eckl V., Rothgang M., "R&D Funding and Private: Empirical Evidence on the Impact of the Leading-edge Cluster Competition", *Journal of Technology Transfer*, 44 (6), 2019: 1720-1743.

Exposito A., Sanchis-Llopis J. A., "The Relationship between Types of Innovation and SMEs' Performance: A Multi-dimensional Empirical Assessment", *Eurasian Business Review*, 9 (2), 2019: 115-135.

Fan Q. J., Mu T. Y., Jia W., "Analysis on the Trend and Factors of Total Factor Productivity of Agricultural Export Enterprises in China", *Sustainability*, 13 (12), 2021: 13126855.

Fernández J., Gavilanes J. C., "Learning-by-importing in Emerging Innovation Systems: Evidence from Ecuador", *The Journal of International Trade & Economic Development*, 26 (1), 2017: 45-64.

Frietsch R., Kroll H., Jonkers K., "China's Development of an Innovation-driven Economy—An Intermediate Assessment", *Innovation and Development Policy*, 1 (2), 2019: 85-103.

Gao Y. C., et al., "Can Public R&D Subsidy Facilitate Firms' Exploratory Innovation? The Heterogeneous Effects between Central and Local Subsidy Programs", *Research Policy*, 50 (4), 2021: 104221.

Glass A. J., Saggi K., "International Technology Transfer and the Technology Gap", *Journal of Development Economics*, 55 (2), 1998: 369-398.

Gonzalez X., Pazo C., "Do Public Subsidies Stimulate Private R&D Spending?", *Research Policy*, 37 (3), 2008: 371-389.

Goudarz A., Francesco C., "Organizational Innovation, Technological Innovation, and Export Performance: The Effects of Innovation Radicalness and Extensiveness", *International Business Review*, 26 (2), 2017: 324-336.

Gourdon J., Monjon S., Poncet S., "Trade Policy and Industrial Policy in China: What Motivates Public Authorities to Apply Restrictions on Exports?", *China Economic Review*, 40, 2016: 105-120.

Grossman G. M., Helpman E., *Innovation and Growth in the Global Economy*, MIT Press, 1991: 323-324.

Guan J., Ma N., "Innovative Capability and Export Performance of Chinese Firms", *Technovation*, 23 (9), 2003: 737-747.

Guliyev F., "Trump's America First Energy Policy, Contingency and the Reconfiguration of the Global Energy Order", *Energy Policy*, 140, 2020: 111435.

Guo D., Guo Y., Jiang K., "Government-subsidized R&D and Firm Innovation: Evidence from China", *Research Policy*, 45 (6), 2016: 1129-1144.

Handley K., Limão N., "Policy Uncertainty, Trade and Welfare: Theory and Evidence for China and the US", *CEPR Discussion Papers*, No. 9615, 2013.

Harris E., Croix S. L., "Australia's Forgotten Copper Mining Boom: Understanding How South Australia Avoided Dutch Disease, 1843-1850", *Economic Record*, 97 (318), 2021: 424-439.

He C. F., Zhu S. J., "Evolution of Export Product Space in China: Technological Relatedness, National/Local Governance and Regional Industrial Diversification", *Tijdschrift Voor Economische En Sociale Geografie*, 109 (4), 2018: 575-593.

He L. Y., Huang G., "How Can Export Improve Firms' Energy Efficiency? The Role of Innovation Investment", *Structural Change and Economic Dynamics*, 59, 2021: 90-97.

Hirshleifer J., "Evolutionary Models in Economics and Law: Cooperation Versus Conflict Strategies", *Research in Law and Economics*, 4, 1982: 1-60.

Hoshi T., "Has Abenomics Succeeded in Raising Japan's Inward Foreign Direct Investment?", *Asian Economic Policy Review*, 13 (1), 2018: 149-168.

Hsiao S. H., "PTE, Innovation Capital and Firm Value Interactions in the Biotech Medical Industry", *Journal of Business Research*, 67 (12), 2014: 2636-2644.

Hu B. L., Liu Z. Y., Fan S., "A Study of the Mechanism of Government Intervention on Excess Capacity through the Enterprise Overinvestment in China", *Global Journal of Emerging Market Economies*, 12 (2), 2020: 178-198.

Hu J. S., Jiang H. Y., Holmes M., "Government Subsidies and Corporate Investment Efficiency: Evidence from China", *Emerging Markets Review*, 41, 2019: 100658.

Hu Y. H., Sun S., Dai Y. X., "Environmental Regulation, Green Innovation, and International Competitiveness of Manufacturing Enterprises in China: From the Perspective of Heterogeneous Regulatory Tools", *PLoS One*, 16 (3), 2021: e0249169.

Ito K., Pucik V., "R&D Spending, Domestic Competition, and Export Performance of Japanese Manufacturing Firms", *Strategic Management Journal*, 14, 1993: 61-75.

Jing L. B., "The Development of the Strategic Trade Policy and Its Application in China", *Chinese Economy*, 50 (2), 2017: 97-111.

Johnston L., Onjala J., "Why an Early Belt and Road Initiative East Africa Hub? Economic, Demographic and Security Factors", *Journal of Chinese Economic and Foreign Trade Studies*, 15 (2), 2022: 125-149.

Ju J. D., Yu X. D., "Productivity, Profitability, Production and Export Structures Along the Value Chain in China", *Journal of Comparative Economics*, 43 (1), 2015: 33-54.

Karp L. S., Perloff J. M., "Industrial Policy as an Alternative to Trade Policy: Helping By Hurting", *Review of International Economics*, 1 (3), 1993: 253-262.

Kim J. B., Stewart C. T., "The Relation between Technology Import and Domestic R&D", *The Journal of Technology Transfer*, 18, 1993: 94-103.

Kishi K., Okada K., "The Impact of Trade Liberalization on Productivity Distribution under the Presence of Technology Diffusion and Innovation", *Journal of International Economics*, 128, 2021: 103396.

Kwan F., Wu Y. R., Zhuo S. H., "Surplus Agricultural Labour and China's Lewis Turning Point", *China Economic Review*, 48 (C), 2018: 244-257.

Le T., Jaffe A. B., "The Impact of R&D Subsidy on Innovation: Evidence from New Zealand Firms", *Economics of Innovation and New Technology*, 26 (5), 2017: 429-452.

Lee D., "The Role of R&D and Input Trade in Productivity Growth: Innovation and Technology Spillover", *The Journal of Technology Transfer*, 45 (3), 2020: 908-928

Leibovic F., Waugh M. E., "International Trade and Intertemporal Substitution", *Journal of International Economics*, 117 (C), 2019: 158-174.

Li B. Q., "The Interaction of Clusters between Manufacturing and Producer Services in China", *Economic Research-Ekonomska Istraživanja*, 30, 2017: 1427-1442.

Li B. Q., et al., "Industrial Transfer's Effect on Competitiveness of the Manufacturing: A Case of Zhejiang, China", *Singapore Economic Review*, 66 (3), 2021: 953-968.

Li B. Q., Wang C. B., "Influencing Factors and Motivations for Transformation and Upgrading of Manufacturing: Based on Questionnaire at Zhejiang, China", *Transformations in Business & Economics*, 14 (2), 2015: 177-190.

Li K. W., "Economic Systems China's Total Factor Productivity Estimates by Region, Investment Sources and Ownership", *Economic Systems*, 33 (3), 2009: 213-230.

Li L., et al., "The Certification Effect of Government R&D Subsidies on Innovative Entrepreneurial Firms' Access to Bank Finance: Evidence from China", *Small Business Economics*, 52 (1), 2019: 241-259.

Li L., Dunford M., Yeung G., "International Trade and Industrial Dynamics: Geographical and Structural Dimensions of Chinese and Sino-EU Merchandise Trade", *Applied Geography*, 32 (1), 2012: 130-142.

Li X. B., "China's Regional Innovation Capacity in Transition: An Empirical Approach", *Research Policy*, 38 (2), 2009: 338-357.

Li Y. F., Lee S. G., Kong M., "The Industrial Impact and Competitive Advantage of China's ICT Industry", *Service Business*, 2019, 13 (1):

101-127.

Liao W., Shi K., Zhang Z. W., "Vertical Trade and China's Export Dynamics", *China Economic Review*, 23 (4), 2012: 763-775.

Lisboa A., Skarmeas D., Lages, C., "Export Market Exploitation and Exploration and Performance: Linear, Moderated, Complementary and Non-linear Effects", *International Marketing Review*, 30 (3), 2013: 211-230.

Liu C. Q., Li L., "Place-based Techno-industrial Policy and Innovation: Government Responses to the Information Revolution in China", *China Economic Review*, 66, 2021: 101600.

Liu J., "The Roles of Emerging Multinational Companies' Technology-driven FDIs in Their Learning Processes for Innovation: A Dynamic and Contextual Perspective", *International Journal of Emerging Markets*, 14 (1), 2019: 91-114.

Liu Q., et al., "Import Competition and Firm Innovation: Evidence from China", *Journal of Development Economics*, 151, 2021: 102650.

Liu Q., Qiu L. D., "Intermediate Input Imports and Innovations: Evidence from Chinese Firms' Patent Filings", *Journal of International Economics*, 103, 2016: 166-183.

Liu R., Rosell C., "Import Competition, Multi-product Firms, and Basic Innovation", *Journal of International Economics*, 91 (2), 2013: 220-234.

Liu X. H., Hodgkinson I. R., Chuang F. M., "Foreign Competition, Domestic Knowledge Base and Innovation Activities: Evidence from Chinese High-tech Industries", *Research Policy*, 43 (2), 2014: 414-422.

Livanis G., Geringer J. M., "Multi-stage Strategic Trade Policy in a Differentiated Duopoly", *Economics Letters*, 206 (1), 2021: 109972.

Lou Y. F., Tian Y. Z., Wang K., "The Spillover Effect of US Industrial Subsidies on China's Exports", *Sustainability*, 12 (7), 2020: 2938.

Lu C., et al., "Effects of Open Innovation Strategies on Innovation Performance of SMEs: Evidence from China", *Chinese Management Studies*,

15 (1), 2021: 24-43.

Lu J. Y., Lu Y., Tao Z. G., "Exporting Behavior of Foreign Affiliates: Theory and Evidence", *Journal of International Economics*, 81 (2), 2010: 197-205.

Lu Y., Travis N. G., "Do Imports Spur Incremental Innovation in the South?", *China Economic Review*, 23 (4), 2012: 819-832.

Ma Y., Rauf A., "Indigenous Innovation, Foreign Technology Transfer and the Export Performance of China's Manufacturing Industries", *Singapore Economic Review*, 65 (5), 2020: 1349-1366.

Mai X., Zhan C. Q., Chan C. K., "The Nexus between (re) Production of Space and Economic Resilience: An Analysis of Chinese Cities", *Habitat International*, 109, 2021: 102326.

Mañez J. A., Rochina-Barrachina M. E., Llopis J. A. S., "Foreign Sourcing and Exporting", *World Economy*, 43 (5), 2020: 1151-1187.

Marco D. C., Sucharita G., Emanuele G., "Direct or Indirect Exports: What Matters for Firms' Innovation Activities?", *Applied Economics Letters*, 27 (2), 2020: 93-103.

Mauro F. D., Hoang M. D., Biesebroeck J. V., "Promoting Higher Productivity in China—Does Innovation Expenditure Really Matter?", *Singapore Economic Review*, 65 (5), 2020: 1161-1183.

Maynard S. J., Price G. R., "The Logic of Animal Conflicts", *Nature*, 246, 1974: 15-18.

Mazzi C. T., Foster-McGregor N., "Imported Intermediates, Technological Capabilities and Exports: Evidence from Brazilian Firm-level Data", *Research Policy*, 50 (1), 2021: 104141.

McCaig B., Pavcnik N., "Export Markets and Labor Allocation in a Low-Income Country", *American Economic Review*, 108 (7), 2018: 1899-1941.

Melitz M. J., Polanec S., "Dynamic Olley-Pakes Productivity Decomposition with Entry and Exit", *Rand Journal of Economics*, 46 (2), 2015: 362-375.

Melnik A., et al., "Driving Innovation through Energy Efficiency: A Russian Regional Analysis", *Sustainability*, 13 (9), 2021: 4810.

Monreal-Pérez J., Aragón-Sánchez A., Sánchez-Marín G., "A Longitudinal Study of the Relationship between Export Activity and Innovation in the Spanish Firm: The Moderating Role of Productivity", *International Business Review*, 21 (5), 2012: 862-877.

Montégu J. P., Pertuze J. A., Calvo, C., "The Effects of Importing Activities on Technological and Non-technological Innovation: Evidence from Chilean Firms", *International Journal of Emerging Markets*, 17 (7), 2022: 1659-1678.

Mukherjee S., Chanda R., "Financing Constraints and Exports: Evidence from Manufacturing Firms in India", *Empirical Economics*, 61, 2021: 309-337.

Neary J. P., Leahy D., "Strategic Trade and Industrial Policy towards Dynamic Oligopolies", *CEPR Discussion Papers*, No. 1968, 1998.

Negotia M., "Globalization, State, and Innovation: An Appraisal of Networked Industrial Policy", *Regulation & Governance*, 8 (3), 2014: 371-393.

Nocke V., Yeaple S., "Globalization and Multiproduct Firms", *International Economic Review*, 55 (4), 2014: 993-1018.

Odijie M., "The Need for Industrial Policy Coordination in the African Continental Free Trade Area", *African Affairs*, 118, 2019: 182-193.

Palit A., "Will India's Disengaging Trade Policy Restrict it From Playing a Greater Global Role?", *World Trade Review*, 20 (2), 2021: 203-219.

Pu X. J., et al., "Trust-based Cooperation in Silk Road Economic Belt Countries: Strategical Ordering in the Assembly Supply Chain", *The International Journal of Logistics Management*, 31 (4), 2020: 801-828.

Rahman N., Rahman M. N., "One Belt One Road: Will It Increase the Gravity between China and Eurasia", *Journal of International Trade Law and Policy*, 18 (3), 2019: 152-164.

Ramírez-Alesón M., Fernández-Olmos M., "Which Intermediate Import Source is Best for Innovation in MNEs?", *Baltic Journal of Management*, 16 (4), 2021: 564-581.

Rauf A., Ma Y., Jalil A., "Change in Factor Endowment, Technological Innovation and Export: Evidence from China's Manufacturing Sector", *European Journal of Innovation Management*, 26 (1), 2021: 134-156.

Ravikumar B., Riezman R. G., Zhang Y. Z., "Private Information and Optimal Infant Industry Protection", *CESifo Working Paper Series*, No. 9772, 2022.

Raymo J. M., Shibata A., "Unemployment, Nonstandard Employment, and Fertility: Insights From Japan's 'Lost 20 Years'", *Demography*, 54 (6), 2017: 2301-2329.

Reid D. M., "Absorptive Capacity and Innovation in China", *International Journal of Emerging Markets*, 14 (1), 2019: 134-154.

Rönnbäck K., "Interest-group Lobbying for Free Trade: An Empirical Case Study of International Trade Policy Formation", *Journal of International Trade & Economic Development*, 24 (2), 2015: 281-293.

Saridakis G., et al., "SMEs' Internationalisation: When does Innovation Matter?", *Journal of Business Research*, 96, 2019: 250-263.

Scherer F. M., "Market Structure and the Employment of Scientists and Engineers", *American Economic Review*, 57 (3), 1967: 524-531.

Sercovich F. C., Teubal M., "An Evolutionary View of The Infant-Industry Argument", *Technology Analysis & Strategic Management*, 25 (7), 2013: 799-815.

Shang L., et al., "Environmental Regulation, Import Trade, and Green Technology Innovation", *Environmental Science and Pollution Research*, 29, 2022: 12864-12874.

Shinagawa S., Tsuzuki E., "Policy Lag and Sustained Growth", *Italian Economic Journal: A Continuation of Rivista Italiana degli Economisti and Giornale degli Economisti*, 5 (3), 2019: 403-431.

Silva G. M., Gomes P. J., Lages L. F., "Does Importer Involvement

Contribute to Product Innovation? The Role of Export Market Factors and Intra-firm Coordination", *Industrial Marketing Management*, 78, 2019: 169-182.

Simmons G., Palmer M., Truong Y., "Inscribing Value on Business Model Innovations: Insights from Industrial Projects Commercializing Disruptive Digital Innovations", *Industrial Marketing Management*, 42 (5), 2013: 744-754.

Song P., Mao X. Q., Corsetti G., "Adjusting Export Tax Rebates to Reduce the Environmental Impacts of Trade: Lessons from China", *Journal of Environmental Management*, 161 (15), 2015: 408-416.

Song Y. G., Hao X. Z., Zheng L., "Intermediate Import, Independent Innovation and Export Sophistication of Chinese Manufacturing Enterprises", *Structural Change and Economic Dynamics*, 60, 2022: 126-140.

Song Y. G., et al., "Intermediate Imports, Institutional Environment, and Export Product Quality Upgrading: Evidence from Chinese Micro-Level Enterprises", *Emerging Markets Finance and Trade*, 57 (2), 2021: 400-426.

Stelliana R., Danna-Buitrago J. P., "Revealed Comparative Advantage and Contribution-to-the-Trade-Balance Indexes", *International Economics*, 170, 2022: 129-155.

Sun X. H., et al., "Do Government Subsidies Stimulate Firms' R&D Efforts? Empirical Evidence from China", *Asian Journal of Technology Innovation*, 28 (2), 2020: 163-180.

Sun X. L., Li H. Z., Ghosal V., "Firm-level Human Capital and Innovation: Evidence from China", *China Economic Review*, 59, 2020: 101388.

Suzigan W., Garcia R., Feitosa P. H. A., "Institutions and Industrial Policy in Brazil after Two Decades: Have We Built the Needed Institutions?", *Economics of Innovation and New Technology*, 29 (7), 2020: 799-813.

Tan Y., Han J., Ma Y. Q., "Multi-product Firms, Product Scope, and the Policy of Export Tax Rebate", *China Economic Review*, 35 (c), 2015: 33-46.

Vernon D., "International Investment and International Trade in the Product Cycle", *The Quarterly Journal of Economics*, 80 (2), 1966: 190-207.

Violijk A., "Industrial Policy and Structural Transformation: Insights from Ethiopian Manufacturing", *Development Policy Review*, 39 (2), 2021: 250-265.

Wagner J., "Exports and Productivity: A Survey of the Evidence from Firm-Level Data", *Social Science Electronic Publishing*, 30 (1), 2007: 60-82.

Wang C., Kafouros M. I., "What Factors Determine Innovation Performance in Emerging Economies Evidence from China", *International Business Review*, 18 (6), 2009: 606-616.

Wang F., "Complementarities between R&D Investment and Exporting—Evidence from China", *China Economic Review*, 31, 2014: 217-227.

Wang J. W., Shen G. J., Tang D. Z., "Does Tax Deduction Relax Financing Constraints? Evidence from China's Value-added Tax Reform", *China Economic Review*, 67, 2021: 101619.

Wang L. F. S., "Do Industrial and Trade Policy Lead to Excess Entry and Social Inefficiency?", *International Review of Economics & Finance*, 43, 2016: 354-362.

Wang S. L., et al., "Foreign Trade, FDI and the Upgrading of Regional Industrial Structure in China: Based on Spatial Econometric Model", *Sustainability*, 12 (3), 2020: 815.

Weiss J., Seric A., "Industrial policy: Clarifying Options through Taxonomy and Decision Trees", *Development Policy Review*, 39 (5), 2021: 773-788.

Wijesinghe A., Yogarajah C., "Trade Policy Impact on Global Value Chain Participation of the South Asian Countries", *Journal of Asian Economic Integration*, 4 (1), 2022: 24-48.

Williamson O. E., "Transaction-cost Economics: The Governance of Contractual Relations", *Journal of Law and Economics*, 22 (2), 1979: 233-261.

Wu L. C., Wei Y. Q., Wang C. G., "Disentangling the Effects of Business Groups in the Innovation-export Relationship", *Research Policy*, 50 (1), 2021: 104093.

Wu W. S., Zhao K., Li L., "Can Government Subsidy Strategies and Strategy Combinations Effectively Stimulate Enterprise Innovation? Theory and Evidence", *Economia Politica*, 38 (6), 2021: 423-446.

Wu Y. Y., Zhu X. W., Groenewold N., "The Determinants and Effectiveness of Industrial Policy in China: A Study Based on Five-Year Plans", *China Economic Review*, 53, 2019: 225-242.

Xu M., "China's Low Export Markups Puzzle: Competition Effect and Selection Effect", *China Economist*, 14 (3), 2019: 98-113.

Xu T. T., Ma J. H., "Feed-in Tariff or Tax-rebate Regulation? Dynamic Decision Model for the Solar Photovoltaic Supply Chain", *Applied Mathematical Modelling*, 89 (2), 2021: 1106-1123.

Xu X. L., Kim C. S., "A Study on the Fixed Assets Investment of Yanbian Area in China", *Korean International Accounting Review*, 57, 2014: 169-182.

Yan J., Tsinopoulos C., Xiong Y., "Unpacking the Impact of Innovation Ambidexterity on Export Performance: Microfoundations and Infrastructure Investment", *International Business Review*, 30 (1), 2021: 101766.

Yu L. P., et al., "Technology Imports and Self-innovation in the Context of Innovation Quality", *International Journal of Production Economics*, 214, 2019: 44-52.

Yu M. J., "Processing Trade, Tariff Reductions and Firm Productivity: Evidence from Chinese Firms", *Economic Journal*, 125 (585), 2015: 943-988.

Yu R. J., Wang J. W., "Government Subsidies, Spatial Agglomeration and Innovation Performance—An Empirical Study of Industrial Policy Disputes", *Advances in Integillent Systems Research*, 150, 2018: 267-276.

Yuan B. L., Zhang Y., "Flexible Environmental Policy, Technological Innovation and Sustainable Development of China's Industry: The Moderating Effect of Environment Regulatory Enforcement", *Journal of Cleaner Production*, 243, 2020: 118543.

Zerenler M., Hasiloglu S. B., Sezgin M., "Intellectual Capital and Innovation Performance: Empirical Evidence in the Turkish Automotive Supplier", *Journal of Technology Management & Innovation*, 3 (4), 2008: 31-40.

Zhang D. Y., "Can Export Tax Rebate Alleviate Financial Constraint to Increase Firm Productivity? Evidence from China", *International Review of Economics & Finance*, 2019, 64 (C): 529-540.

Zhang J., "High-Quality Development of China's Manufacturing Industry Led by Innovation in Core Technologies", *China Economic Transition*, 3 (2), 2020: 105-111.

Zhang M., Yang R., "FDI and Spillovers: New Evidence from Malaysia's Manufacturing Sector", *Review of Development Economics*, 26 (2), 2022: 847-877.

Zhang X. B., Yang J., Wang S. L., "China has Reached the Lewis Turning Point", *China Economic Review*, 22 (4), 2011: 542-555.

Zhang Y. J., Song Y., "Tax Rebates, Technological Innovation and Sustainable Development: Evidence from Chinese Micro-level Data", *Technological Forecasting and Social Change*, 176 (1), 2022: 121481.

Zhao A. W., Wang J. Y., Guan H. J., "Has the Free Trade Zone Construction Promoted the Upgrading of the City's Industrial Structure?", *Sustainability*, 14 (9), 2022: 5482.

Zhao L., Zhong S., "Study on Owner's Incentives to Supervisor under a Ternary Structure", *Advances in Intelligent Systems and Computing*, 362, 2015: 161-169.

Zhao Z. X., Zhang K. H. L., "FDI and Industrial Productivity in China: Evidence from Panel Data in 2001 – 06", *Review of Development Economics*, 14 (3), 2010: 656–665.

Zhu J. W., Wang Y. Y., Wang C. Y., "A Comparative Study of the Effects of Different Factors on Firm Technological Innovation Performance in Different High – tech Industries", *Chinese Management Studies*, 13 (1), 2019: 2–25.

致　　谢

自国家社科基金重点项目"内外环境变化下我国贸易政策与产业政策的协调机制研究"（18AJY023）立项后，学校高度重视，积极督促项目进展，推进项目顺利结题，谨在此表达诚挚的谢意。

感谢爱人李金枝对家庭的悉心照顾，使我能集中精力进行项目研究。

感谢导师钟昌标教授和江西科技师范大学原校长左和平教授在项目实施过程中给予的全方位支持。

感谢研究生余静、田佳、刘心瑶、林红春、李希在项目处理过程中给予的支持，感谢研究生王珊、祖雪茹、聂雯洁、刘思雯、付智恒、欧佳铭在书稿出版校对过程中给予的支持。

感谢江西科技师范大学校级出版基金和江西科技师范大学教育学部学科经费在著作出版时给予的支持。

李秉强

2024 年 12 月 2 日